생명을 온전케 하시는 하나님

| 최서형 지음 |

쿰란출판사

최서형의 우리 몸과 영과 혼을 살리는 이야기

생명을 온전케 하시는 하나님

1판 1쇄 인쇄 _ 2021년 5월 30일
1판 1쇄 발행 _ 2021년 6월 5일

지은이 _ 최서형
펴낸이 _ 이형규
펴낸곳 _ 쿰란출판사

주소 _ 서울특별시 종로구 이화장길 6
편집부 _ 745-1007, 745-1301-2, 747-1212, 743-1300
영업부 _ 747-1004 FAX 745-8490
본사평생전화번호 _ 0502-756-1004
홈페이지 _ http://www.qumran.co.kr
E-mail _ qrbooks@daum.net / qrbooks@gmail.com
한글인터넷주소 _ 쿰란, 쿰란출판사
등록 _ 제1-670호(1988.2.27)
책임교열 _ 오완·박은아

ⓒ 최서형 2021   ISBN 979-11-6143-517 6 03230

책값은 뒤표지에 있습니다.
이 출판물은 저작권법에 의해 보호를 받는 저작물이므로 무단 복제할 수 없습니다.
파본(破本)은 구입처에서 교환해 드립니다.

생명을
온전케 하시는
하나님

많은 것을 이루었다고 생각할 즈음,
하나님께서는 또 다른 길을 준비하고 계셨다.

"서형아, 너는 내가 지은 인간의 <u>생명을 온전케 치유하라</u>.
서형아, 너는 내가 사랑하는 자들에게
가서 나의 사랑을 전해 주려무나."

나는 눈물로써 아버지의 뜻을 받았다.

이 책에서 "생명을 온전케 치유하다"라는 표현은 일차적으로는 의사로서 병을 온전히 치료하는 행위를 가리키며, 이차적으로 전인 치유의 의미에서 생명을 온전케 하시는 하나님의 사역을 성령 안에서 실천하는 것을 의미한다.

| 추천사 |

    최서형 박사님은 한의학을 강의하시다가 실제로 사람을 치료하면서 통합의학의 전인미답의 길을 30년 동안 걸어왔습니다. 흔히 한 분야에서 10년을 연구하면 전문가가 된다고 합니다. 그런데 최 박사님은 30년이라는 세월을 동·서양의학의 융합을 목표로 전심을 다하셨고, 그 결과 이론뿐만 아니라, 고통 중에 있는 사람들에게 실질적인 치료와 도움을 주어 많은 사람에게 공인되었습니다. 그리고 동양의학의 중심인 중국 베이징 대학에서도 그 업적으로 공동연구 개발을 진행하고 있습니다. 이 모든 것을 생각하면 말로 다 할 수 없는 감사가 드려집니다.

    제가 이런 최 박사님에게서 한 가지 더 남달리 보는 것은 정말 하나님을 신뢰하고 그분의 인도를 받는 생애를 살아오셨다는 사실입니다. 신앙에 있어서 교리적으로 끝나지 않고, 성경 말씀을 따라 치료에 전심을 다했습니다. 성경 말씀에서 가장 중요한 생명을 창조하신 하나님의 창조 원리와 생명의 회복에 대해 기도하며 연구했기에 최 박사님의 융합의학은 성경을 근거로 이루어졌다고 볼 수 있습니다. 전문성을 키우는 일을 확고하게 붙잡는 것은 당연하지만 신앙은 꼭 그렇지 않다고 생각하는 분들께 저는 감히 최서형 박사님을 말씀드리고 싶습니다. 그분이 의학자로서 신앙을 기초로 어떻게 생명을 다루는 일에 헌신하셨는지, 그분의 생애 속에 주님께서 직접 역사하신 손길로 인하여 학문의 업적이 커진 것은 물론, 수많은 사람이 고통 중에서 일어나는 현장을 보여드리고 싶습니다.

여기까지 최서형 박사님을 인도하신 하나님께서 또 앞으로 어떻게 기쁘게 사용하실지 기대해봅니다. 이 책으로 많은 분이 하나님께 인도받는 삶에 대한 도전을 받고 내게 유익되는 자양분을 흡수하기 원합니다. 이것은 단지 의학을 공부하는 사람들에게 뿐만 아니라 우리 모두에게 그러합니다. 바른 신앙을 가진 사람이 주님으로부터 받은 귀한 소명을 이루어가는 길을 알게 할 이정표와 같은 책이 되길 원하며, 여러분께 자신 있게 최서형 박사님을 추천해 드리고, 또 이 책을 권합니다.

홍정길 목사
(남서울은혜교회 원로)

| 추천사 |

　한 인생의 전 과정을 글로 풀어 고백하는 것은 매우 감동적이고 또 교훈적입니다. 특히 한 사람의 그리스도인으로서 자신에게 주어진 삶의 영역을 하나님의 부르심으로 알고 성실하게 응답하며 살아온 이야기들은 하나님의 살아계심을 만나는 또 다른 감격이 있습니다. 본서를 통해 만나는 최서형 박사의 의료인으로서의 삶의 이야기에는 그의 삶의 철학과 하나님의 부르심을 따라 살아가는 그리스도인의 경건한 자취와 전문 의료인이 가진 탁월성과 삶과 생명에 대한 애정과 책임감이 진하게 묻어나고 있습니다.

　제가 이분을 알게 된 것은 한 사람의 환자 입장에서 의사로서 최서형 박사를 만나면서였습니다. 만성 위장병을 앓고 있던 저는 아우의 소개를 통해 처음 만났고 그의 처방과 치료를 받으면서 완치의 결실을 보게 되었습니다. 환자의 입장에서는 더 이상 좋을 수가 없었습니다.

　그러나 이 과정에서 저는 그가 매우 신실한 그리스도인이며 하나님 나라를 위해 헌신하고 계신 분임을 알게 되었고 진료를 위한 대화에서도 그의 치료의 근본이 하나님의 창조질서를 존중하는 것에서 비롯된 것임을 알게 되었습니다. 환자로서 제가 느낀 또 한 가지는 그의 확신에 찬 전문성과 연구 개발에 대한 열정이었습니다. 그의 병원에서 행해지는 거의 모든 치료 방법들은 최서형 박사께서 기도와 연구의 결실로 자체 개발한 것들입니다. 그는 이 부분에 대한 자부심과 긍지를 보여줬고 많은 환자들은 신뢰와 존경으로 치료에 임하게 됨을 자주 목격하게 되었습니다.

그러나 이와 같은 일들은 제가 간접적으로 보면서 느끼고 확인한 일들이었고 그가 어떤 노력과 수고 끝에 이런 결실을 얻게 되었는지 또는 그가 하나님께로부터 받은 은사와 능력이 무엇인지 그리고 고통당하는 환자들을 위한 그의 애정과 책임감이 얼마의 무게로 느껴졌는지에 대해서는 그의 직접적인 육성인 이 책을 통해 만나고 들을 수 있으리라 믿습니다.

저는 이 책이 전문 의료인으로 성장해가는 젊은 의료인들, 그리고 위장병의 고통을 안고 살아가는 많은 환자들에게 매우 유익한 정보와 삶의 지혜를 더해주는 풍성함이 있으리라 믿습니다. 더 나아가 모든 그리스도인 형제 자매들에게는 하나님의 말씀에서 길을 찾고 기도 가운데 성령의 지혜를 얻어 살아가는 경건한 그리스도인의 삶을 하나님께서 어떻게 도우시며 사용하시는지를 만나게 될 것이라 의심치 않습니다. 모든 독자들께 하나님의 은혜가 임하시리라 믿으며 기쁜 마음으로 본서를 추천합니다.

이 책을 대하는 모든 분들께 최서형 박사가 느낀 은혜와 하나님 사랑이 나누어지길 소원하며 다시 한 번 하나님께서 저자의 남은 삶을 크게 사용해 주시길 간절한 마음으로 기도드립니다.

손달익 목사
(예장통합 97회기 총회장, CBS 재단이사장)

| 추천사 |

    코로나19 팬데믹으로 온 세계가 몸살을 앓고 있습니다. 그래도 1년이 못 되어 백신과 치료제가 개발되어 희망이 보이지만 인류를 향한 바이러스의 위협은 계속될 거란 예측입니다. 그 결과 비대면시대, 언택트시대가 앞당겨 도래했고 우리의 삶과 목회 현장은 큰 변화에 직면해 있습니다.

    이러한 시대에 강남위담한방병원의 최서형 원장이 《생명을 온전케 하시는 하나님》이란 책을 펴내 우리 몸의 건강에 관한 새로운 메시지를 던지고 있습니다. 한의사가 된 후 하나님을 인격적으로 만난 그는 일과 신앙을 분리하지 않으며 '생명을 온전케 치유하라'는 하나님의 소명을 받아 치료 영역에 하나님의 지혜를 끌어온 것입니다.

    그는 기독교 신앙과 의학을 융합한 통전생명관으로 그리스도인이 온전한 건강을 찾도록 도울 뿐 아니라 한의학과 서양의학을 통합하여 환자의 질병이 근본적으로 치료되도록 통합의학 연구를 하고 있습니다. 처음으로 위장의 담적증후군을 발견, 연구해 위장을 살리는 의사로 유명해졌고, 끊임없는 연구로 암, 치매 등 난치병 정복을 위해 매진하고 있습니다. 마침내 융합의학 메디컬 센터인 충주위담통합병원을 정부 지원을 받아 세움으로써 전인치료의 길을 열었습니다.

나아가 한국교회를 그 누구보다 사랑하는 그는 기도하면서 한국교회 문제의 원인을 깨닫고 이를 해결할 솔루션을 하나님께 받았습니다. 우리 몸의 위장은 유해물질이 들어올 때 위장 경보 시스템이 작동하여 몸을 지키는데, 그 경보 장치가 고장 나면 독성 음식물에 대해서도 오케이 사인을 보내게 됩니다. 최서형 원장은 이를 육체적 위선병이라 칭하는데, 이러한 원리에서 한국교회의 핵심적인 문제가 위선병임을 깨닫고 그에 따른 해법으로 하나님의 핵심 가치인 '사랑'의 회복과 성령 충만을 이야기합니다.

통합 치료 분야에서 큰 업적을 남긴 최서형 원장님이 제시하는 한국교회가 건강해지는 해법이 담긴 이 책을 꼭 한 번 일독해 보시길 추천합니다.

소강석 목사
(예장합동 105회기 총회장, 새에덴교회 담임)

| 추천사 |

성경은 의료 교과서가 아닙니다.
믿음은 치유의 수단이 아닙니다.
그러나
창세기 1장 1절 "태초에 하나님이 천지를 창조하시니라"
위대한 성경의 시작인 이 한 줄 안에 모든 의학의 기초가 있고 원리가 있습니다. 믿음은 사람을 온전케 하는 명약입니다.
우리나라 의료 신지식인 1호 의사 최서형 박사는 "생명을 온전케 치유하라"는 하나님의 소명을 받습니다.
최서형 박사의 믿음 안에서 성경과 의학이 만나 포옹을 합니다.
서양의학과 동양의학이 만나 입맞춤을 합니다.
난치병, 불치병이 치유의 춤을 춥니다.
최고의 명의이신 예수님을 만난 최서형 박사, 그를 만나는 우리 시대 아픈 사람들, 하나님을 알지 못하는 사람들에게 샬롬의 소식이 나누어지고 있습니다.
기쁨으로 모든 목회자, 의료인, 한국교회 성도들에게 최서형 박사의 책《생명을 온전케 하시는 하나님》을 일독하기를 권합니다.

류영모 목사
(예장통합 106회기 총회장, 한소망교회 위임, 전 CBS재단 이사장)

| 추천사 |

오랜 세월 하나님의 사역을 해오며 삶의 한 자락에서 일가를 이룬 유명인, 높은 분, 많이 가진 분들을 만날 기회들이 있었다. 그분들은 다 하나님을 사랑하고, 간증하시며 사셨고 사신다.

그런 분들 중에도, 그 모든 삶의 역사의 이야기 끝에 그 역사에 일어난 일들이 결국 하나님의 은혜였음을 그리고 그 역사를 이루신 분이 자기가 아닌 하나님이었음을 전적으로 인정하시는 분들을 만나면 참 멋있고 존경스럽다, 아니 사랑스럽기까지 하다.

오늘 최서형 장로님은 이 책을 통해 그분의 삶에 대한 고백을 하신다. 아무도 두려워서 가보지 않은 그 길을 만들고 그 꽃을 피운 분이 하나님이었음을…. 이야기의 중간 중간에, 그리고 마지막 큰소리 외침으로 인정하고 계신다.

그 고백이 이 책의 시작이고 뼈대이고 결말인 것을 보며 나도 함께 하나님을 인정할 수밖에 없었다. 그 고백이 가끔 마주치는 장로님의 얼굴에 그대로 나타난다. '겸손'으로….

최인혁 목사
(월드비전친친선대사, CBS Joy4u "사랑의 노래 평화의 노래" 진행)

| 추천사 |

    이 책의 저자인 '최서형 박사' 하면 흔히 두 가지가 부각된다. 의료인으로 최초로 신지식인 수상자, 그리고 국내 최초로 한국형 융합의학병원을 설립한 성공적 인물이라는 사실이다. 하지만 그 자체에 그에 대한 평가를 담기엔 부족하다. 그곳에 도달할 때까지의 여정 그리고 그의 꿈과 비전을 이해할 때 비로소 온전히 그를 이해할 수 있다.
    마치 내가 피트 몬드리안(Piet Mondrian)의 그림을 더욱더 좋아하게 되며 스티브 잡스(Steve Jobs)의 철학을 이해하며 애플 제품을 한때 좋아했던 이유에 비견할 만하다. 직선과 직각, 삼원색과 무채색으로 채워진 피트 몬드리안의 그림은 '질서와 균형의 아름다움' 그 자체 아닌가? 하지만 그 아름다움을 온전히 느끼는 데는 그의 초기 작품과 작품의 변천을 볼 때였다. 그리고 스티브 잡스가 선보인 단순한 디자인은 그것을 얻기 위해 복잡함을 우회하지 않고 오히려 지극히 복잡함을 극복함으로 통과한 단순함이었다는 사실에 깊은 감동을 받았다. 이 책을 읽으며 유사한 감동을 최 박사의 삶과 그 열매를 통해서 받는다.
    하지만 최 박사는 그런 예술가나 기업가와는 차원이 다른 면이 있다. 바로 그는 예수 그리스도의 제자였다는 사실이다. 그의 삶을 들여다보면 볼수록 하나님의 섬세하신 인도와 함께 자신뿐만 아니라 의학계의 고정관념에 대한 편견과 벌였던 치열한 싸움에서 그 사실을 발견할 수 있다. 거기에는 하나님의 주권과 인간의 책임이라는 둘 사이의 건강한 긴장감이 담겨 있다. 또한 모든 것의 중심에는 하나님의 말씀이 있고, 예수님의 몸인 교회를 향한 사랑과 애정이 있다.

그가 기도하며 발견한 치료법은 대증요법(symptomatic therapy)이 아니다. 그는 근본을 다루고자 전문가의 영역에서 치열한 질문과 탐구의 결과로 '담적증후군'을 발견했다. 예수님도 단순히 증상만을 치료하지 않았다. 그분의 가르침은 모든 것의 뿌리인 죄를 지적하며 그것을 해결하신다. 그런 면에서 최 박사의 이론은 '철저하게 근본적(radical)' 치료를 찾고자 한 그의 시도가 거둔 열매이다. 실제로 그 단어의 라틴어 어원은 바로 다른 것이 아니라 뿌리(radix)이기 때문이다.

또한 그는 치료 접근법에서는 통합의학적이듯, 성경 접근법은 통전적이다. 이는 파편적, 이분법적인 접근을 거부하며 육·혼·영의 아름답고 온전한 생명체를 이루고 만들고자 하시는 하나님의 뜻을 발견하게 만든다. 그리고 그가 세워가고 있는 미디에이터(mediator)도 그의 교회 사랑을 담은 결과물이다. 그의 연구를 보면 통합의학자를 뛰어넘어 모든 학문이 궁극적으로 신학에 다다른다는 그런 모습을 발견한다. 요한삼서 2절의 말씀을 이런 맥락에서 다시 들여다보게 된다. "네 영혼이 잘됨같이 네가 범사에 잘되고 강건하기를 내가 간구하노라." 우리 몸에 대한 새로운 이해를 통해 통전적 축복을 경험하길 소원하며 이 책을 강력히 추천한다.

박성민 목사
(한국대학생선교회(CCC) 대표)

| 추천사 |

    한 번뿐인 인생, 누구나 하늘의 도움을 받아 살고 싶다. 한 번뿐인 인생, 누구나 하늘의 뜻을 이루며 살기 원한다. 하늘의 뜻을 이루며 살아가는 사람에게는 하늘이 돕는다. 하늘이 지혜가 되어주고, 길을 열어주고, 사람을 붙여준다. 그래서 하늘의 뜻을 이 땅에서 이루어 가는 사람을 만나는 것은 행운이다. 바로 그 증인이 '사단법인 새길과새일' 최서형 이사장이다.

    최서형 이사장은 많은 것을 이루고 만족할 인생에서 영원한 하늘을 보며 삶의 방향을 잡아가신다. 그래서 존경하고 닮고 싶은 분이다. 그런데 그 이유와 해답을 찾게 되었다. 바로 《생명을 온전케 하시는 하나님》이 책에서이다.

    1장을 펼치며 "최고의 명의이신 예수님"을 만난 최서형 이사장처럼 살아계신 하나님을 만나게 되었다. 또한 생명이라는 기회를 주신 하늘의 이유를 알게 되었다. 그리고 7장까지 그 뜻을 이루어 갈 때 어떻게 하늘이 돕고 함께하는지 힘찬 도전을 받았다.

    삶의 갈림길에 서 있는 분들이 읽으면 하늘의 도움을 받을 것이라 기대한다. 육신적으로 건강하고 정신적으로 평안을 얻으며 영적인 능력이 채워지게 될 것이다. 특이한 것은 각 장(chapter) 마지막에는 "마음에 꼭 새겨 두어야 할 한마디"가 있다. 하늘이 주시는 지혜이고 기도제목이다.

　이 책을 통해 많은 분들이 각자의 삶에 함께하시는 하나님의 사랑과 돕는 손길을 경험하고 세상에 하나님의 뜻을 이뤄가며 존귀하게 쓰임 받게 될 것이라 기대한다.

배성식 목사
(이룸교회 담임)

목차 | Contents

추천사
홍정길 목사(남서울은혜교회 원로)_ 6
손달익 목사(예장통합 97회기 총회장, CBS 재단이사장)_ 8
소강석 목사(예장합동 105회기 총회장, 새에덴교회 담임)_ 10
류영모 목사(예장통합 106회기 총회장, 한소망교회 위임, 전 CBS재단 이사장)_ 12
최인혁 목사(월드비전친선대사, CBS Joy4u "사랑의 노래 평화의 노래" 진행)_ 13
박성민 목사(한국대학생선교회(CCC) 대표)_ 14
배성식 목사(이룸교회 담임)_ 16

프롤로그 prologue_ 23
내 인생은 인간의 생명을
온전케 하시는 하나님의 인도하심이었다

CHAPTER 1. 최고 명의(名醫) 예수님을 만나다

1. 세상을 못 볼 뻔한 탄생의 고비를 겪다 / 32
2. 한의사 이전의 간절한 꿈은 경제학자였다 / 34
3. 아버지의 권유로 할 수 없이 한의사의 길을 택하다 / 37
4. 한의대 교수가 되어 가르치다 / 39
5. 평생직인 교수의 길 접을 때, 하나님을 만나다 / 42
6. 성경의 시작, 창세기 1장 1절을 깨닫다 / 46
7. 교회에서 가르치기 시작하다 / 49

📖 마음에 꼭 새겨 두어야 할 한마디
: 하나님은 나의 인간적인 꿈은 막으시고, 나를 향한 당신의 꿈을 이루어가신다.

CHAPTER 2. 생명을 온전케 치유하는 병원을 시작하다

1. 한의와 양의가 고통받는 환자를 위해 손잡다 ╱ 52
2. 뜻만 있고 돈은 없어 어두운 터널에 갇히다 ╱ 54
3. 고통의 새벽에 홀연히 주님께서 등을 안으시다 ╱ 57
4. 온갖 반대를 무릅쓰고 최초의 동서융합병원인 하나한방병원을 설립하다 ╱ 59
5. 많은 빚과 직원 월급을 하나님이 해결해 주시다 ╱ 62
6. 한의와 양의의 협진 병원은 사실 불법이었다 ╱ 64
7. 두 의학의 융합 성공에 들어설 때쯤, 하나님으로부터
미션을 부여받다 ╱ 68

📖 **마음에 꼭 새겨 두어야 할 한마디**
: 믿고 기도하는 자의 깜깜한 터널은 다가올 빛의 전령이다.

CHAPTER 3. 위장을 살리는 의사가 되다

1. 키 162cm에 몸무게 28kg, 물도 못 먹는 여자 환자를 보내주시다 ╱ 78
2. 위장이 굳어지는 새로운 형태의 위장병인 담적증후군을 발견하다 ╱ 81
3. 원인 모르는 신경성·역류성·과민성 질환의 실체를 찾아 해결하다 ╱ 86
4. 하나님이 만드신 위장은 밥통이 아니라 제2의 뇌이다 ╱ 95
5. 위와 장이 망가지면 온몸이 무너진다 ╱ 101
6. 위장을 건강하게 하고 많은 병을 예방하는 비결이 있다 ╱ 115
7. 한국인의 불명예, 세계 1위 위암·대장암·식도암 줄일 수 있다 ╱ 126

📖 **마음에 꼭 새겨 두어야 할 한마디**
: 위암과 치매, 당뇨병, 피부병 등 몹쓸 병은 위장을 막 대한 대가이다.

CHAPTER 4. 난치병을 치료하는 의사가 되다

1. 죽도 못 먹는 평생 위장병을 몇 달 만에 치료하다 / 132
2. 매일 진통제 한 움큼, 편두통을 완전히 극복하다 / 140
3. 지긋지긋한 아토피와 지루성 피부를 치료하다 / 146
4. 우울증을 위와 장 치료로 극복하다 / 150
5. 돌연사와 공황장애의 원인을 찾고 이를 예방하다 / 155
6. 독한 약에 의존하는 류마티스 관절염을 양약 끊고 해결하다 / 164
7. 동맥경화의 원인은 콜레스테롤만이 아니었다 / 168

📖 **마음에 꼭 새겨 두어야 할 한마디**
: 폭식, 과식, 야식, 급식(急食)으로 생긴 음식 부패물인 담(痰)이 만병의 뿌리이다.

CHAPTER 5. 한국교회를 치료하는 의사를 꿈꾸다

1. 한국교회의 문제를 찾던 중, 라면 5개 먹는 28세 여자 환자를 보내 주시다 / 174
2. 한국교회의 핵심적인 문제를 찾아내다 / 181
3. 위선의 원인은 바로 하나님의 핵심가치가 하나님 자녀에게는 없기 때문이다 / 196
4. 교회에서의 말씀 양육의 오류를 제기하다 / 206
5. 불완전한 거듭남과 성화와 성령에 대한 무지를 꼬집다 / 213
6. 하나님의 통전생명관을 밝혀 이분법에 빠진 우리를 일깨우다 / 235
7. 한국교회에 한방(韓方)을 먹이다 / 240

📖 **마음에 꼭 새겨 두어야 할 한마디**
: 하나님은 신학자가 아니시다. 하나님 자녀의 생명을 살리시는 분이시다.

CHAPTER 6. 기독교 신앙과 의학을 융합하여 강의하다

1. 그리스도인의 온전한 건강이란 무엇인가? / 254
2. 최고의 의사와 함께라면 온몸이 건강해진다 / 258
3. 병의 근원을 찾아서 전인건강의 길을 열다 / 262
4. 그리스도인의 참 건강, 성화에 이르는 길에 있다 / 276
5. 하나님 사랑의 실체를 바로 알고 실천하자 / 279
6. 융합의학을 통해 하나님의 생명 섭리인 통전생명관을 깨닫다 / 294
7. 미디에이터(중보자)란 무엇인가? / 299

📖 마음에 꼭 새겨 두어야 할 한마디
: 하나님의 말씀 속엔 최고의 의학이 온통 숨어 있다.

CHAPTER 7. 물과 기름 같던 한의학과 서양의학을 융합하다

1. 의학이 최고로 발달한 것 같지만 진단과 치료가 안 되는 병이 더 많다 / 304
2. 한의와 양의, 원수 같지만 학문적으로는 부부 같다 / 308
3. 그동안 두 의학을 융합하는 모든 시도와 노력이 실패로 끝났다 / 320
4. 물과 기름 같던 두 의학을 융합하는 방법론을 찾아내다 / 324
5. 세계 최초로 두 의학을 융합한 임상연구를 성공적으로 시도하다 / 327
6. 암, 치매 등 악성 질환 정복을 향해 나아가다 / 333
7. 융합의학 메디컬센터 건립 기금을 정부로부터 따내다 / 338

📖 마음에 꼭 새겨 두어야 할 한마디
: 서로 다르다고 싸우지 않고 합력하면 명품이 나온다.

에필로그 Epilogue_ 342
함께 생명을 온전케 치유하는 꿈을 꾸다

프롤로그 | Prologue

내 인생은 인간의 생명을 온전케 하시는 하나님의 인도하심이었다

　창조주 하나님의 제일의 뜻은 무엇일까? 나는 하나님이 지으신 인간과 피조 세계의 생명이 온전해지는 것이라고 생각한다. 이는 세포 분열과 번식을 하면서 살아 숨 쉬고 활동하는 생명 유기체를 만드신 분이 하나님이시기 때문이다. 그래서 그분이 만드신 생명체가 온전해 짐으로 영광을 받으시고, 온 피조 세계가 영화를 누리는 것이 하나님의 근본 뜻이라 할 수 있다. 그분이 추구하는 생명은 인간의 생명 구성요소, 즉 영적인 면만 아닌 혼과 육 모두 흠 없이 온전케 되는 것을 말한다. 그렇기에 하나님의 말씀은 처음부터 끝까지 영과 혼과 육 모두에 영향을 주면서 생명을 온전케 하는 데 초점이 맞춰져 있다. 우리가 가늠하기 어려운 '진리'도 생명을 온전케 이끄는 길이라고 말할 수 있다. 어떠한 기독교 교리나 사상도 생명을 온전케 하는 길에서 벗어나면 진리를 향한 것이 아니라 할 수 있는 것이다.

　창조주께서 애타게 바라시는 인간의 온전한 생명을 위해 하나님 아버지는 아들 예수님을 가시면류관에 피 흘리고, 살이 쩍쩍 떨어져 나가는 납 달린 채찍으로 맞으며, 창에 찔려 몸에 피 흘리고, 예민한 손발에 대못이 박히는 끔찍한 고통을 당하도록 하셨다. 그리고 무소불능의 성령 하나님을 이 땅에 보내셔서 불철주야 우리를 위해 일하게 하신 것도 우리의 생명을 온전케 하기 위한 것이다. 그런데 오늘날 하나님의 자녀인 우리의 실상은 어떤가?

생명에 대한 창조주의 뜻을 잘 이해해서 하나님의 백성을 온전한 생명으로 이끌어야 할 신학은 영 위주로 편향됨으로써 인간을 온전하게 이끄는 데 한계를 드러내고 있다. 그래서 신앙생활 열심히 하는 사람도 교만과 욕심과 근심, 걱정, 시기 질투, 두려움에 속박되고, 무질서한 몸 관리 등으로 혼과 육의 고통에서 벗어나지 못하게 되었다. 이뿐만 아니라 인간의 생명을 다루는 의학도 하나님의 통전생명 섭리를 파악하지 못하고 육 위주로 인간의 생·병리를 다룸으로써 원인을 모르고 치료가 안 되는 질병이 너무 많게 되었다.

이제 신학은 말씀이 육과 정신에 어떻게 영향을 주는지 그 메커니즘을 밝혀서, 말씀대로 살면 육도 정신도 건강해짐을 실제적으로 적용할 수 있도록 해야 한다. 이를 위해 영·혼·육 모두를 아우르는 통전생명관이 필요하다. 그리고 의학도 인간의 생물학적인 부분만 다루지 말고, 영과 혼 모두를 고려하는 통전의학으로 나아가야 한다. 이를 위해서는 통합의학이 절실하다. 통합의학은 말씀을 통전적으로 해석하는 데도 큰 도움을 준다. 그래서 통합의학과 신학을 접목하는 노력은 새로운 생명 신학의 장을 세워 성도들을 온전케 하는 데 기여할 것이다.

하나님은 우매한 나를 30년 전 통합의학이라는 전인미답의 장으로 던지시고, 아무도 알 수 없었던 통합의학의 길을 여는 지혜를 알려 주셨다. 이후 25년 전, 통합의학의 실체를 어렴풋이 알게 될 즈음 드렸던 40일 작정기도 중, 하나님이 지으신 피조물인 인간의 생명을 온전케 치유하라는 미션을 주셨다. 처음에는 이 임무가 어떤 뜻인지 전혀 감을 잡지 못했지만, 오늘날 우리의 생명성이 창조주 하나님의 생명 섭리와 너무 멀어져 있다는 것과 그 이유가 이분법에 빠져 통전생명관이 결여된 문제에서 시작되었음을 알게 되었다.

작가 장 파울은 "인생은 한 권의 책과 같다"라고 말했듯이, 나 또한 하나님 안에서 펼쳐진 나의 인생을 이 한 권의 책에 담아 보았다. 하나님은 먼저 나를 치유하고 살리셨다. 그리고 그분은 나를 치유하고 살리신 그 생명의 지혜로 주께서 지으신 생명을 치유하고 살리라고 이끄셨다. 나는 그 부르심에 응답했고, 이를 마음에 품고 이마에 붙이며 최선을 다해 달려왔다. 이것이 내 인생 이야기의 핵심이다.

나의 지식으로 생명을 온전케 치유하는 길을 알 수 없어 앞이 캄캄할 때, 아내와 함께 청계산 기도 동산에서 부르짖었다. 하나님은 그때마다 신비한 영감을 통해 알려 주셨다. 하나님의 도우심이 얼마나 세밀하고 현실적인지, 미로 속 길이 보이면서 의학과 말씀의 새로운 생명의 장을 열어나갈 수 있게 되었다. 그분은 지금도 내 곁에 계시고 나와 함께 일하신다. 아니 더 정확히 표현하면 내가 없어진 그곳에서 하나님이 직접 일하고 계신다. 그리고 당신 백성의 생명을, 이 시대와 한국교회를 치유하고 계시는 것이다. 삶의 모든 여정에 굴곡이 있었지만, 그동안 내가 체험하고 헤아릴 수 없는 하나님의 임재하심과 은혜를 여러분과 공유하게 되어 감사하게 생각한다.

특히 이 책을 쓰면서 하나님의 귀한 존재인 인간의 생명을 온전케 하시는 하나님을 전하는 데 조금이나마 기여한다는 자부심과 함께 장차 감당해야 할 비전과 꿈이 더 선명해지고 강한 의지를 갖게 되어 더욱 감사한 마음이다. 이 책은 생명을 온전케 하시는 하나님의 사역을 실천하는 과정을 7개의 장으로 구성하였다.

최고 명의(名醫) 예수님을 만나다

1장은 최고 명의이신 예수님을 만난 이야기이다. 창세기 1장 1절의 말씀을 깨닫고 내 인생 여정의 주인이신 예수님을 최고의 명의로 만나게 되었다.

생명을 온전케 치유하는 병원을 시작하다

2장에서는 예수님을 믿으면서 시작된 고난의 여정을 이야기한다. 특히, 하나한방병원을 설립하고 진료를 시작한 후 지속된 불가항력적인 역경과 새로운 생명의학의 문에 들어선 것을 이야기한다.

> 고통의 새벽에
> 홀연히 주님께서
> 등을 안아 주셨다.

"서형아,
이제 다 잘될 거야.
걱정하지 마라"고
말씀하시는 것이었다.

다음 날
놀라운 역사가 일어났다.
은행 문이 열린 것이다.

위 고백처럼, 주님은 가장 힘들 때 찾아와 주셨고, 은혜를 베풀어 주시고, 문을 열어 주셨다. '믿고 기도하는 자의 깜깜한 터널은 다가올 빛의 전령이다'라고 하는 귀중한 깨달음을 얻었던 때였다. 이 시기야말로 하나님의 은혜를 많이 체험했던 때였다.

위장을 살리는 의사가 되다

3장은 생명의 하나님께서 위장을 살리는 의사로 만드신 이야기다. 하나님은 신장 162cm에 몸무게는 28kg밖에 되지 않은 여성 환자를 보내주심으로, 위장이 굳어지는 새로운 형태의 위장병인 담적증후군을 발견케 하셨다. 또한, 하나님이 만드신 위는 밥통이 아니라 제2의 뇌라고 하는 사실과 위암과 치매, 중풍, 당뇨병, 피부병, 관절염 등 몹쓸 병은 위장을 막 대한 대가임을 알게 하셨다.

난치병을 치료하는 의사가 되다

4장은 하나님의 은혜로 많은 난치병을 치료하게 된 내용이다. 죽도 먹을 수 없을 정도의 평생 위장병 환자를 몇 달 안에 해결하였고, 낫지 않는 편두통·아토피와 지루성 피부·우울증·공황장애를 위장을 깨끗게 함으로 치료하였다. 돌연사의 원인을 찾고 예방하였고, 류마티스 관절염, 동맥경화를 치료하였다. 폭식, 과식, 야식, 급식(急食)으로 생긴 음식 부패물인 담(痰)이 만병의 뿌리(십병구담〈十病九痰〉)임도 알게 되었다.

한국교회를 치료하는 의사를 꿈꾸다

5장에서는 한국교회의 문제가 무엇인지 탐구한 과정을 이야기한다. 이 과정에서 하나님께서 라면을 5개씩이나 먹는다는 한 여성 환자를 보내 주셨고, 이 환자를 통해 한국교회의 질환을 규명할 수 있었다. 아울러 하나님의 자녀가 마땅히 지녀야 할 기독교 진리의 핵심 가치를 발견하였고, 교회에서 실시하는 말씀 양육의 오류와 불완전한 거듭남 그리고 성화와 성령에 대한 무지를 꼬집었다. 하나님의 통전 생명관을 밝혀 이분법에 빠진 무지를 일깨웠고, 믿음의 한의사로서 한국교회에 한방(韓方)을 먹이는 치료자가 되었다. 하나님은 신학자가 아니라 믿음의 자녀의 생명을 살리시는 분이시다.

기독교 신앙과 의학을 융합하여 강의하다

6장에서는 그리스도인의 무결점 건강에 대해, 어떻게 자신의 병의 원인을 알아내고 다스려야 하는지 이야기한다. 그리고 우리 몸을 온전하게 하실 명의를 소개한다. 아울러 그리스도인의 참 건강인 성화에 이르는 길, 하나님 사랑의 실체와 실천, 통전생명관, 미디에이터(중보자)에 대해서 이야기한다. 이를 통해 "하나님 말씀 속엔 최고의 의학이 숨어 있다"는 사실을 깨닫게 된다.

물과 기름 같던 한의학과 서양의학을 융합하다

마지막 7장은 한의학과 서양의학을 융합하여 펼쳐 갈 미래의 희망에 관한 내용이다. 두 의학은 원수 같으면서도 부부 같은 존재이다. 그렇기에 서로 다르다고 싸우지 않고 협력하면 명품이 나오게 된다. 이를 위해 전혀 다른 두 의학을 융합하는 방법론을 찾아냈고, 임상 연구를 성공적으로 시도했고, 암·치매 등 악성 질환 정복을 위해 나아갔다. 그리고 마침내 이러한 노력을 정부로부터 인정받아 충주에 융합의학 메디컬센터인 충주위담통합병원을 건립하여 전인치료의 길을 열게 되었다.

이 책을 통해서 지나온 인생 여정에서 하나님이 베푸신 한량없는 은혜와 믿음의 의사로서 생명을 살리고 온전케 하는 소중한 역할을 계속해 갈 수 있음에 다시 한번 감사를 드린다.

2021년 5월
최 서 형

1
CHAPTER

최고 명의(名醫)
예수님을 만나다

그동안 내가 살아온 경쟁과 이기심, 미움과 질투, 분쟁
등으로 점철된 황야와 같은 세상과는 전혀 달랐다.
'어쩌면 이곳이 낙원이겠다'라는 생각도 들었다.
근래 수년간 처음 느껴 보는 평안함이었다.

1
세상을 못 볼 뻔한 탄생의 고비를 겪다

　어머니는 수술대에 오르셨다. "아이를 낳아서는 안 됩니다. 아이도 죽고, 산모의 생명도 장담할 수 없어요." 아이가 죽을 수 있다는 의사들의 끈질긴 낙태 권유에 어머니는 결국 아이를 지우기로 결심했다.

　검사 신분으로 황해도 송림시 행정 책임자로 있었던 아버지가 1·4 후퇴 때 가족과 몇몇 친척, 그리고 부하 직원들과 함께 배를 타고 대동강을 떠나 군산에 내려오면서 우리 가족은 실향민으로서 어려운 피란생활을 시작했다. 대가족이었던 모든 식구들을 먹여 살리기 위해 어머니도 일에 나서서 생선 장사를 하는 등 말할 수 없는 고생을 하게 되었다. 급기야 어머니가 재귀열이라는 열병과 신장염을 앓게 되었다. 피란생활 중 갖게 된 여섯 번째 아이를 도저히 제대로 낳을 건강 상태가 아니었던 것이다.

　결국 수술대에 오른 어머니는 수술을 기다리면서 눈물로 기도드렸다. 독실한 기독교 신자였던 어머니는 기도 중 하나님과 아이에게 큰 죄를 짓는 것 같은 생각이 들면서 '아이의 생명은 하나님께서 주신 것'이라는 확신을 갖게 됐다. 당신이 죽는 한이 있더라도 이 아이는 하나님의 손에 맡겨야겠다는 강한 결심을 하고, 수술 준비를 마친 의사들의 손길을 단호하게 뿌리치고 수술대 위에서 내려왔다.

이처럼 나는 세상에 태어나지도 못할 뻔했다. 자칫 유산될 상황이었으나 하나님의 은혜로 10개월을 보냈지만 너무나 어려운 출산 과정이 기다리고 있었다. 예정일보다 많이 늦어져 우려 속에 의사 선생님의 몇 차례 왕진 배려가 있었고, 출산 바로 전날 아직 좀 더 기다려 봐야겠다는 의사의 진단이 있었다. 그러나 갑작스러운 출산으로 인해 의사의 도움을 전혀 받을 수 없는 상황이었다.

출산 당시에 어머니는 병마로 인해 만신창이가 된 상태여서 도저히 힘을 쓸 수조차 없는 지경이었다. 자궁 입구에서 그만 목이 걸려 빠져나오지 못한 나는 거의 질식 상태에 놓이게 되었다. 경황이 없어 변변한 출산 준비가 안 됐던 터라 아버지가 직접 입으로 탯줄을 끊는 등 어렵게 세상에 나왔다. 나의 얼굴은 숯처럼 새까맣고 3일 동안 울지 못했다. 모두 '이 아이가 얼마나 버틸까'라고 생각했다.

그러다 겨우 3일 만에 울음이 터졌다. 질기게 살아난 것이다. 내가 의료인으로서 하나님의 말씀을 근거로 통전치유에 관심을 쏟게 된 것도 생명의 주권자는 하나님이시라는 사실이 태어날 때부터 몸에 밴 것 때문이 아닐까 한다.

2
한의사 이전의 간절한 꿈은 경제학자였다

나는 7남매 중 여섯째로 태어났다. 위로 형님 두 분과 세 분의 누님이 계셨다. 아버지는 연달아 3명의 딸을 낳은 뒤에 아들을 간절히 원하셨기 때문에 나의 탄생은 아버지의 기쁨이 되었다. 어렸을 때부터 나는 부모님의 큰 기대 속에 무엇을 하든지 잘 했다. 일찍부터 한자를 익혔고, 특히 그림을 잘 그렸다. 4세부터 그림을 그렸는데 6세 때 우리나라 대표로 국제사생대회에 나갈 정도로 재능이 있었다.

아버지는 나를 위해 특별한 교육을 하셨다. 학교에 들어가기도 전에 이미 초등학교 교육과정을 배웠고, 학교에 다니면서는 학교 측의 배려로 고학년 교실에서 같이 공부하기도 했다. 어린 시절부터 주위에서 칭찬을 많이 듣다 보니 남에게 반드시 인정받아야 하고 또 지면 안 된다는 강박이 서서히 내 삶을 지배하게 되었다. 점차 공부가 부담이 되기 시작했다.

1등을 해야 한다는 강박 관념은 지속됐다. 중학교 입시 때는 공부를 하면서 밥도 못 먹고, 겉으로는 공부하는 척했으나 사실은 전혀 공부를 하지 않았다. 일류 학교에 대한 가족의 기대로 최고의 학교를 선택했고, 재수하면서까지 시도했지만 모두 낙방했다. 결국 2차였던 경동중학교에 들어갔고, 어릴 때와는 달리 평범한 학교생활과 지독한 사춘기를 겪게 됐다. 어릴 때 항상 점잖고 유머스러웠던 내가 짜증을 자주 내며 예민한 성격으로까지 변하게 되었다. 최고가 되어 보겠다는 생각은 사라졌다. 어느덧 고3이 되면서 좋은 대학 진학은 남의 일인 양 되어 버렸다. 그 결과 꼭 가고 싶었던 대학에 들어가지 못했다.

당초 내 인생의 계획표에는 한의사가 되는 것이 없었다. 고등학교 시절까지 한의사를 꿈에도 생각하지 않았다. 당시 한의학은 입시가에 많이 알려지지 않았다. 오히려 나는 오매불망 대학에서 경제학을 전공해 이 나라 경제 부흥의 기수가 되고 싶었다. 얼마나 열망이 강했던지, 눈 감으면 산업경제 분야에서 활약하고 있을 내 모습을 상상하면서 미소까지 지을 정도였다.

대학입시에서도 낙방한 나는 뒤늦게 이래서는 안 된다는 오기가 발동하면서 오직 공부에만 전념하며 재수생활을 했다. 오랜만에 공부의 자리에 돌아온 듯한 기분이었다. 유명 학원에 다니면서 실력을 쌓아 올려 몇 차례 전국 모의고사 전체 평균 점수가 서울대 어느 과에도 떨어질 수 없는 60명 안에 들 정도가 되었다. 모두가 나를 인정했다. 그러나 막상 시험장에서 전혀 예기치 않게 평정심이 흔들리면서 시험을 망치고 말았다. 시험 둘째 날 첫 시험을 보고 난 후 바로 앞의 학생과 정답을 맞춰 보았다. 맞았다고 자신한 문제들을 실수로 틀린 것을 확인하고는 눈앞이 캄캄해지면서 이후의 시험을 그르친 것이다.

한강에 떨어져 죽고 싶은 심정뿐이었다. 나를 기대했던 아버지를 비롯한 가족을 생각하니 도저히 얼굴을 들 수 없었다. 초등학교 때부터 따져 보면 벌써 네 번이나 실패한 셈 아닌가. 내가 하류 인생으로 전락한 것 같아 견디기 힘들 정도로 비참한 심정이었다.

3
아버지의 권유로 할 수 없이 한의사의 길을 택하다

그러나 실패가 나를 한의사의 길로 들어서게 만드는 계기가 되었다. 실의에 빠져 있던 어느 날, 판사로 계시던 아버지 친구분들이 놀러 오셨다. 그분들은 아버지께 "기왕이면 자네 아들을 한의대에 보내는 것이 어떻겠는가. 우리도 가끔 한의학 공부를 하는데 앞으로 전망이 밝을 것 같다"고 말씀하셨다.

그러자 아버지는 "서형아, 너 한의대라도 갈래?"라고 물으셨다. 전혀 생각지 못했던 뚱딴지같은 제안이었지만 아버지의 말씀을 거부할 입장이 아니었기 때문에 당시 후기 대학이었던 경희대 한의학과에 들어갔다. 기왕 진로가 바뀐 김에 의대도 생각했지만 상대적으로 낙후된 한의학을 발전시키고 싶은 마음도 들었다.

마지못해 경희대 한의대에 들어가긴 했으나 처음 몇 년은 제대로 공부하지 않았다. 아버지 몰래 삼수라도 해서 경제학과를 지원하려고 잠시 시도해 보았으나 잘되지 않아 포기하고 말았다.

그때를 생각하면 '사람이 마음으로 계획할지라도 그 걸음을 인도하시는 분은 하나님'이라는 잠언의 말씀을 실감한다. 내가 노력해 나의 힘으로 산다고 생각하지만 사실 내 삶의 주인은 내가 아니라 하나님이고, 인생은 능동태가 아니라 수동태라는 결론이다.

4
한의대 교수가 되어 가르치다

　무관심했던 한의학에 관심을 갖게 된 것은 본과 3학년 때 한의과대학 총학생회장에 선출되면서부터였다. 학생들의 기대 속에 학생회장이 된 뒤 한의대 수준을 업그레이드시키겠다고 결심했다. 의대에 비해 부족했던 한의대의 면학 분위기부터 높이고 싶었다. 특히 나를 신뢰했던 학장님께서 나에게 예과 2학년~본과 3학년 학생 400여 명을 대상으로 수요일 3·4교시 2시간 동안 소양교육을 하도록 하셨다.

　당시 학도호국단 체제 아래서 말도 안 되던 공식적인 학생 집회를 통해 한의대의 기강과 면학 풍토를 세우고자 한 내 계획을 성공적으로 끌고 갈 수 있었다. 한의대가 거의 모든 행사에서 늘 1등을 차지할 정도로 강해졌고, 학생들은 물론 교수님들까지 일사불란하게 나를 지지하고 협조해 주었다. 소양교육 행태로 진행된 이 시간을 준비하고 운영하면서 자연스레 한의학이 우리 선조들의 지혜로운 학문임을 알게 되었고, 한의학을 잘 세워 세계로부터 주목을 받는 학문으로 키워 나가야겠다는 포부를 갖게 되었다. 나는 그동안 한의학에 흥미를 못

느꼈지만 늦게나마 한의학 공부에 진력했다.

학교를 졸업한 뒤 병원 수련의 과정을 거쳐 1983년 경희대 한의대 임상교수로 발령받고 동서의학연구소에서 근무하게 됐다. 이곳에서 나는 양의사와 함께 연구하고 협력하는 경험을 처음으로 하게 됐다. 동서의학연구소는 한의학과 서양의학을 접목해 난치성 질환을 퇴치하겠다는 좋은 목적을 가지고 설립됐다.

그러나 실상 현장에서 살펴보니 양의사와 한의사 간 의사소통이 제대로 이루어지지 않았고, 서로에 대한 이해도 부족해 마치 다른 나라 사람들이 만나서 일하는 것 같은 분위기였다. 서로 협조하는 것처럼 보였지만 실상은 서로의 학문을 폄하하고 무시하는 경향이 많았다. 아무튼 1년 2개월 동안의 연구소 근무는 동·서 의학에 관한 많은 점을 느끼고 생각할 수 있는 소중한 기회가 되었다.

이후 나는 대전대 한의대 내과 주임교수로 스카우트돼 학교를 옮기게 됐다. 대전대는 신설 대학으로 아직 체계가 잡혀 있지 않은 상태였다. 내려가면 고생만 할 뿐이라며 모두 꺼렸다. 그러나 나는 '뱀의 머리가 될지언정 용의 꼬리는 되기 싫다'는 심정으로 과감하게 결단을 내린 뒤 가족을 데리고 대전으로 내려갔다. 당시 어떤 것부터 손을 대야 할지 알 수 없을 정도로 매우 어수선하고 무기력한 분위기였다. 그러나 나는 대전대에 내 모든 것을 쏟아 붓기로 결심했다.

부임 후 본과 4학년 주임교수직을 겸하면서 가장 먼저 수련의 교육, 학생 임상실습교육에 관한 전반적인 교육 시스템 개혁과 콘텐츠 보완

작업에 착수했다. 이런 노력들은 짧은 시간에 학생들의 수준을 크게 향상시켜 학교에 대한 자부심이 높아지는 결과로 나타났다. 당시 국가고시에서 대전대 한의대가 전국에서 최고의 성적을 냈다. 학생들은 하루 서너 시간만 자면서 스파르타식으로 공부했기에 코피를 흘리면서도 군소리 없이 잘 따라줘 좋은 면학 분위기가 형성됐다. 주위에서는 "대전대 한의대가 머잖아 전국 최고의 한의과 대학으로 자리 잡을 것"이라고 평했다.

5
평생직인 교수의 길 접을 때, 하나님을 만나다

나는 학교에서 평교수협의회 창설에 앞장서는 등 열정적으로 활동했다. 1986년 박사학위를 받자마자 한의학 교육 커리큘럼을 개혁하고 보완, 수정하는 교육개혁심의위원회를 구성했다. 평소 한의학 발전을 위해서는 교육과정과 내용이 대폭적으로 개선되지 않으면 안 된다는 생각을 했기 때문이다. 한의과 교육 내용이 의대의 교육 시스템을 모델로 했기 때문에 한의학 특징에 맞지 않았던 것이다. 어떻게 하면 한의학 본래의 특성을 효과적으로 전수할 수 있을까에 골몰했다.

나는 6명의 교수를 선발, 학장의 재가를 얻어서 위원회를 출범시켰다. 그러나 이런 과정에서 학내에 미묘한 분위기가 조성됐다. 내가 비록 좋은 의도로 위원회를 만들었으나 여기에 가담하지 못한 교수들은 속으로 불편한 마음을 가졌던 것이다. 점차 학내에 민감한 분위기가 형성됐다.

나는 주위 분위기에 아랑곳하지 않고 강하게 위원회 활동을 추진해 나갔다. 자연히 대학 내에 갈등이 고조됐다. 진보적 교수와 그렇지 못한 교수 간의 편 가르기가 진행되면서 양측이 자꾸 부딪치게 됐다. 시간이 지나면서 갈등은 높아만 갔고, 학생들까지 개입하는 상황으로 악화됐다. 결국 심의위원회를 만든 지 2년 만에 갈등이 터졌다. 교수 간 알력은 도를 넘어섰다.

사실 나는 갈등 분위기에 잘 적응하는 스타일이 아니었다. 교수들과 실랑이를 하며 귀중한 시간을 보낸다는 것이 아깝고 부질없다는 생각이 들었다. 지속적으로 교육개혁을 하기 위해서는 어쩔 수 없이 투쟁적 분위기 속에 들어가야 하는데 그것이 너무나 정신적 부담이 되었다. 고민 끝에 대학에 사표를 내기로 했다. 내가 결심하자 함께 교육개혁 작업에 동참했던 교수들도 동조하겠다고 말했다. 모두 "대충 대학교수 생활을 하는 것은 싫다"고 말했다. 나를 포함하여, 6명의 교수가 88년 말 양심선언을 하고 학교를 그만뒀다. 5년 동안 대전대에서 피와 땀, 눈물을 흘린 것이 허사가 된 것 같아 괴로웠다.

물론 재단에서는 적극적으로 만류했다. 나를 붙잡고 또 붙잡았다. 그러나 나는 소모적인 갈등으로 에너지를 더 이상 빼앗기기 싫었다. 재단도 내 뜻을 꺾지 못했다. 막상 사표를 내고 나자 인생이 너무나 허무했다. 대전대에서 한의학을 크게 발전시키려 노력했던 것과 평생 대학에서 후학을 양성하고 연구에 전념하기로 작정했던 지난날의 내 계획이 물거품처럼 사라지는 것 같았다. 막막했다. 자신감 있게 추진했던 것들이 하루아침에 모두 무너진 것 같아 내 인생이 슬퍼졌다.

그때 나와 함께 사표를 냈던 문충모 교수가 내게 다가왔다. 문 교수는 전임 교수로 발령받은 지 얼마 되지 않았으나, 내가 사표를 내자 "선배님 안 계신 대학에 혼자 있으면 무슨 소용이 있습니까"라면서 내 결정에 동조해 준 고마운 후배였다. 당시 문 교수는 병원 뜰에 앉아 있던 내게 다가와 "형님, 오늘 저녁에 대덕연구단지에서 창조과학회가 주최한 집회가 있는데 같이 가보시지 않으실래요?"라고 말을 건넸다. 고마움에 마지못해 가게 됐지만 그의 권유가 내 인생의 전기가 됐다.

사실 나는 모태신앙이었지만 장성해서까지 철저하게 하나님을 무시하며 살았다. 니체 사상의 신봉자가 되어 인간의 이성과 의지가 모든 것의 중심이 되고 하나님은 없다는 생각에 빠져 있었던 것이다. 이러한 논리는 나의 인생을 지탱하는 능력의 근간이 되었고, 당연히 신은 안중에 없었다. 교인들을 나약하고 처량한 존재로 여겼다. 기독교는 모든 것을 믿음이라는 명제로 함몰시켜 버리고 이성의 작용을 마비시키는 것 같았다. 변증의 과정이 없는 종교는 무의미하다고 느꼈다. 실제 어머니께서 수차례 꽤 유명한 목사님을 보내 나를 교화시키고자 하셨을 때도 그때마다 나의 논리로 목사님을 설복시켜 꼼짝 못하게 하는 승리감에 도취되곤 했다.

부흥집회에 가자는 문충모 교수의 권유를 뿌리치지 못한 나는 문 교수를 따라 대덕 과학단지 내 강당에서 열리는 집회에 갔다. 남서울은혜교회 홍정길 목사님의 주재로 진행된 집회였다. 그런데 처음부터 이상한 현상이 나에게 나타났다. 강당에 들어서자마자 은은히 울려 퍼지는 찬송이 나의 메마르고 찢긴 상처를 따뜻하게 감싸 주는 것 같았다. 순간 교회에 대한 마음의 벽이 녹아내리면서 거부감이 없어지는 것을 느꼈다. 찬송과 함께 주위 사람들의 자상한 친절은 온 세상이 나만을 축복해 주는 것 같은 환상에 빠지게 했다. 그동안 내가 살아온 경쟁과 이기심, 미움과 질투, 분쟁 등으로 점철된 황야와 같은 세상과는 전혀 달랐다. '어쩌면 이곳이 낙원이겠다'라는 생각도 들었다. 근래 수년간 처음 느껴 보는 평안함이었다. 찬송가로 인해 완악함이 무너지는 것을 경험한 나는, 지금도 찬송이 이 세상과는 다른 어떤 신령한 나라의 언어이고 곡조이며, 그 안에는 엄청난 치유의 능력이 있다고 믿고 있다.

홍 목사님은 말씀을 마친 뒤 "이 자리에서 예수님을 영접하고자 하시는 분은 일어서십시오"라며 권면했다. 무언가에 홀린 듯 말씀이 끝나자마자 거리낌 없이 일어났다. 전혀 생각지 못한 행동이었기에 스스로 놀랄 정도였다. 내가 교회 안에 앉아 있는 것도, 많은 사람 앞에서 믿겠다고 일어나는 것도, 그 모든 것이 기이할 뿐이었다. 문 교수는 "성령님의 역사"라며 좋아 어쩔 줄 몰라 했다. 집회 후 "최 교수가 주님을 영접했대"라는 이야기가 퍼지면서 내 믿음을 키워 주기 위해 여러 분이 찾아오기 시작했다. 인근 교회 전도사님이 매일 집을 방문해 말씀으로 나를 만져 줬다. 어느 순간 대학을 그만두면서 갖게 된 괴로움과 혼란스러움이 내 마음속에서 사라진 것을 알게 됐다.

이후 나의 삶은 매우 빠르게 변했다. 나는 주위에서 인도하는 대로 장기정 목사님이 사역하시는 대전의 침례교회를 나가게 됐고, 89년 초 서울 상계동으로 올라와 한의원을 오픈하면서 성북동 달동네에 위치한 시온침례교회에 나갔다. 여의도침례교회가 지원하는 개척교회였는데, 이곳에서 목사님의 배려로 많은 성경공부를 하게 됐다.

6
성경의 시작,
창세기 1장 1절을 깨닫다

　진료하기 전 아침마다 큐티 중심으로 성경공부를 하다가 본격적으로 성경일독을 해야겠다는 생각이 들어 성경을 펼쳤다. 그러나 말씀 공부를 한 발자국도 진행할 수가 없었다. 성경 첫 페이지, 첫머리인 창세기 1장 1절에 "태초에 하나님이 천지를 창조하시니라"는 말씀이 도저히 이해가 되지 않았기 때문이다.

　얼떨결에 하나님을 믿긴 했지만 의과학을 한 사람으로서 진화론에 익숙해져 있던 터라 어떤 신적인 존재가 삼라만상을 무(無)에서 창조했다는 주장은 도저히 받아들일 수 없었다. 만약 이 말이 허구라면 이하의 모든 성경말씀은 거짓일 수밖에 없는 것이니 하나님을 믿는다는 것이 부질없는 일이 될 상황이었다.

　깊은 고민에 빠지게 되었다. 하나님을 믿어야 하느냐, 말아야 하느냐. 성경책은 펼쳐 놨지만 성경 읽기를 한 절도 나아갈 수 없었고, 이러한 상태에서 혼란스러운 고민의 시간이 여러 날 지나갔다.

그즈음, 대덕연구단지 내의 크리스천 과학자들이 창조과학회라는 모임을 결성하여 하나님의 창조를 과학적으로 증명하고자 노력하고 있다는 소식을 들었다. 어쩌면 나의 고민과 혼란스러운 상황을 풀 수 있는 좋은 정보를 얻을 수 있겠다는 생각에 반가웠다. 그리고 대덕연구단지 창조과학회에서 발간한 모든 책을 사서 밤새 열독하기 시작했다. 이것만 가지고는 성에 안 차 창조과학회 교수를 초청해서 강의도 듣곤 했다. 그러나 창조 당시의 모습을 목격하거나 고증도 할 수 없는 상태에서 이런저런 논리를 견강부회하다 보니 훌륭한 연구임에도 불구하고 나는 여전히 의구심을 지울 수 없었다.

그런데 어느 날 불현듯 "태초에 하나님이 천지를 창조하시니라"는 선포의 말씀이 엄청나게 큰 글씨로 눈에 들어왔고, 방대한 성경책 첫 장, 첫머리에 도도하게 자리하고 있는 이 말씀이 너무 당당해서 감히 거부할 수 없었다. 그리고 얄팍한 지식으로 이런저런 고민과 혼란에 빠진 나를 일순간 압도해 버렸다. 창조한 당사자가 아니면 도저히 이런 말을 쓸 수 없다는 각성이 밀려왔다.

그렇다! 하나님이 실제로 천지를 창조하셨기 때문에 사실 그대로 말씀하셨을 뿐인 것이다. 자칫 나 자신을 원숭이 후예로 여길 뻔한 어리석음에서 비로소 탈출할 수 있었다.

그렇게 믿기지 않던 하나님과 성경 말씀이었는데, 한번 창세기 1장 1절의 하나님의 창조 선언이 믿어지고 받아들여지니까 그때부터 믿음의 눈이 열리고 성경의 기록과 하나님의 창조에 대해서 전반적으로 믿게 되었다. 하나님께서 우주와 인간을 창조하셨다고 하는 이 짧고 단순한 선포는 인간과 우주는 어디에서 와서 어디로 가며, 또 어떻게 살아야 할 것인가에 대한 존재 이유를 명확하게 제시해 주는 것 같았다.

창세기 1장 1절 말씀 행간에 들어 있는 무궁무진한 의미를 더 깊이 고찰하면서 두고두고 절실해지는 깨달음은, 성경 전체를 지배하는 서막인 창세기 1장 1절 말씀이 하나님의 위대하심, 그리고 나를 향한 하나님의 뿌리 깊은 사랑과 나를 지으신 하나님에 대한 끓어오르는 사랑이라는 것이다. 아울러 목숨 다해 나를 낳아 주시고, 하나님을 공격하고 배척했던 내가 하나님을 만나도록 눈물로 기도하며 애태우셨던 어머니, 그의 마음을 배우는 것이었다.

7
교회에서 가르치기 시작하다

어느 날 나에게 목사님은 많은 자료를 주시면서 "최 원장님은 학생들을 가르치는 교수였으니 이 자료를 공부해서 청년들을 가르쳐 보는 게 어떻겠느냐"고 하시는 것이었다. 신앙생활 한 지 얼마 되지 않아 성경에 문외한일 수밖에 없는 나였지만, 목사님이 시키면 뭐든 해야 하는 것으로 알고 "예, 해보겠습니다"라고 대답했다.

막상 대학부를 가르치겠다고 했지만 매우 난감했다. 대부분 신앙 연조가 깊고 여의도침례교회 대학부 리더들도 있었기 때문에 웬만큼 해서는 우스운 꼴이 될 것이 뻔했다. 열심히 성경공부를 하는 수밖에 달리 도리가 없었다. 주일에 가르치기 위해 나는 매일 새벽 3~4시까지 성경을 보면서 연구했다. 제일 처음 접하게 된 주제는 '하나님은 누구신가?' 그리고 '하나님은 사랑이시다'라는 것이었다.

하나님을 믿게 된 지 얼마 되지 않은 시점에서 이 과제는 손닿을 수 없는 저 머나먼 진리로 느껴졌다. 그러나 포기할 수 없었다. 나를 낳아 준 어머니를 내가 알 수 있듯이, 나를 만드신 하나님도 분명 다가갈 수 있는 분이심을 믿었기 때문이다.

하나님이 천지를 창조하실 때의 마음과 생각을 헤아려 보려고 노력했다. 또 우주와 자연과 사람을 만드신 그분의 위대한 손, 또 피조물의 생명에 대한 그분의 사랑을 느껴보고자 애썼다. 쉽지 않은 과정이었지만 일 년 정도 고군분투하다 보니 하나님을 아는 지식이 빠르게 성장했다.

창조 이후 많은 시공간의 흐름이 있었고, 또 하나님은 지존자시고 나는 그분 때문에 존재하게 된 피조물에 불과하다. 그러나 그분과 나는 시간과 공간을 뛰어넘어 연합하여 하나가 되어가고 있었다. 즉 하나님이 내 안에, 내가 하나님 안에 있다는 것과 내 삶 속에 그분이 임재하신다는 깨달음은 내 신앙생활의 처음과 끝이 되었고, 내 삶을 지배하게 되었다.

이후 나는 직접 느끼며 확신하게 된 하나님에 대해, 그리고 우리를 위한 하나님의 우주적인 계획과 우리를 참 생명으로 이끌고자 하시는 하나님의 뜻을 더 깊이 알아가고자 정진하고 있다. 그리고 이를 많은 사람들에게 알려주고, 하나님의 자녀들이 성령 안에서 거룩하고 행복한 삶을 살 수 있도록 하온아카데미(하나님의 온전한 사람 만들기 교육과정)를 개설하여 가르치고 있다.

마음에 꼭 새겨 두어야 할 **한마디**
: 하나님은 나의 인간적인 꿈은 막으시고, 나를 향한 당신의 꿈을 이루어 가신다.

2
CHAPTER

생명을 온전케 치유하는 병원을 시작하다

하나님은 원수같이 배척해 온 한의사와 양의사가
서로 손잡고 함께 연구해서 훌륭한 생명의학을
세워 나가도록 반강제적으로 이끄셨다.

1
한의와 양의가 고통받는 환자를 위해 손잡다

하나님을 믿은 지 3년째인 1991년, 나는 인생의 가장 결정적인 국면에 접어들었다. 서울대 의대 출신의 의사들을 중심으로 운영되던 동의연구회로부터 "동·서 의학을 연구하는 모임을 만들어 보자"는 제의를 받은 것이다. 우리는 서울대 의대 교수와 졸업 의사들, 그리고 한의대 중진 교수들을 규합하여 동·서 의학의 접목을 통해 세계적인 한국의학을 만들어 보자는 뜻으로 '우리 의(醫)'라는 포럼을 만들었다.

한 달에 한 번씩 세미나를 하면서 우리는 각종 질환에 대해 토론하며 연구했다. 가령 당뇨병에 대해 한의사가 한의학적으로 발표하면 양의사가 양방적 관점에서 분석한 후 서로 장단점을 보완하는 방식으로 진행하였는데, 자기 의학의 단점을 인정할 줄 아는 매우 진지한 모임이었다.

나는 의료인으로서 많은 부분에서 한의학이 한계가 있다는 것을 누구보다 잘 알고 있었다. 또 서양의학도 급속한 환경오염으로 증가하는 만성·난치성 현대병들을 제대로 치료하지 못하는 한계가 있음을 알았기 때문에 21세기에는 반드시 두 의학의 장단점이 보완된 보다 온전한 의료 콘텐츠가 개발해야 한다는 신념을 가졌다. 나는 이 일을 매우 소중하게 생각했다. 그리고 이 일은 분명 하나님께서 내게 선물로 주신 깨달음이라고 생각했다. 왜냐하면 21세기에는 반드시 두 의학의 장단점을 보완한 제3의 시너지 의학이 개발되어야 한다는 확신과 진료실에서 만났던, 원인을 찾지 못한 채 고통을 호소하던 환자들을 도우라고 주신 하나님의 사명임을 깨달았기 때문이다.

연구 모임을 통해 동·서 의학 접목의 중요성을 서로 인정하면서 연구만 할 게 아니라 하드웨어(병원)를 만들어 실제 임상을 시도하는 게 좋겠다는 의견들이 나왔다. 나는 한방 쪽의 리더가 되어 외국 병원 사례를 찾아 둘러보는 등 주도면밀하게 계획을 진행해 나갔다.

2
뜻만 있고 돈은 없어
어두운 터널에 갇히다

드디어 1992년 초, 5명의 양의사와 한의사가 근무하던 대학에서 나와 동·서 의학 병원을 세우기 위해 모였다. 푸른 꿈을 갖고 시작하였지만 실제 상황은 어렵고 힘난하기 이를 데 없었다. 우선 병원 건립에 필요한 자금이 거의 없었다. 처음에는 뜻 있는 사업이니까 도와주는 곳이 있겠거니 생각하고 큰 신경을 쓰지 않았다. 무엇보다 양의사와 한의사가 한 가지 목적을 위해 뭉친 협진 프로그램에 신경을 써야 했기 때문이다. 강남의 가장 허름한 건물과 최소한의 시설 마련에 14억 원 정도가 필요했다.

당시 내 수중에는 현금 2억 원과 한의원 운영 수입금뿐이었다. 한의원 운영 수입금은 사표를 내고 나온 교수들과 병원 설립 준비 행정 요원 6명의 기본적인 생활비에 충당됐으나 항상 부족한 상태였다. 결국, 한 번도 가본 적 없는 은행에 손을 벌렸다. 은행 직원은 집이나 주식, 골프회원권 같은 담보물이 없는지 물었다. '없다'는 대답에 그는 "그러면 여기 왜 오신 거죠?"라고 어처구니가 없다는 표정이었다. 거지가 된 듯한 느낌이었다.

낮에는 한의원에서 환자들을 진료하고 저녁엔 병원 준비회의와 실제 임상에서 적용할 동서 협진 가이드라인 작업을 하느라고 무척 바쁜 나날을 보내야 했다. 가장 힘든 것은 돈을 구하는 일이었다. 그러나 무엇 하나 풀리지 않았다. 병원 때문에 직장을 그만둔 교수들의 걱정이 내 마음을 짓누르기 시작했다. 나는 부담감과 근심으로 무력하고 어두운 시간을 보내야 했다. 병원을 시작한다고 해도 잘되지 않으면 모든 것을 다 잃은 채 거리로 쫓겨날 수 있다는 두려움까지 더해지니 마음이 더욱 무거웠다.

기도하면서 소명을 받았지만, 인간적으로는 계속 컴컴한 터널에 갇힌 느낌이었다. 어디로 가야 할지 앞이 보이지 않는 어두컴컴한 터널에서 내가 의지할 수 있었던 것은 오직 하나님뿐이었다. "하나님, 왜 이렇게 터널이 깁니까? 빛이 하나도 안 보입니다." 심신이 지칠 대로 지친 나는 진료실에서 넘어지고 말았다. 오른쪽 발목뼈가 두 군데나 부러져 60일 가까이 깁스를 해야 했다.

'이제 모든 것이 끝났구나'라는 생각이 엄습하는 내 마음 한편에는 묘한 기쁨이 솟구쳐 오르는 것이었다. '이것을 핑계로 동서의학병원을 포기하자. 모두 이해할 거야'라는 생각이 들면서 다리 부러진 게 다행이라는 생각까지 했다. 상계동 한의원의 의자가 그렇게 편할 수가 없었다. 아내와 주위 친구, 지도교수까지 모두 한의원이 상계동에서 유명해지면서 잘되는 가운데 망할지도 모르는 모험을 왜 하느냐면서 동·서 의학 병원 개원을 극력 반대했기 때문에 병원 설립 포기가 오히려 행복의 길이라는 생각까지 든 것이다.

    그러나 하나님은 내가 포기하도록 내버려두지 않으셨다. 나의 설득으로 이미 두 명의 한의대 교수와 의대 교수가 사표를 내고 나온 상황이었기 때문에 그들을 생각하면 되돌아갈 수 없었다. 나는 다시 돌아가서는 안 된다고 이를 악물었다. 깁스한 다리를 끌고 다시 고난의 현장으로 나아갔다. "살려달라"는 절규의 기도는 계속됐고, 기도할 때마다 얼굴은 눈물로 범벅이 됐다. 인간의 의지로 안 되는 것이 없다고 우쭐대고 일 때문에 울어 본 적이 없던 때의 내 모습을 떠올리면서 한없이 낮아지고 있는 나를 발견할 수 있었다.

3
고통의 새벽에 홀연히 주님께서 등을 안으시다

그렇게 절실한 마음을 가지고 기도하며 잠든 어느 날 새벽, 예수님께서 나를 찾아오셨다. 나를 뒤에서 끌어안으시며 "서형아, 이제 다 잘될 거야. 걱정하지 마라"고 말씀하시는 것이었다. 나는 "주님, 주님" 부르면서 뒤로 돌아 주님께 안기려고 팔을 벌리고 허우적대는 순간에 깨어났다. 꿈이었다. 그러나 너무 생생해서 흰 두루마기를 입으시고 다가오신 주님의 모습을 지금도 잊을 수가 없다. 눈물을 흘리며 감사의 기도를 드렸다.

며칠 후 기적 같은 일이 일어났다. 은행 문이 열린 것이다. 하나은행 강남 삼성동 지점에서 6억 원을 담보 없이 3명의 맞보증 형태로 대출해 주겠다는 것이었다. 까다롭고 정확하기로 소문난 김기현 지점장이 "당신같이 비전 있고 훌륭한 일을 하는 사람 도와주는 곳이 바로 은행입니다. 은행은 돈놀이하는 곳이 아니지요"라고 말하는 것이 아닌가. 할렐루야! 하나님이 해주신 일이었다. 나는 그것을 바탕으로 하나한방병원과 하나의원을 세울 수 있었다.

겨우 숨통이 트일 무렵 담임목사님께서 출석한 지 얼마 안 된 나를 방문하셔서 성전 건축을 해야 할 것 같다고 말씀하셨다. 그때 나는 진료 전 큐티를 하곤 했는데 마침 그날 묵상했던 "너희는 먼저 그의 나라와 그의 의를 구하라"는 말씀이 떠올랐다. 나는 순간 하나님께서 목사님을 도와 성전을 건축하라는 명령으로 확신했다.

"합시다. 목사님, 반드시 될 겁니다." 돈이 없었으나 3천만 원을 약정했다. 그 돈은 건축자재가 급등하던 당시 상황 때문에 교회 건축에 부정적이었던 교회 중직자들의 마음을 일순간에 되돌려 놓았다. "신참 집사도 헌신하는데"라며 저마다 건축헌금을 약정했다.

우리는 산 밑에 아름다운 교회를 지어 하나님께 영광을 돌렸다. 이때 나는 하나님의 나라를 먼저 생각하는 법을 배우게 되었다. 10개월에 걸친 병원 개원 준비는 마무리돼 가고 있었으나 또 다른 시련이 나를 기다리고 있었다.

4
온갖 반대를 무릅쓰고 최초의 동서융합병원인 하나한방병원을 설립하다

　병원 개원을 한 달쯤 앞두고 지역 한의사들에게 인사를 다녔다. 그들은 한결같이 양의사들과 병원을 함께 운영하면 강경파들이 가만있지 않을 거라며 걱정을 해주었다. 몇 개월 전 서울 영등포의 한 정형외과 병원장이 침술 요법을 병행하기 위해 한의사를 영입했다가 한의사협회 측에서 유리창을 깨부수고 항의하는 바람에 계획을 취소한 일이 있다는 것이었다. 당시는 한의사와 양의사 간 의료 일원화를 놓고 험악한 분위기가 조성된 때였기 때문에 충분히 예상할 수 있는 일이었다.

　아니나 다를까. 나와 같이 근무할 양의사에게도 양의사협회로부터 압력이 들어왔다. 왜 한의사 밑에 들어가느냐면서 나오라고 했다는 것이다. 산 넘어 산이라더니, 도대체 잠을 이룰 수 없었다. 힘들게 이룬 모든 노력이 한순간에 깨질 수 있겠다는 생각에 사로잡혀 악몽에 시달리고 가위 눌리는 일도 많았다. 기도에 의지할 수밖에 없었다.

　대망의 개원식이 거행되었다. 개원식을 진행하면서도 마음 한구석에 혹시나 하는 불안감이 떠나질 않았다. 그러나 모든 염려는 기우로 끝났다. 축복 속에 진행되었고, 유리창을 깨뜨리기는커녕 많은 양의사와 한의사들이 찾아와 "여기가 우리 의학의 미래가 될 것이다. 참으로 감동을 주는 병원이다", "의사로서 불가능한 일을 이뤄냈으니 의사학 첫 페이지에 최서형 박사가 나와야 한다"는 등 한껏 덕담을 해주었다.

이에 나는 "이 일은 내가 한 것이 아니라 하나님께서 이루셨습니다"라는 말로 화답하면서, "이제 우리 의료인들이 편견의 각막을 벗어 버리고 마음의 빗장을 풀어서 높아진 담을 허물어뜨리자"고 역설했다.

[1993년 12월, 하나 의학 창간호]

동서의 창(窓)을 열면서

하나한방병원장 **최 서 형**

한·양방 협진 체계의 병원을 구상할 당시, 주위로부터의 간절한 반대의 충고를 떠올려 본다. 우리나라의 의료 현실이 이와 같은 진보적 병원을 수용할 수 있는 포용력이 없기 때문에 곧 쓰러질 수밖에 없다는 거다.

어느새 커져 버린 두 의학 사이의 거대한 장벽을 절감한다.
전혀 다른 세상에서 태어난 것처럼,
전혀 다른 문화에서 자란 것처럼,
장벽에는 오물이 튀고, 욕설이 난무하고, 무성한 가시덤불이 자라나고,
그 장벽 위로 하릴없이 넘나드는 두 의학의 진리의 모습이 매우 애타게 보인다.

누구를 탓할 것인가?
싸워보지도 않고 코웃음치고, 얘기도 안 해보고 비방하고, 알지도 못하면서 아는 척. 정말 우스꽝스러운 괴리의 현상이 아닐 수 없다.

우리는 깨달았다.
그로테스크한 높은 장벽이 두 의학 사이에 있는 것이 아니고,
다름 아닌 우리 마음에 있음을.
서로 다른 이념의 차이는 우리를 멀게 하는 것이 아니라
오히려 서로의 약점을 어루만져 줄 수 있음을.
두 의학의 만남의 다리는 훌륭한 이론과 지식과 기술에 의한 것이 아니라
오직 사랑과 인내에 있음을.

뜨거운 여름 저녁,
하나 병원 지하실 공사장에서,
통풍도 안 되고 냉방도 전혀 안 되는 후덥지근한 그런 곳에서,
우리들의 모임은 시작됐다.
우리의 눈에 드리워진 편견의 각막을 벗고,
우리들 마음에 굳게 닫혀진 철문의 빗장을 풀고,
또한, 국민의 진정한 소리에 귀를 세우며.

5
많은 빚과 직원 월급을
하나님이 해결해 주시다

　1992년 12월 5일, 막상 병원을 축복 속에 개원했지만 다음 날 나는 또 다른 문제로 걱정하게 됐다. 운영자금이 5천만 원 정도밖에 없었던 것이다. 직원 54명의 한 달치 월급도 안 됐다. 자리를 잡으려면 최소 2년 정도의 운영자금이 필요한데 한 달간 버틸 돈도 없었으니 애가 탈 수밖에 없었다. 게다가 우리 병원은 환자들이 찾기 어려운 후미진 곳에 있었기 때문에 빠른 병원 활성화도 기대하기 어려운 상황이었다. 실제 우리 병원 앞을 지나가면서 "어떤 바보가 이런 곳에 병원을 차렸나. 곧 문 닫겠군"이라며 한마디씩 했다고 한다.

　기쁨의 다른 한편에서, 나의 속마음은 까맣게 타들어 가고 있었다. 병원 운영자금이 바닥을 드러내고 있었다. 아내와 나는 이 문제를 놓고 기도하기 시작했다. 기도하면서 하나님께서 여신 병원이니 하나님께서 책임지실 거라는 확신이 생겼고, 다음 날부터 담대해질 수 있었다.

개원식 후 10여 일쯤 지난 아침, KBS 아침 프로그램을 맡은 PD가 우리 병원을 방문했다. 연락도 부탁도 안 했는데 찾아온 것이다. 그는 이곳이 양의사와 한의사가 손잡고 세운 병원이냐면서 취재를 해야겠다는 것이었다. 하루 종일 취재를 했다.

"젊은 한의사와 양의사들이 환자를 위해 각자의 길을 접고 이곳에 모였습니다. 그동안 싸움만 해왔던 양쪽 의사들이 국민의 건강을 위해 모인 것입니다." 이 멘트가 전국을 강타했다.

다음 날부터 환자들이 병원이 터지도록 몰려오기 시작했다. 심지어는 서울대병원과 연세대병원 등에서도 잘 치료되지 않는 환자들을 보내주기까지 하였다. 이후부터 나는 하루 다섯 차례 이상 언론 인터뷰에 시달리게 됐다. 직원들의 봉급 걱정에서 해방된 것은 물론이고, 1년이 지나지 않아서 모든 빚을 갚을 수 있게 되었다.

6
한의와 양의의 협진 병원은 사실 불법이었다

당시 동·서 의학을 어떻게 학문적으로 융합하느냐고 물어보면 그때는 전혀 대답을 할 수 없었다. 마치 솥 뚜껑을 닫은 상태에서 이 솥 안에 뭐가 있냐고 물으면 말할 수 없는 것처럼 앞이 하나도 보이지 않았다. 이걸 어떻게 하나 깜깜했다. 중국에도 동서의학을 접목하는 치료 모델이 있지만 임상에 적용하기 어려운 탁상공론일 뿐이었다. 동·서 의학 협진 의료에 대한 임상 전례가 없으니 나는 동료들과 첫 단추부터 하나하나 맞추어가야 했다.

그때 공부를 굉장히 열심히 했다. 진료가 끝나면 한의사, 양의사들이 짜장면을 시켜 먹고 환자 케이스를 놓고 함께 스터디하며 토론했다. 그때부터 동·서 의학을 어떻게 융합하느냐를 조금씩 경험하게 되었다. 전혀 다른 두 학문이 만나려면 제일 먼저 자신의 의학에 대해 겸손해져야 한다는 것이 나의 지론이었다. 질병에 대해 한의사가 치료하며 느낀 부족한 점에 대해 얘기하고, 양의사들이 치료하며 미진하다고 느낀 점을 터놓고 얘기하는 자리가 되었다. 그렇게 자신의 의학에 대해 솔직해지고 나니 서로의 부족한 점을 채워 줄 수 있는 여지가 생겼다. 그렇게 한의사와 양의사가 협력해 만드는 협진 프로그램은 잘 정착되어 가고 있었고, 꿈꾸던 동·서 협진의료의 새로운 한 페이지가 쓰여지고 있었다.

수많은 케이스의 환자들을 한의사와 양의사가 함께 진료하면서 질병에 따라 한방이 유리한 질환, 양방이 유리한 질환 그리고 같이 협력해서 치료하는 게 유리한 질환으로 분류할 수 있었다. 또한 감기도 양의사가 진료할 때 한방의 체질 정보를 제공해 줬더니 새로운 사실을 알게 되었다. 똑같은 인플루엔자라 하더라도 체질에 따라 증상이 다르게 나타난 것이다. 소양인 환자는 목이 붓고 나중에 기침으로 이어지고, 태음인 환자는 몸살, 두통이 오며, 소음인 환자는 소화가 안 되고 오한이 발생하는 등 환자 체질에 따라 동일한 균으로 인해서도 몸에 나타나는 증상이 달랐던 것이다.

연구결과 아스피린이나 이부프로펜 계열 약은 소양인에게만 효과가 있고, 소음인은 오히려 부작용이 나타나서 아세타미노펜 사용, 항산화 제제 또는 한약이 효과가 있다는 것을 알게 되었다. 이렇듯 한의학과 서양의학을 접목해 환자를 진료하고 처방하니 환자의 체질에 따른 세심한 맞춤 치료가 가능해졌고, 환자들도 협진 의료 프로그램에 만족할 뿐 아니라 많은 질환에 치료율도 더욱 높아져 갔다.

이와 같은 효율적인 동·서 의학 협진진료를 이뤄낸 것은 병원 설계부터 한의사와 양의사의 진료실 사이에 또 하나의 진료실을 마련해 둔 전략 덕분이었다. 환자의 상태에 따라 한의사와 양의사가 협진실에 모여 함께 진료하고 처방하는 시스템이었다.

그런데 또 다른 위기가 다가오고 있었다. 수개월이 지나 한의사협회장으로부터 나를 만나자는 전갈이 왔다. 우리 병원에서 한의사와 양의사가 인접한 진료실에서 근무하는 모습과 양약국과 한약국이 같이 있는 것이 언론에 보도되면서 복지부의 담당 국장이 의료법 위반이라며 문을 닫도록 하라고 했다는 것이다.

그러나 협회장이 하나병원은 상업적 목적이 아니라 순수한 목적으로 세운 의료계의 소망일 수 있으니 법 적용을 유보해 달라고 당부해 당분간 괜찮을 거라고 알려줬다. 나는 한의사와 양의사가 한 공간에서 근무할 수 없게 한 의료법을 탓했지만 한편 두려움의 시간을 보내야 했다. 언제든 문을 닫아야 하는 난감한 일이 벌어질 수 있었기 때문이다.

그러던 어느 날, 한방병원협회 임원에게서 전화가 걸려왔다. 보건복지부 한방정책국장 모친이 중풍 후유증으로 치매에 걸렸는데 이런저런 치료를 해도 낫지 않으니 하나한방병원에서 치료해 달라는 부탁이었다. 양의사와 한의사가 최선을 다해 협진 치료를 적용했고 그렇게 치료가 안 되던 환자가 나날이 좋아지면서 두 달도 되지 않아 거의 정상으로 돌아왔다. 우리도 놀랐고, 환자 가족도 놀랐다.

환자의 아들인 한방정책국장이 내게 고맙다며 뭐 도와줄 일이 없겠느냐고 물어왔다. 순간 나는 우리 병원이 아직 위법적 상태임을 생각하고 동·서 의학을 잘할 수 있는 여건을 조성해 주었으면 좋겠다고 부탁했다. 다음 날 국장으로부터 전화가 왔다. 그는 당장 의료법을 바꾸는 것은 불가능하니 가장 좋은 방법은 복지부 관계자들에게 먼저 동·서 의학에 대한 가치를 알리도록 하는 것이라고 조언해 줬다.

심혈을 기울여 작성한 논문인 "동·서 의학의 필요성과 발전 방안"에 대해 강의하기로 했다. 복지부 장·차관을 제외한 사무관 이상 고위 공무원 50여 명이 강의실에 모여 있었다. 100분에 걸친 강의를 마친 후 나는 많은 박수갈채를 받고, '어떻게 그런 어려운 일을 이룰 수 있었느냐'며 격려와 칭찬을 들었다. 앞으로 정부에서 도와줄 일이 있으면 최선을 다하겠다는 약속도 받았다.

그 첫 번째 혜택이 주어졌다. 당시 복지부의 연구 지원 항목에는 동·서 의학 부분이 없었는데 동·서 의학 분야를 추가해 연구비를 지원 받을 수 있는 길이 열린 것이다. 곧 복지부 공모가 발표됐다. 여러 대학과 함께 우리 병원도 응했는데 타 대학에서 경험하지 못한 협진 모델을 제시하여 우리가 따내게 되었다. 그때 당시로는 파격적 액수인 연 2억 원 정도가 지원되었다. 화가 복이 된 것이다.

7
두 의학의 융합 성공에 들어설 때쯤, 하나님으로부터 미션을 부여받다

우리는 간암과 위암, 만성 전립선 증후군, 베체트병 같은 난치성 질환 위주로 연구 대상을 선정했다. 그때 한 동료 교수가 만약 성적이 안 좋으면 동·서 의학 발전에 찬물 끼얹게 된다고 걱정하였다. 그러나 나는 이런 어려운 질환을 치료하려고 동·서 의학을 하는 것 아니냐며 밀고 나갔다. 의과대학과 공동 연구하는 과정에서 한방에 부정적인 의대 교수들을 설득하느라 힘들었지만 연세대와 순천향대를 연구 파트너로 선정하게 됐다. 양방 단독 치료군과 한약 병행 투여군 중 어느 군의 치료 효과가 더 좋은지 비교하는 방식으로 연구하기로 합의했다. 간암과 위암 환자들을 항암 단독 치료군과 항암치료와 함께 한방의 면역증강요법을 병행해서 치료하는 그룹으로 나누었다. 이런 방식으로 비교 임상연구를 1년간 실시하였다.

동·서 의학 비교 임상연구가 진행되는 동안 나는 긴장되고 떨렸다. 만약 결과가 좋지 않을 경우 향후 동·서 의학 협진 노력은 꺾일 수밖에 없었기 때문이다. 그러나 하나님의 도우심으로 모든 항목에서 양방 단독 치료군보다 한방 병행치료군이 훨씬 치료 효과가 좋은 것으로 나타났다.

암 환자들도 한약 치료를 병행했을 때 구토와 모발 탈락이 현저히 줄었다. 전립선 환자는 소변줄기가 굵어지고 소변을 본 뒤끝이 편해졌으며, 특히 베체트병 실험군은 완벽한 치료 효과를 보여 우리가 제시한 치료법이 국제 베체트학회 특허로 등재되기도 했다. 성공적으로 1차 프로젝트를 끝마친 우리는 이어 2차, 3차 공모에 지원했으며, 매번 다른 대학을 누르고 연구기관으로 선정되었다.

순천향대학과 만성 B형 간염을 연구할 때는 환자들이 담당 의사에게 "언제는 한약 먹지 말라고 하고 이제는 하나한방병원(전 위담한방병원)에 가서 한약을 먹으라고 하니, 우리가 실험동물입니까"라고 항의하는 해프닝도 있었다. 총 5년간의 비교 임상 결과는 모든 경우에서 한·양방 병행치료가 우수함을 보여주었다. 초보 단계였지만 잘 짜인 협진 치료 모델이 향후 난치성 질환 극복의 새로운 대안이 될 것임을 확신하게 되었다.

나는 복지부로부터 의료인으로서는 첫 번째로 신지식인상을 받게 되었다. 전인미답의 영역을 외롭게 달려온 내게는 큰 의미가 있는 상이었다. 의사는 자기 의학과 학문적 이론에 갇혀 있으면 안 된다. 환자 중심에서, 환자가 가진 질병과 고통 중심에서 의학이 반응하면 그때 비로소 한의학의 한계가 나타나고, 서양의학의 한계가 드러나게 된다. 환자 앞에서 의학이 다시 발가벗겨지는 것이다. 그곳에서부터 동·서 의학이 손을 잡고 새로운 답을 찾아가야 하는 당위성이 생기는 것이다. 동·서 의학 협진이 어려운 줄 알면서도, 불가능하다고 할지라도 도전해야 했던 이유는 환자의 고통 때문이었다. 나는 먼저 동·서 의학을 하면서 줄타기와 같던 위태로운 모든 상황을 붙잡아 주신 하나님의 손길을 생각하며 감사기도를 드렸다.

많은 것을 이루었다고 생각할 즈음, 하나님께서는 또 다른 길을 준비하고 계셨다. 영적 성장을 위해 사랑의교회 전도사님의 권유로 개인 훈련을 받게 되었다. 나는 개원하면서 강남으로 집을 옮겼고, 또 사랑의교회 제자훈련을 받아야 했기 때문에 담임목사님의 양해로 1994년 사랑의교회로 교적을 옮긴 상태였다. 전도사님은 내게 40일 작정기도를 드리도록 권했다.

성취감에 도취될 틈도 없이 나는 매일 저녁마다 40분씩 할애하여 기도하기로 했다. 그때 나는 매일 환자를 100명 이상 진료하고 강의와 방송, 연구 모임에 참석해야 했으며, 주 150장 정도의 원고 집필, 병원 운영 등 무리한 일정으로 파김치 상태였기 때문에 하나님과의 약속을 제대로 지킬 수 있을지 걱정이 앞서기도 했다.

그러나 오래지 않아 작정 헌신기도는 내 헌신이 아닌 은혜로 이뤄지는 것임을 알게 되었다. 질문으로 시작한 기도였다. "하나님, 당신 때문에 저는 성공해서 명예와 재물을 얻었습니다. 그래서 저는 좋지만 그것이 아버지께 무슨 영광이 되겠습니까." 아버지의 음성이 들려왔다. "서형아, 너는 내가 지은 인간의 생명을 온전케 치유하라." 이와 함께 이사야 61장 1-4절 말씀을 주셨다. 그리고 기도 막바지에 "서형아, 너는 내가 사랑하는 자들에게 가서 나의 사랑을 전해 주려무나." 궁금해서 다시 질문했다. "아버지, 당신께서 사랑하시는 자들이 대체

누구입니까?" 오랜 침묵이 흐른 뒤 상처로 멍든 사람들, 소외되어 버려진 자들, 마약·알코올 중독자 같은 어둠에 붙들린 자들이 떠올랐다. "그들은 나를 원망하고 있단다. 내가 그들을 얼마나 사랑하는지 알려주어라." 나는 눈물로써 아버지의 뜻을 받았다. 이후 기도 내내 아버지께서는 환상과 음성으로 내 생각을 주도하셨다. 나는 하나님이 깨닫게 해주신 모든 것을 노트에 적고 그림으로 그리면서 황홀한 기도 시간을 보냈다. 이사야 61장 1-4절은 내 삶의 목적이고 푯대가 되었다.

> "주 여호와의 영이 내게 내리셨으니 이는 여호와께서 내게 기름을 부으사 가난한 자에게 아름다운 소식을 전하게 하려 하심이라 나를 보내사 마음이 상한 자를 고치며 포로된 자에게 자유를, 갇힌 자에게 놓임을 선포하며 여호와의 은혜의 해와 우리 하나님의 보복의 날을 선포하여 모든 슬픈 자를 위로하되 무릇 시온에서 슬퍼하는 자에게 화관을 주어 그 재를 대신하며 기쁨의 기름으로 그 슬픔을 대신하며 찬송의 옷으로 그 근심을 대신하고 그들이 의의 나무 곧 여호와께서 심으신 그 영광을 나타낼 자라 일컬음을 받게 하려 하심이라 그들은 오래 황폐하였던 곳을 다시 쌓을 것이며 옛부터 무너진 곳을 다시 일으킬 것이며 황폐한 성읍 곧 대대로 무너져 있던 것들을 중수할 것이며"

처음엔 기도 중에 하나님께서 주신 미션을 어떻게 풀어나가야 할지 전혀 감이 잡히지 않았다. 돈을 열심히 벌어 병으로 아프고 힘든 사람들을 도와주는 것일까 생각해 봤다. 그러나 기도 중에 이러한 방법은 하나님의 뜻이 아님을 알게 되었다. 성령님은 환자들을 통해 깨닫게 하셨다.

그 첫 번째 환자는 자궁암이 뇌로 전이된 환자였다. 나는 당시 항암, 방사선, 수술 등과 같이 공격 일변도의 암 치료법을 보완하고자 양의사, 한의사, 관련 전문가 약 40여 명과 함께 통합 암 연구회를 운영하면서 면역증강요법, 식이요법, 운동요법, 그리고 신앙상담요법 등의 종합적인 암 치료 프로그램을 개발하고 있었다. 기독교 신자인 그녀는 나에게 말했다. "선생님, 저희같이 암으로 희망 없는 사람들에게 실제 도움이 되는 것을 연구해 주세요. 다른 건 다 좋은데 신앙상담은 소용없어요. 기도원도 다니고 목사님으로부터 안수도 받았지만 다 허사였어요"라고 말하는 것이었다. 나는 잠시 충격에 빠졌다. 생명의 주인이신 주님이 환자 앞에서 여지없이 무너져 버린 셈 아닌가.

두 번째 환자는 한때 주일학교 교사로 봉사하던 집사인데, 동료 교사로부터 공개적으로 핀잔을 들은 후 분해서 잠을 못 이루다가 10년이 지나 협심증과 불면증, 우울증 환자로 전락한 경우였다.

세 번째 환자는 남편의 정부(情婦)로부터 "네 남편은 지금 나와 호텔에 있으니 이제 남편을 떠나라"는 전화를 받고 편두통과 어지럼증을 호소하며 내원한 환자였다.

세 환자 모두 나에게 큰 도전을 주었다. 하나님이 생명의 주관자라는 사실이 환자들에게는 전혀 먹히지 못하고 있는 현실과 사소한 핀잔에도 건강이 무너지는 나약한 성도의 모습, 그리고 사악한 것들에 의해 울부짖는 사람의 모습을 보게 된 것이었다. 하나님의 말씀으로 이들에게 삶의 현장에서 도움을 줄 길은 없을까 고민하게 되었다.

그러던 중 한 환자를 통해 해결의 힌트를 얻었다. 정신분열증을 앓는 30대 초반 젊은 여자 환자 M이 내원했다. M은 갑자기 옷을 찢고 뛰쳐나가고 싶거나 10층 아파트 아래로 뛰어내리고 싶은 충동과 심지어는 자기 품 안에 잠들어 있는 세 살 난 딸아이를 칼로 찔러 죽일 뻔한 일까지 있었다고 털어놨다. 이런 충동을 치료하려고 백방으로 노력했지만 정신상담과 약물로는 더는 좋아지지 않는다며 괴로워했다. 사실 그녀가 그렇게 된 데는 이유가 있었다.

그리스도인인 그녀는 한 착실한 청년에게 반해 이것저것 보지 않고 결혼을 했다. 어느 주일, 교회에 가려다 시어머니가 머리를 잡아채며 성경책을 찢는 일이 일어나면서 핍박은 시작됐다. 알고 보니 시어머니는 한때 무당이었다. 그때부터 시어머니는 가족 누군가에게 조그마한 문제라도 생기면 '재수 없는 예수쟁이' 때문이라며 핍박을 가했고, 심지어는 자기 아들이 서양 귀신에 전염된다고 신혼부부를 같이 자지 못하게도 했다. 이루 말할 수 없는 핍박이 계속되다가 끝내는 동네 사람들 앞에서 서양 귀신 내보내는 굿판을 벌였다.

그동안 잘 견딘 그녀지만 굿판에서는 더 이상 이기지 못하고 졸도를 하고 말았다. M은 정신을 잃고 미쳐 버렸고, 급히 병원에 옮겨져 급성 정신분열증이라는 진단을 받고 격리 병동에 입원했다. 겨우 정신이 돌아온 며느리에게 시어머니는 '서양 귀신 지독하다'며 분가를 해주었고, 그 덕에 모처럼 시어머니 없는 편한 생활을 하게 되었다. 그런데 멀쩡하다가도 갑자기 시집에서 당했던 한 맺힌 일들이 생각나면 가슴이 터질 듯 갑갑해지면서 몹쓸 충동 증상들이 나타나기 시작한 것이다.

진찰하면서 M의 가슴 속에 악마 같은 시어머니가 도사리고 있음을 볼 수 있었다. 이는 그동안 모진 핍박을 받으면서 생긴 미움과 적대감을 풀지 못하고 마음속에 심어 놓은 것이었다. 무엇보다 병의 원흉인 시어머니 형상을 M의 마음에서 뽑아내는 것이 치료의 유일한 길이라고 생각한 나는, "원수를 사랑하라"는 하나님의 말씀을 적용하기로 했다. 예수님이 십자가의 사랑으로 사탄을 이기신 그 방법처럼 M의 마음에 찰거머리같이 붙어 있는 악마를 떼어내는 것은 오직 사랑밖에 없다는 판단이었다.

나는 화해와 사랑의 편지를 작은 선물과 함께 시어머니에게 보내라고 M에게 권유했다. 처음엔 도저히 말도 안 된다고 펄쩍 뛰었지만, 그녀는 곧 그리스도인답게 참된 의미를 깨닫고 순종했다. "어머니, 사랑합니다. 시집살이할 때 교회 다닌다는 명분 때문에 어머니를 진정으로 대해 드리지 못한 것 같아 너무 죄송합니다. 따로 살다 보니 이제야 어머니 마음을 이해하게 되고…" 이렇게 편지를 쓰는데 악마 같던 시어머니가 불현듯 불쌍하게 여겨지면서 적대감이 사라졌다고 했다.

편지와 선물을 보내고 나니까 마음이 날아갈 듯 가벼워지면서 맺힌 가슴이 뻥 뚫리는 기분이라고 했다. 비로소 M은 악마의 족쇄에서 풀려났다. 그뿐 아니라 편지를 받은 시어머니가 전화로 '네가 믿은 하나님이 진짜구나' 하며 극적인 화해가 이루어졌고, 시어머니도 교회에 나오게 되는 놀라운 일도 일어났다. 진정한 치료와 생명의 장이 열린 것이다. 이처럼 '원수를 사랑하라'는 주님의 말씀은 듣기에만 좋은 말씀이 아니다. 가장 훌륭한 의학이다. 엄청난 생명의 능력을 지니고 있는 것이다.

나는 성경 말씀 모두가 생명과 직결되어 있다고 판단한 후 하나님의 말씀을 융합의학과 접목하기로 했다. 그래서 말씀이 그저 말씀으로만 끝나지 않고 실제로 조직세포와 정신의 변화를 이루어 낸다는 것을 증명하고 싶었다. 그러기 위해서는 한의학, 서양의학, 대체의학과 성경말씀을 융합해서 말씀 속의 생명성을 의학적으로 해석하고 증명함으로써 환자들이 적용하기 좋게 구체적 프로그램으로 만드는 것이 필요했다.

나의 비전을 공감하던 한국가정사역연구소와 신학대 교수분들과 함께 웰빙포럼을 세웠다. 매우 힘들고 난해한 작업이었지만 매달 한 번씩 약 2년여에 걸쳐 세미나를 하면서 신학과 의학을 접목한 많은 전인치유 프로그램을 만들게 되었다. 나는 이 프로그램을 통해 어두움과 질병과 폭력으로 멍든 자들, 그리고 소외되고 약한 자들이 소망과 생명을 얻고 평안과 기쁨으로 춤을 추게 되는 생명의 잔치를 고대하게 되었다.

나는 지금 하나님의 생명과 진리와 사랑의 나라가 회복되는 환상을 보며 꿈을 꾼다. 동시에 생명과 사랑이 없는 한국교회의 모습을 본다. 그리고 물질주의, 이기주의, 겉과 속이 다른 위선적인 신앙에 빠져 우리 내면에서 참 하나님 나라가 사라져 가고 있는 상황을 본다. 이러한 상황을 직시하면서 교활한 사탄의 함정에 빠져 흔들리는 영혼들이 회복되고 치유될 수 있도록 돕기 위해 생명을 온전케 하시는 하나님의 사역이 이 땅에서 나를 통해 이루어질 일들에 대한 계획을 세우고 있다.

마음에 꼭 새겨 두어야 할 **한마디**
: 믿고 기도하는 자의 깜깜한 터널은 다가올 빛의 전령이다.

3
CHAPTER

위장을 살리는 의사가 되다

하나님은 당뇨병, 고지혈증보다
더 만병의 근원이라 할 수 있는
담 독소(痰毒素)와 담적증후군(痰積症候群)을
발견하게 하셔서 원인도 모르고 치료도 안 되던
질환을 해결할 수 있도록 가르쳐 주셨다.

1
키 162cm에 몸무게 28kg, 물도 못 먹는 여자 환자를 보내주시다

하나의료재단의 강남 성공시대를 접고 2000년 봄, 나는 부천으로 향했다. 이때 주위 사람들은 나를 미쳤다고 했다. 모두들 성공해서 강남으로 오는데 어찌 된 사람이 거꾸로 가느냐는 것이었다. 사실 그때 당시 번 돈으로 강남에 투자했다면 강남 부동산 열풍이 불기 직전이라 10배, 20배의 건물 부자가 될 수 있었다. 나는 "기도 중 선택한 길이기 때문에 하나님의 인도하심을 따르겠다"고 말했다. 전혀 다른 여건으로 인한 새로운 도전의 생활 3년째인 2003년 초 겨울, 청계산에서 아내와 밤기도 중 하나님은 매우 획기적인 질병 개념과 이에 대한 치료법을 알게 하셨다. 25년간 간장과 위장병에 대한 전문 진료를 하면서 늘 한계에 부닥쳤던 문제의 원인을 찾게 된 것이다.

2003년 초 진료실 문을 열고 앙상하게 마른 여자 환자가 들어왔다. 비틀거리며 들어온 환자는 뼈의 형태가 드러나 보일 정도로 심하게 말라 있었다. 키 162센티미터에 몸무게 28킬로그램. 60대 초반의 K씨는 2~3년 동안 물만 먹어도 물이 목에 걸려 구토하는 바람에 아무것도 먹지 못했다. 영양주사에 의지해 살면서 분명 암이라고 생각하고 S대학병원에 입원하여 내시경, CT 등 할 수 있는 검사를 다 해봤지만 '이상 없음'이라는 진단만 나왔다. 원인이 없으니 정신적 문제로 진단하고 신경정신과로 전과하여 치료하였으나 전혀 개선되지 않고 몸은 더 쇠약해져 갔다. 그러던 중 어디서도 고치지 못하는 위장병을 고쳐 준다는 의사의 소문을 듣고 내원하였다는 것이었다. 배를 만져 보니 살과 지방이 거의 소실되어 위장이 그대로 만져지는 상태였다. 그런데 정상이라면 부드러워야 할 위장이 돌처럼 딱딱했다. 너무나 확실하고 뚜렷한 현상이었기에 위장이 돌처럼 변할 수 있다는 사실에 놀라지 않을 수 없었다. 더욱 놀라운 건 내시경이나 복부 MRI 등 모든 검사가 정상으로 나와 의학적으로는 전혀 문제가 없다는 사실이었다.

나는 이 환자를 통해 새로운 사실을 세 가지 알게 되었다. 첫째는 돌같이 굳어지는 새로운 위장병이 있다는 사실, 둘째는 위장이 굳어지면 움직이지 않아서 소화를 거의 시키지 못한다는 점, 끝으로 위장이 굳어지는 현상은 어떠한 첨단 진단 기기로도 진단이 나오지 않는다는 사실이었다.

위장이 돌같이 굳어 있으니 음식물을 전혀 소화시킬 수 없었던 것이고, 위점막이 아니라 위외벽이 굳어진 병이니 내시경으로는 나오지 않아 '이상 없음'이란 진단만 나왔던 것이다. 당시 의사들에게 위장이 돌덩이처럼 딱딱하게 굳을 수 있다는 것에 대한 개념이 없었다. 간혹 환자가 복부에 딱딱한 것이 만져진다고 하면 근육이나 혈관이 긴장됨 때문이라고 했다. 그러나 나는 이 환자를 통해 위장이 돌처럼 굳을 수 있다는 사실에 확신을 갖게 되었다.

그동안 나는 심각한 위장병을 가진 환자들 사이에서 소문날 정도로 유명한 위장 전문 한의사였는데, 일부 위장병 환자들은 치료가 되지 않아 의사로서의 한계와 환자에 대한 미안함으로 항상 마음이 무거웠다. 많은 환자가 찾아왔지만 치료되지 않는 환자도 많았다. 특히 나았다고 좋아했던 환자가 재발하면 의사로서 참 미안하고 환자 볼 면목이 없었다. 낫지 않는 환자에 대한 부담과 미안한 마음이 커질 때는 한의사보다 배추 장사를 하는 게 더 낫겠다는 생각을 한 적도 있었다. 그러던 중 위장이 딱딱하게 굳을 수 있다는 사실을 발견함으로써 한계에 부딪혀 왔던 환자 치료에 새로운 길이 열릴 수 있다는 생각에 만세를 외쳤다. 답답했던 가슴이 확 뚫리는 기분이었다.

위장병 환자에게 보편적으로 사용했던 소화제 계통의 약을 투여하는 대신 굳어진 위장병을 풀어주는 치료법을 개발하여 적용하기 시작했다. 놀랍게도 치료하기 힘들었던 환자들이 호전되는 것을 경험하게 되었다.

2
위장이 굳어지는 새로운 형태의 위장병인 담적증후군을 발견하다

어느 날 내원했던 환자 가운데 한 분이 "위장이 왜 굳어집니까?"라는 질문을 하였다. 나는 굳어지는 현상에 대해 확인은 되었지만 어떤 과정을 통해 굳어지게 되는지는 알 수 없었기 때문에 그 환자의 질문에 당황해서 대답을 할 수 없었다. 나는 '왜 굳어질까?'라는 질문을 생각하면서 하루 종일 보내게 되었다. 그 문제를 놓고 계속 아내와 함께 하나님께 기도하였다.

수개월 동안 위장의 생리와 위장 외벽에 대한 논문들을 수집하기 시작했다. 다행히 미국, 유럽 의학계의 기초 의학 논문 가운데 점막 외벽 조직에 대한 논문이 큰 도움이 되었다. 수백 편의 논문을 보면서 중요한 사실을 알게 되었다. 위 점막에 현미경으로만 관찰되는 작은 문이 있다는 사실이었다. 위와 장의 점막 세포에서 문(gate)이라는 신비한 구조를 발견하면서 이 모든 의구심이 풀렸다. 위장 점막 조직을 확대해 보면 양손을 깍지 끼었을 때 손가락이 맞물린 것 같은 치밀한 결합들 틈새에 마치 공항 검색대 같은 문들이 존재하는 것이다.

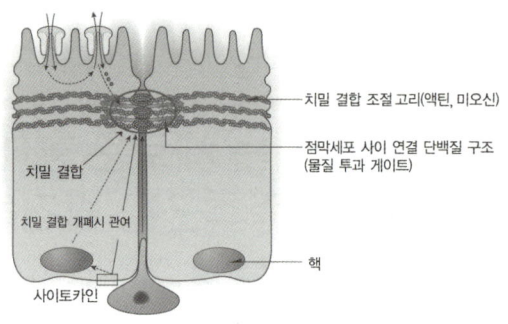

▲ 위장 점막 세포와 치밀 결합 구조

 이 문들은 유입된 음식물이 잘 분해되고 독소가 없으면 열려서 몸으로 공급되게 한다. 그러나 만약 유해 독소나 미처 분해되지 못한 고분자물질이 있으면 닫힌다. 유해 물질이 몸 안으로 유입되지 않게 철저히 관리하고 있는 것이다. 이 문이 열리고 닫히는 과정은 대단히 엄격하고 정밀한 판단에 의해 이루어진다. 문 조절은 위장의 신경 시스템이 담당한다.

 위장 점막에는 정보를 전달하는 신경들이 있는데, 이들은 위장에 유입된 음식물들이 다 분해되었는지, 독소는 없는지 등을 파악하여 위장의 내장신경계에 전달한다. 내장 신경은 이를 다시 뇌와 척수 신경에 보내 분석과 판단을 거친 다음, 뇌로부터 문을 열지 말지를 명령받아 점막 문을 통제한다. 그런데 이 문이 깨지면 문을 닫아야 하는 상황에서도 열리는 비정상적인 현상이 발생하여 유입돼서는 안 될 해로운 물질이 위장 점막 이면 조직('미들존'이라 칭함)으로 유입된다.

 점막이 깨지는 것은 우리 몸으로 봐서는 엄청나게 큰 사건이 아닐 수 없다. 몸에 해로운 물질로 미들존이 오염되면 음식에 대한 면역 이상, 신경반응 장애, 운동 장애 등 각종 문제가 발생할 뿐 아니라 혈관과 림프계를 통해 오염물질이 전신으로 번지면서 수많은 질병의 온상이 되기 때문이다. 따라서 점막의 문을 보호하는 것은 몸 건강을 위해서 무척이나 중요하다. 그러나 우리는 점막의 소중함을 깨닫지 못하고 그릇된 식생활로 점막을 파괴하고 있다.

점막의 문이 깨지는 주된 원인으로는 급식, 과식, 폭식, 야식, 독성이 함유된 음식 섭취, 지속적인 화학약품 복용, 기타 오염물질, 과음과 담배, 인스턴트 식품, 패스트푸드 등이 있다.

나는 위장이 독소로 굳어지는 새로운 위장병을 찾아낸 뒤 이 질환이 위장 점막 손상으로 생기는 위염이나 위궤양 같은 점막병과는 다르기 때문에 이 병에 알맞은 병명을 붙이기로 했다. 많은 이름을 생각했으나 고민을 거듭한 끝에 '담적증후군'(통상 '담적병'으로 불리기도 한다)이라는 한의학적인 이름을 붙였다. 담적증후군은 미들존이 음식 노폐물이나 독소에 오염되어 조직이 굳고 붓는 형태의 위장병이라는 점에 착안하여, 노폐물이나 독소를 의미하는 담(痰)과 붓고 굳어지는 현상을 가리키는 적(積)을 합성하여 담적증후군(痰積病)이라고 명명한 것이다.

위장 외벽이 손상되면서 굳어지는 위장병이 있다는 사실을 책을 통해 세상에 알렸을 때, 처음에는 의아해하거나 반박하는 사람들이 많았다. 심지어 대한의사협회에서는 SNS를 통해 "이건 사기다, 국민들 절대 현혹되지 마세요. 굳어지는 위장병은 없습니다. 한의사협회는 이런 사람을 어떻게 가만둘 수 있습니까? 제명하지 않고…"라며 공격하였다. 그리고 새로운 위장병을 발견한 것에 대해 고마워하고 도와줘야 할 한의사협회조차 "이 이론은 말도 안 되는 거짓말"이라면서, 담적증후군에 대해 일체의 방송이나 대외 보도를 금지시켰다. 지금은 담적병이라는 용어가 한의학계에서 평이하게 사용되고 있고 대한담적한의학회가 정식 학회로 인정됨으로써 한의학계에서 담적병이 공식적인 학계 이론 중 하나로 공인되었다.

사실 한의학에서는 오래전부터 뱃속에 딱딱한 덩어리가 생기는 적취라는 개념이 있었다. 하지만 적취를 위장이 굳어지는 개념과 연결하지 못했고, 적취의 발생 과정을 규명하지 못했기 때문에 이런 잘못된 반응을 보였던 것이다. 서양의학이나 한의학에서도 발견하지 못한 질병의 원인을 찾아 과학적으로 규명하는 일은 쉽지 않았지만, 위가 굳어지는 적취 과정을 과학적으로 증명하게 되었다.

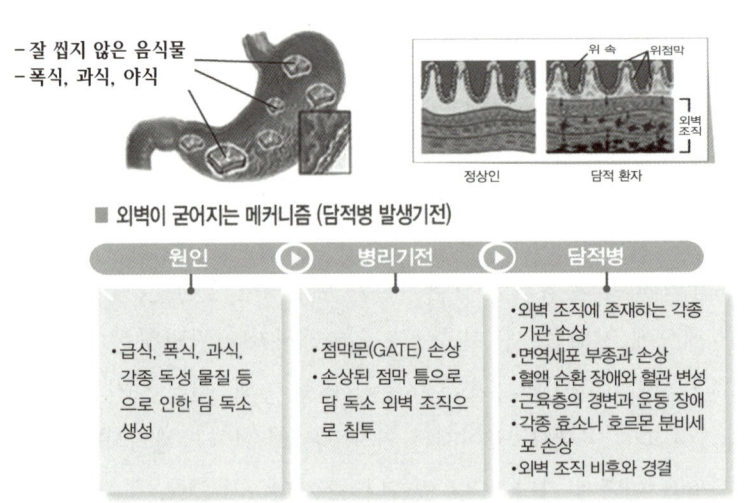

■ 외벽이 굳어지는 메커니즘 (담적병 발생기전)

위와 장 외벽이 어떻게 붓고 굳어질 수 있는지 알기 위해서는 담이라는 물질을 살펴보면 쉽게 이해할 수 있다. 흔히 뒷목과 어깨가 굳으면서 통증이 있을 때 '담이 결리다'라는 표현을 하는데, 이처럼 담은 조직을 굳게 하는 성질을 갖고 있다. 우리가 먹은 음식물이 제대로 소화, 흡수가 되지 않아 배설도 되지 않으면 부패한 잔여 물질이 생기는데 마치 가래같이 탁하고 걸쭉하게 변성된 물질을 담(痰, 가래 담)이라 표현한 것이다.

더 이해하기 쉽게 비유하자면, 잇몸과 치아 사이에 낀 음식 노폐물에 세균이 번식해서 생긴 플라그(plaque)가 더 부패한 물질이 담 독소이다. 플라그가 탁하고 끈적하기 때문에 혈중에 다니던 칼슘(Ca), 인(P) 등의 무기질이 붙어서 치석을 만드는 현상이 위장에서도 동일하게 진행된다는 것이다.

이러한 현상은 우리 몸 곳곳에서 발생하는데, 담 주위에 비교적 응집이 잘되는 물질들이 모여들어 조직을 굳어지게 하거나 돌 같은 고형 물질을 만든다. 그래서 담 독소가 혈관에 끼면 동맥경화가 진행되고, 근육에 끼면 근육이 굳어지면서 담 결리는 현상이 나타나며, 심장에 끼면 심근경색이나 협심증에 걸리고, 자궁, 갑상선, 간장, 췌장 등의 장기에 끼면 근종, 결절, 경화 등과 같은 질병이 생긴다. 그리고 위장에 끼면 위장도 굳어지는 것이다.

3
원인 모르는 신경성·역류성·과민성 질환의 실체를 찾아 해결하다

오래도록 심각한 소화불량에 시달리는 환자들은 고약한 병이 있지 않나 싶어 병원을 찾고, 위 내시경과 대장 내시경 등 온갖 검사를 다 받는다. 그런데 우려와 달리 위장에는 별다른 이상이 없다고 진단받는 경우가 허다하다. 그저 신경성이니 괜한 고민하지 말고 마음 편히 생활하면 좋아질 것이라는 막연한 진단을 듣게 된다. 암은 아니라니까 일단은 안심이지만 환자 입장에서는 이 얼마나 황당한 진단인가!

질병관리본부가 제시한 역학조사 결과에 따르면, 기능성 위장 장애로 인한 복부 경련, 통증 및 불편의 확산과 심각성이 과소평가되어 있다는 사실을 알 수 있다.

기능성 소화 불량증의 기준표인 '로마 기준 III' 분류에 의거한 '3차 의료기관의 기능성 위장질환 역학조사' 결과에 따르면, 방문한 환자 476명 중 19%(90명)만 기질적인 원인을 가지고 있었으며, 81%(386명)는 내시경에서 기질적 원인을 찾을 수 없었다고 보고하고 있다. 또한 분

당서울대병원에서 위식도 역류질환 환자를 대상으로 조사한 결과에 따르면, 1,161명 중 14%(165명)만 내시경에서 실체를 확인할 수 있는 미란성이었으며, 86%(996명)는 그렇지 않은 비미란성이라고 보고하고 있다. 결국 소화가 되지 않아 내시경 검사를 하면 10명 중 7~8명은 원인을 제대로 모른다는 것이다.

이렇듯 내시경 검사에서는 특별한 문제가 없는데 명치끝 통증, 경련, 팽만감, 속쓰림, 트림, 구토와 오심, 역류, 체증 등을 호소하는 사람이 많다. 왜 아파 죽겠는데 진단에는 '이상 무'로 나타날까?

1) 소화가 안 되는데 내시경은 정상인 이유

그 이유는, 주머니 모양의 위장은 3~8mm의 두께와 5겹으로 이루어진 입체적인 기관인데 내시경을 통해서는 위장 내부의 표면만 보기 때문이다. 내시경이 주로 관찰하는 점막은 전체 위장 중 일부에 지나지 않는다. 위 점막보다 점막 이면 조직(미들존)에 훨씬 더 복잡하고 다양한 기관이 존재하고 있다. 바로 이곳이 내시경이 그동안 탐지하지 못하고 진단 또한 내리지 못해 몰랐던 70~80%를 차지하는 문제의 영역이고, 또 심각하게 위암이 진행되고 있어도 알아차릴 수 없었던 숨어 있는 병의 근원지인 것이다.

위장의 속살 조직인 '미들존'은 점막을 찢어서 보거나 복벽을 통과해서 보지 않으면 도저히 관찰할 수 없는 영역이기 때문에 내시경에 나타나지 않고, 그래서 의학적으로 간과되어 왔다. 결국 점막에 국한된 내시경 소견으로 위장병을 진단하다 보니, 미들존의 문제와 관련된 많은 질병을 놓치게 된 것이고, 신경성, 과민성, 역류성 등과 같은 비본질적인 이름의 위장병이 주류를 이루게 되었다. 특히 폭증하는 위암, 대장암, 식도암 등과 같은 소화기 암에 대한 보다 정확한 의학적 가이드라인이나 치료법을 제시하지 못해 예방과 치료에 무력한 우를 범했다고도 할 수 있다.

사실 그동안 의학자들이 내시경엔 정상인데 트림이나 더부룩함, 통증, 쓰림 등 증상들이 발생하는 경우, 아니 땐 굴뚝에 연기가 날 수는 없듯 기능성 위장 장애에도 분명히 원인이 있을 거란 생각을 가지고 많은 연구들이 이루어져 왔지만 아직까지 정확한 원인을 파악하지 못했다. 어떤 연구자는 염증이라는 용어를 다시 사용하여 보이지 않는 미세 염증(micro inflammation)이 원인이라는 가설 수준의 주장을 펴기도 하고, 최근에 와서는 위장 근육운동의 페이스메이커인 카할세포와의 관련설을 제시하기도 한다. 이러한 가설도 틀린 이론은 아니겠지만 정답은 아니다.

해답이 없는 위장병은 미들존에 내재되어 있는 면역기관과 신경, 신경 호르몬과 효소 등의 분비기관, 운동기관인 근육, 혈관 등이 여러 원인에 의해 파괴되어 나타나는 문제들임을 어렵지 않게 판단할 수 있다. 그동안 모든 소화기관에 존재하고 있는 미들존 상황과 이곳의 병리적 상태에 대한 의학적 개념이 없었기 때문에 아직도 서양의학에서는 위장 '외벽 병'을 모르고 있다. 하지만 이제 그 베일이 벗겨지면서 환자는 죽겠는데 아무 이상을 발견하지 못해 답답했던 상황을 속 시원하게 설명할 수 있게 되었다. 이는 위장 외벽에 대한 서양의학의 과학적 정보와 한의학의 담 개념을 결합하여 밝혀낸 의학적 개가라 할 수 있다.

2) 아파 죽겠는데 신경성이라고?

신경성·기능성 위장병으로 진단받은 환자들은 위궤양 같은 뚜렷한 문제를 가지고 있는 사람보다 더 정신적·육체적 고통을 호소하는 경우가 많다. 나를 찾아왔던 여대생은 고통이 너무 심해 여러 병원을 내원하였지만 의료진들이 신경성으로만 진단하며 가볍게 여기는 것에 화가 나서 제발 자기 위장을 자세히 살펴보라며 커터 칼을 삼켰다면서 복부의 긴 수술 자국을 보여주기도 했다. 이렇듯 본인은 아파 죽겠는데 신경성으로 진단받아 힘들어하는 대표적인 증상들은 다음과 같은데, 이 모든 것이 담적증후군 때문인 것이다.

(1) 약을 써도 안 낫는 되새김과 역류

지속적인 역류로 가슴이 답답하면서 목에 이물감을 느끼고, 심하면 식도 부위가 타듯 아픈 증상을 호소하는 환자가 많다. 그런데 문제는 역류성 식도 질환으로 진단받고 내과 약을 복용하면 약을 먹을 때는 좋은데 곧 재발하거나 나중에는 약도 듣지 않는 경우가 더러 있다는 것이다. 역류만 되는 게 아니라 명치 아래가 꽉 막혀 음식이 내려가지 않으면서 위로 역류하다 보니 식도와 목 부위가 항상 손상을 입어 가슴 부위가 타는 듯 아프고, 목 부위에 가래가 끼거나 심하면 목소리가 변성되기도 한다.

(2) 해도 해도 끊임없는 꺽꺽 트림

하루 종일 꺽꺽대느라 직장생활도 포기하는 사람이 있다. 속이 답답해서 트림을 하는데 곧 또다시 답답해지고, 하루 종일 '끅끅' 하길 수백 번. 주위 사람한테도 미안해서 삶이 위축되고, 음식을 먹을 수 없어 괴로워한다. 그런데 검사에는 나오지 않고, 어떤 약을 먹어도 낫지 않아 의학적으로 해결이 안 된다. 또 어떤 때는 트림이 터져야 속이 시원할 것 같은데 트림이 나오지 않아 너무 답답하고, 억지 트림을 하게 되거나 가슴이나 등을 두드려야 겨우 내려간다.

(3) 수없이 화장실 들락날락해도 뒤끝이 묵직한 과민성 대장

아래가 묵직하거나 쌀쌀하게 아파서 화장실로 달려가면 대변이 잘 나오지 않고 잔변감이 심해 불편하다는 사람이 많다. 심한 경우는 하루 수십 번씩 화장실 다니느라 바쁘다. 물을 바꾸거나 생랭물(生冷物: 끓이거나 데우지 않은 차가운 물)을 먹거나, 또는 긴장만 해도 어김없이 이런 현상이 나타나서 신경이 예민해지고 짜증도 늘어난다. 어디 멀리 여행가는 것도 주저하게 된다.

대체로 변이 가늘고 찔끔 보는 양상이지만 간혹 변비로 이어지는 경우도 많다. 설사, 변비, 찔끔 등의 불규칙하고 시원치 않은 배변 상태가 평생 낫지 않아 고생하는데 의학적으로는 시원한 해결책이 없는 상태다. 과민성 대장증후군의 근본 이유를 찾아 남들처럼 대변 한번 시원하게 봤으면 하는 소원을 들어줄 수는 없을까?

(4) 위장이 움직이지 않는 것 같아요

어려서부터 위장의 근력이 부족해서 조금만 식사해도 더부룩하고 음식이 잘 내려가지 않아, 제대로 식사 한번 못하고 사는 사람들이 많다. 특히 우리나라 사람들은 위장이 약한 민족이어서 대물림을 통해 어려서부터 위장이 무력한 사람이 많다. 위장의 근력이 약하니까 연동운동이 안 돼, 음식을 아래로 잘 내려보내지 못하고, 소화를 잘 시키지 못한다. 그러니 살도 안 찌고 근력과 체력도 저하되어 무력한 삶을 사는 경우가 많다. 그러나 현재까지 '위 무력'에 대한 의학적 치료는 없는 실정이다. 과연 위장을 강하게 만드는 것은 불가능한 일일까?

(5) 제 위장은 돌같이 딱딱해서 안 움직여요

환자들은 소화가 안 되면 손으로 배를 눌러 피부와 근육, 지방층 밑의 자기 위장을 촉진해 보는데, 손끝에 돌같이 단단한 덩어리를 느낀다고 말하는 사람이 많다. 너무 딱딱해서 누르면 매우 아프고, 위장이 전혀 움직이지 않아 정지되어 있는 것 같다고 하면 의사들은 대수롭지 않게 생각한다. 분명 자기 위장은 굳어져서 소화가 안 되는 것 같은데 의학적으로 이에 대한 이유 설명이 없고 마땅한 치료도 없다.

(6) 조금만 신경을 쓰거나 한 숟갈만 더 먹어도 체해요

툭하면 체하고, 그럴 때마다 명치끝이 꽉 막히거나 경련성 통증으로 고통을 겪는 환자들이 많다. 위장 때문에 응급실을 자주 찾게 되고, 응급 치료로 고비는 넘기지만 이러한 상황이 반복 재발되면서 아예 식사를 제한하며 살아간다. 대개 약을 먹거나 침을 맞아도 시원하

게 뚫리지 않으니까 어떤 환자들은 무허가로 체 내리는 곳에서 위장 속으로 손을 집어넣어 체물을 꺼내는 몬도가네식 치료를 하기도 한다. 그런 곳에 가면 환자들이 줄을 서서 기다리는 곳도 많다고 하는데, 의학이 아무리 발달했어도 이처럼 무허가 시술에 의지해야만 하는 이유는 무엇일까? 체하지 않는 위장을 만들어 속 편하게 살 수는 없을까?

(7) 목과 가슴, 그리고 등까지 답답해서 미치겠어요

가슴에서 목까지 꽉 막힌 듯 갑갑해서 식도 부위를 잘라 달라고 울며 하소연하는 사람도 있다. 누우면 더 심해서 바로 눕지 못하고 비스듬히 누워 자야 하는데, 협심증이나 역류성 식도염인 것 같아서 심장 정밀검사나 위, 식도 검사를 해도 별 이상이 나타나지 않고, 아무리 약을 써도 낫지 않아 속수무책으로 지낸다. 어떤 환자는 소화가 안 되면 등이 견딜 수 없이 아파서 별별 검사와 치료를 받아도 전혀 개선이 되지 않는다며 괴로워한다. 심지어는 자기 식도는 뭔가에 의해 막혔으니 잘라 달라고까지 울며 하소연한다. 침, 부항은 물론이고 마사지를 받거나 외과에서 마취 주사액을 맞아도 그때뿐이고, 통증과 답답함은 사라지질 않는다.

(8) 소화가 안 되면 어지럽거나 머리가 너무 아파요

소화장애가 있을 때마다 머리가 너무 아파 진통제로 견디거나, 매슥 거리면서 어지럼증이 동반되는 환자가 많다. 신경과와 이비인후과에서 정밀검사를 해봐도 별 이상을 찾지 못해 확실한 치료를 받지 못하고 그때그때 증상 개선만 하며 지내는데, 의사들은 두통, 어지럼증은 위장과 관계없다고 말한다. 그런데 왜 이런 증상이 나타나는 것인가? 위장병과 다른 병 사이의 상관관계를 의학적으로 밝혀낼 순 없을까?

(9) 쓰리고 아파 죽겠는데 백약이 무효해요

유독 공복이나 새벽에 속이 쓰리고 아파서 잠을 이루지 못하는 환자가 있다. 내시경 검사를 해도 특별한 문제가 없고, 그저 위산과다 때문이라며 위산억제제 등을 복용해도 잘 개선이 되지 않아 괴롭다. 새벽에 일어나서 뭐라도 먹어야 완화되다 보니 습관적인 과식으로 소화까지 안 돼 이래저래 힘들다. 위산과다도 아니고 위 점막도 별문제 없다는데 왜 속은 쓰리고 아픈 것일까?

상기 환자들의 고통은 위장병 치료 임상현장에서 의사·한의사들이 항상 맞닥뜨리게 되는 것들이다. 환자는 낫지 않고 의사는 도와줄 수 없으니 곤혹스러운 상황이 아닐 수 없다. 담적증후군의 발견은 이러한 고통을 일시에 해결해 줄 수 있는 희망의 길을 열어 주었다. 담적증후군은 단순히 소화장애만을 나타내지 않는다. 전신의 문제를 함께 발현하는 특징이 있다. 담적증후군을 스스로 진단할 수 있도록 다음의 자가진단표를 만들었다.

담적증후군 자가진단 체크리스트

① 명치끝이 답답하고 역류가 잘된다.
② 목에서 명치까지 답답하고 숨 쉬기 어렵다.
③ 잘 체한다. / 꺽꺽 트림을 수시로 한다.
④ 속이 메스껍다.
⑤ 가스가 잘 차고 항상 속이 더부룩하다.
⑥ 대변을 봐도 시원하지 않다.
⑦ 머리가 자주 아프다.
⑧ 자주 어지럽다.
⑨ 머리가 탁하고 건망증이 심해진다.
⑩ 얼굴색이 누렇고 검어지거나 기미가 낀다.
⑪ 눈이 건조, 침침, 통증, 다크서클이 있다.
⑫ 오심과 멀미가 있다.
⑬ 구취(입 냄새)가 심하다.
⑭ 온몸이 무겁고 항상 피곤하다.
⑮ 뒷목이 뻣뻣하고 어깨나 온몸에 담이 자주 결린다.
⑯ 여성의 경우 냉, 염증 등이 자주 발생한다.

※10개 이상: 매우 심한 상태 / 5~9개: 심한 상태 / 4개 이하: 심하지 않은 상태

4
하나님이 만드신 위장은 밥통이 아니라 제2의 뇌이다

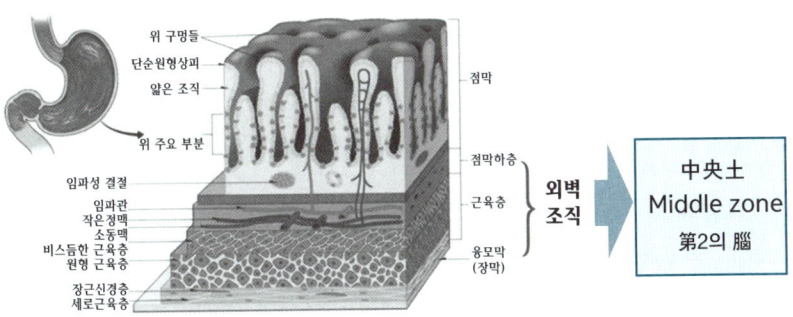

1) 위장은 '밥통'이 아니다! '제2의 뇌'이다

"이런 밥통 같은 사람을 봤나?" 흔히 위장을 밥통이라고 부른다. 밥통이란 사전적인 의미로 밥을 담는 그릇이니 일부 맞는 말이다. 하지만 밥통이라는 말은 머리가 나쁜 사람, 밥만 축내는 멍청한 사람에 비유되기도 한다. 종합해 보면, 밥통은 밥만 담는 그릇, 생각 없는 멍청한 사람으로 통용된다. 하지만 이는 진실을 모르고서 함부로 하는 말이다. 밥통이라 불리는 위장은 최근 의학자들에 의해 명실상부 우리 몸의 '제2의 뇌'라 불린다. 아마 이러한 사실을 알게 되면 이제 위장을 더 이상 밥통이라고 부르지 않고, 조금이나마 경외감을 가지고 조심스럽게 대하지 않을까 싶다.

※ 제2의 뇌: 두께 3~8mm 위장의 새로운 발견!
점막 속에 감춰진 첨단 사령부

위장은 사람에 따라 다르지만 약 3~8mm 두께와 5겹으로 형성된 입체적 조직이다. 그리고 장은 이보다 얇지만 위와 비슷한 벽 구조로 형성되어 있으며, 흡수에 용이하도록 라디에이터와 같은 모양의 융털 돌기를 갖추고 있다. 그리고 점막 속으로 들어가 보면 얇은 조직 안에 대단히 복잡하고 세세한 기관들이 존재하고 있음을 볼 수 있다.

이곳에는 우리 몸 최고의 면역 기관인 GALT(Gut Associated Lymphoid Tissue, 위장 림프조직)라는 고도의 면역계가 있고, 위장관 내부에서 활동하는 내인신경계, 그리고 외부의 뇌와 척수와 연결되어 있으면서 활동하는 외인신경계가 있다. 특히 면역 시스템은 우리 몸에서 가장 방대한 수준의 조직을 자랑하고, 신경계도 척수신경보다 훨씬 많이 탑재되어 있어 가장 정예화된 군대 조직과 정보기관이 위장 내에 존재하고 있는 셈이라 할 수 있다. (아마도 조물주는 위장이 우리 몸을 건강하게 지키는 데 있어 가장 중요한 임무를 수행하는 것을 알았기 때문에 이와 같이 위장에 고도의 방어 기관을 설치했는지도 모르겠다.)

또한 위장 운동과 각종 효소 분비를 중간에서 원활하게 수행되도록 하는 호르몬계, 그리고 소화 촉진 효소와 각종 위장 보호 점액 물질을 생산하고 분비하는 분비기관, 음식물을 골고루 섞는 동시에 아래로 내려보낼 수 있는 강한 힘을 갖고 있는 근육계, 위장과 전신 사이에서 영양분과 에너지를 서로 보내주고 공급받는 혈관과 그물망 조직 등 인간의 능력으로는 다 찾아내기 힘들 만큼 다양한 구조로 위장은 이루어져 있다. 이들은 단독으로 작용하는 것이 아니라 뇌와 서로 연결되어 있으면서 몸 전체의 관점에서 상호 간에 협조와 균형, 그리고 견제의 정신을 가지고 온전한 소화, 흡수, 배설, 면역, 보호경비, 정신 기능 등 신비로운 일들을 수행하고 있다.

이와 같이 내시경으로 볼 수 없는 광범위한 밥통의 세계는 우리가 상상하는 것보다 훨씬 복잡 미묘한 구조로 이루어져 있을 뿐 아니라, 기능 또한 너무 오묘해서 아무리 첨단의 과학적 식견을 동원한다 하더라도 그 기능을 다 파악할 수 없을 정도이다. 그저 소화 운동이나 하는 곳으로 알고 있었던 장기치고는 지나치게 고도의 시설을 지니고 있는 셈인데, 사실 따지고 보면 이곳은 우리 몸을 지탱하는 모든 영양과 원료를 공급하는 1차 공급처일 뿐 아니라, 위장으로 유입되는 다양한 물질들 가운데서 우리 몸에 유해한 물질이나 독소가 흡수되지 않도록 걸러내는 정화 역할을 한다. 그래서 이런 막중한 기능을 담당한다는 사실만으로도 고도의 기능 탑재는 매우 적합하면서도 감사할 일이라 할 수 있다.

그런데 만약 이곳이 손상되면 어떻게 될까? 아마도 정화 역할을 제대로 하지 못해 우리 몸은 하수도의 더러운 것이 도시로 넘쳐 오염되는 것 같은 현상들이 벌어질 것이고, 많은 유해물질들이 혈관이나 림프계를 통해 전신으로 파급되어 우리 몸은 서서히 질병 상태로 빠지게 될 것이다. 결과적으로 이곳 밥통의 상태에 따라 우리 몸 전체의 건강이 결정된다고 해도 과언이 아니다.

2) 우리 몸의 최전선 전쟁터, 위장!

가끔씩 위장병 때문에 찾아오는 환자들을 만나면 먼저 질문을 던진다. 우리 몸속의 장기 중에서 위와 장이 하는 일이 무엇인지 아십니까? 대부분은 음식을 소화하는 곳, 혹은 한 걸음 더 나아가면 영양분을 흡수하는 곳이라고 대답한다. 맞는 말이다. 하지만 이것은 아쉽지만 절반의 정답이다. 정확히 설명하자면, 위와 장은 중요한 면역 장기라 할 수 있다. 그것도 가장 핵심적인 면역 장기로서, 외부로부터 우리 몸을 보호하기 위한 전쟁을 끊임없이 수행하는 기관이다.

※ 위장 속 면역의 총사령관 위장 림프조직 GALT

점막 속에는 엄청나게 복잡한 면역기관이 존재한다. GALT(갈트, Gut Associated Lymphoid Tissue)라고 이름 지어진 이 면역 시스템은 전신 면역체계 중 최전선의 역할을 담당한다. 위장으로 유입되는 많은 독소나 이물질에 대해 우리 몸을 보호하기 위한 방어 기능을 끊임없이 수행하는 시스템이다.

갈트의 면역 방법은 신비로울 정도로 지혜롭다. 위장에서 면역을 담당하는 대부분의 면역세포들은 세균이나 독소, 이물질에 대해 무조건 싸우는 형태의 면역 반응으로 입력되어 있기 때문에 면역을 하면서 어느 정도는 위장 조직을 손상시킬 수밖에 없다. 그런데 갈트는 전체 몸을 생각하면서 이러한 면역세포들을 조정한다. 싸우더라도 위장 조직이 손상되지 않도록 하고, 그뿐 아니라 어떤 세균의 침투에도 해를 입지 않으면서 세균을 제거하는 지혜로운 방식의 면역을 주도하는 것이다. 그래서 갈트의 면역 형태를 관용 면역이라고 한다.

예를 들어 두 사람이 싸우고 있다고 가정하자. 싸움의 방법에는 서로 삿대질을 하고 욕을 하는 폭력적인 방법과 싸우더라도 대화로 풀면서 해결하는 평화적인 방법이 있다. 전자의 경우는 많은 부작용과 후유증이 남으면서 싸움도 해결하지 못하는 결과를 초래할 가능성이 높지만, 후자의 경우는 싸움의 흔적 없이 평화롭게 해결할 수 있는, 그야말로 가장 이상적인 대응 방법이라고 할 수 있다.

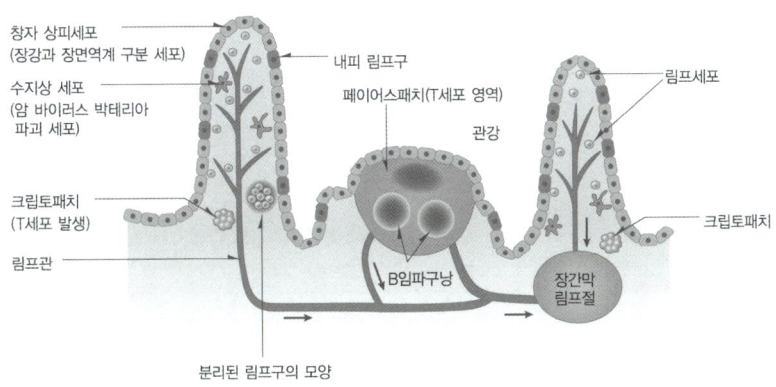

▲ 위장 림프조직 GALT

싸우지 않으면서도 유해 인자의 독소를 제거해야 하니까 관용 면역은 보통의 지혜로 해결할 수 없는 고도의 작업인 것이다. 이러한 관용 면역은 세균을 적으로 인식하지 않는 것에서부터 시작하는데, 갈트가 관용 면역을 하니 망정이지 그렇지 않으면 우리 몸은 단 한시도 복통과 설사, 구토, 염증 등에서 벗어나지 못할 것이다. 그만큼 갈트의 관용 면역은 우리 몸을 평화롭게 유지하기 위해 싸우지 않고 전쟁에 대처하는 평화 유지군이라 할 수 있다.

5
위와 장이 망가지면
온몸이 무너진다

　임상에서 '왜 나는 소화만 안 되면 뒷목이 뻐근하면서 두통, 어지럼증 등 몸도 같이 아프냐?'고 질문하는 분들이 많은데 그 이유가 어디에 있는지 살펴보았으면 한다. 우리 몸 최고의 면역장기라고 불리는 위장이 몸 전체와 어떻게 연계되는지 알게 되면 그 단서가 바로 위장점막 이면 조직(미들존)에 있음을 찾게 된다.

　알다시피 먼저 외부에서 들어온 음식은 우리 몸이 흡수하기 좋게 최대한 작게 만드는 소화라는 과정을 거친다. 먼저 위는 믹서처럼 음식물을 물리적으로 깨뜨리고, 또 침 속의 아밀라아제, 위의 펩신, 위산 등 화학적 물질들의 도움을 받아 더 작은 음식물로 부순다. 그리고 멀건 죽의 형태로 음식물이 소장으로 넘어가면 다시 소장에서는 각종 소화효소들의 도움을 받아 한 번 더 음식물을 소화시킨 후, 흡수하여 문맥을 통해 간장으로 보낸다. 마지막으로 이렇게 흡수된 대부분의 음식물들이 에너지의 원료로 사용되거나 근육이나 뼈와 같은 몸의 구성 성분이 된다.

그런데 빨리 먹거나 폭식이나 과식, 야식, 또는 독소가 함유된 음식을 많이 먹게 되면 위와 장에 많은 음식 찌꺼기가 생기고, 이러한 찌꺼기가 부패하여 담 독소를 만들어 내게 된다. 이러한 담 독소와 유해물질이 효과적으로 제거되지 못하고 위와 장의 혈관이나 림프 조직을 통해 온몸으로 파급되면서 동맥경화, 편두통, 어지럼증, 당뇨병, 근육통, 아토피, 지루성 같은 각종 피부병과 관절염, 베체트증후군, 비염 등 질환을 유발한다.

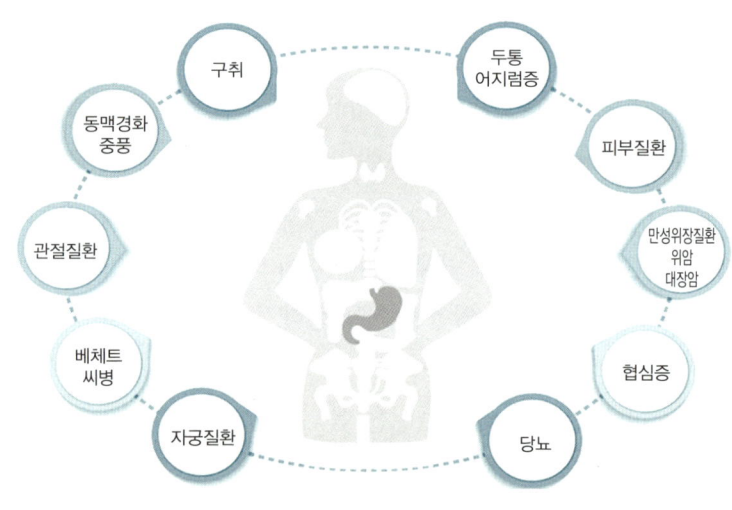

▲담적증후군과 전신질환과의 관계

담 독소가 전신으로 파급되어 발생하는 문제들은 사람마다 다르게 나타나는데, 대개 그 사람의 체질적 원인으로 허약한 부위에 집중된다. 그런데 서양의학에서는 담병 이론 자체가 없기 때문에 위장과 전신질환의 관계를 알지 못한다. 그러다 보니 이러한 질환들에 대한 근원을 알지 못하고, 병의 뿌리를 제거하지 못해 대증요법에만 머물게 된다. 그러나 담적증후군의 발견으로 담적증후군이 이러한 전신질환의 배경이라는 사실을 알게 되면서 모든 난치성 질환도 얼마든지 근본 치료의 길이 열리게 되었다.

다음은 담적증후군을 발견한 후 3년 정도의 기간 동안 약 12,000명의 담적 환자를 관찰하면서 환자들이 공통적으로 호소하는 주요 전신 증상과 질환들을 정리한 내용이다. 특히 이들 환자에게 담적 치료를 적용했을 때 아래의 증상이나 질병들이 대부분 소실되거나 완화되는 임상 경과를 볼 수 있었다.

1) 담적증후군이 원인이 되어 나타나는 질환들

(1) 소화기가 나빠진다
- 속이 늘 더부룩하면서 소량의 음식만 먹어도 포만감을 느낀다.
- 잘 체하고 역류가 잘 일어난다.
- 속이 쓰리거나 경련이 잘 발생한다.
- 차멀미, 헛구역질, 구토 등의 증상이 나타난다.
- 가스가 잘 차고 배변 후에도 시원치 않다.
- 대부분 신경성 위염이나 과민성 대장 증후군이라는 진단을 받는다.

(2) 탁하고 오염된 담피가 뇌혈관과 뇌신경세포에 영향을 준다
- 두통, 어지럼증이 나타난다.
- 건망증이 심해지고 치매로 이어지기도 한다.

- 동맥경화가 잘 생긴다.
- 고혈압이나 중풍에 걸릴 확률이 높아진다.
- 안구건조증이나 안통이 잘 발생한다.
- 구취가 심하다.

(3) 대사장애 질환이 잘 발생한다
- 2형 당뇨병이나 저혈당증에 잘 걸린다.
- 만성피로증후군으로 항상 피로하고 무기력하다.
- 고지혈증과 지방간이 있다.
- 담 독소가 간으로 이행되면 간염 바이러스가 증식되고 간염은 간경변이 되기 쉽다.

(4) 면역체계가 흔들리고 피부 트러블이 생긴다
- 감기나 감염성 질환에 쉽게 걸린다.
- 피부, 코 점막, 기관지 등에 염증이 잘 생긴다.
- 아토피나 지루성 피부염이 잘 낫지 않는다.
- 베체트병, 관절염 같은 자가 면역 질환에 잘 걸린다.
- 몸에 멍이 잘 들고 혀와 입안이 잘 헌다.
- 눈빛이 탁하며 얼굴색이 지저분하게 어둡거나 기미가 잘 낀다.
- 얼굴에 여드름이나 뾰루지가 생기기 쉽고 다크서클이 생긴다.
- 상처가 생기면 쉽게 곪고 종기도 잘 난다.

(5) 관절과 근육계에 이상이 생긴다
- 항상 관절이 뻑뻑하고 움직일 때마다 뼈마디에서 소리가 난다.
- 어깨, 뒷목이 뻣뻣하고 통증이 느껴지며 온몸에 담이 잘 걸린다.

- 큰 이유 없이 요통이나 다리에 쥐가 많이 난다.
- 류마티스성 관절염이나 비특이성 관절염이 생기기 쉽다.

(6) 수분 대사의 장애가 있다
- 몸이 붓는다.
- 유난히 복부 비만이 심하다.
- 설사나 변비가 불규칙하게 발생한다.
- 신장 증후군에 잘 걸린다.

(7) 생식기에 장애가 온다
- 생리통이 심하다.
- 생리 주기가 불규칙하고 경폐가 되는 경우도 있다.
- 자궁내막증, 자궁근종, 자궁경부 염증 등이 생기기 쉽고, 냉대하와 자궁염이 잘 발생한다.
- 방광이 굳어져 소변이 자주 마렵고 배설 후에도 시원하지 않다.
- 이유 없이 방광염이 잘 발생한다.
- 전립선 비대와 전립선 증후군이 자주 발생한다.
- 자궁도 담으로 굳어지면 불임이나 유산이 되기 쉽다.

(8) 심폐기능 이상과 감정의 조화가 흐트러진다.
- 가슴이 답답하고 협심증이나 천식같이 숨이 차는 경우가 많다.
- 목 부위에 가래가 잘 끼고 기침을 자주 한다.
- 우울증에 잘 걸린다.
- 항상 졸립고 의욕이 없다.
- 이유 없이 불안하거나 사소한 일에 화가 나고 짜증이 난다.

- 갑상선 기능저하나 항진, 결절 등 갑상선 질환이 생기기 쉽다.

이와 같이 담적증후군으로 인해 전신의 기관들이 독성의 영향을 받아 많은 증상과 함께 생리적 변조 현상이 일어나게 되는데, 이러한 병리적인 현상이 지속되면 질병으로 자리 잡게 된다.

※ 한의학에서 말하는 痰 – 만병의 근원

사실 이러한 임상현상은 한의학 선현들이 주장했던 내용과도 일치한다. 조선 중기의 의학자인 허준 선생은 십병구담론(十病九痰論)을 주장하며 아래와 같이 말하였다.

"담으로 병이 생기면 가래가 생기고 헛구역질과 토하면서 머리가 어지럽고 정신이 이상해지면서 가슴이 두근거리는 증상이 나타난다. 신물이 올라오고 숨이 짧고 가슴이 더부룩한데, 이 모든 것이 담에 의한 것이다. 세속에 10가지 병 가운데 9가지가 담이라고 하였는데 바로 이것을 두고 한 말이다."

허준
- 조선 중기의 의학자
- 선조와 광해군의 어의를 지냄
- 1596년 왕명을 받고 《동의보감》(東醫寶鑑) 편찬을 시작하여 1610년 완성
- 《동의보감》은 조선을 대표하는 의서로, 조선한방의학의 발전에 크게 기여함
- 이후 《동의보감》은 보물로 지정됐으며 2009년 7월 유네스코 세계기록유산으로도 등재

또한 허준과 같은 시대를 살았던 명나라의 어의인 장경악 선생도 담에 대해 아래와 같이 이야기하였다.

"담(痰)은 몸 이곳저곳에 이르지 못하는 곳이 없어 오장육부 손상을 모두 일으킬 수 있다."

"건강한 사람은 먹은 것이 모두 혈기가 되어야 하나 담이 되기도 한다. 1개 중에 1, 2개가 소화(化)되지 못하고 굳으면 그것이 담이 되고 3, 4개가 머무르면 그 서너 개가 담이 된다. 심지어 7, 8개가 머물러 굳으면 점차 혈기가 쇠약해지고, 담은 많아진다. 원기가 허할수록 담은 더 심해진다."

장경악
- 허준과 동시대를 살았던 명나라 어의
- 현대 중의학 처방의 약 60%가 장경악의 처방일 정도로 많은 영향을 끼치고 있음
- 《경악전서》(景岳全書)에서 담적병 설명

이처럼 담이 모든 질환의 뿌리 역할을 한다고 한의학에서는 이미 주장하고 있었다.

2) 담 독소는 아래와 같은 특징을 가지고 병을 만든다

(1) 말초 혈액순환 장애

담 독소가 섞여 있는 혈액은 미세순환(micro circulation), 즉 말초 부위 모세혈관에서의 피 흐름을 방해한다. 그래서 혈관이 잘 막히면서 순환이 잘되지 않아 손발이 저리거나 차가워지는 현상이 나타난다. 담이 섞여 있는 피는 걸쭉하기 때문에 미세한 혈관을 잘 막는다. 그리고 서양의학에서는 혈액순환 장애의 대표적인 질환인 동맥경화의 원인을 지방(콜레스테롤이나 중성 지방 등)으로 설명하는 경향이 있는데, 사실 동맥경화의 직접적인 원인은 담 독소가 더 유력하다. 담은 조직을 굳게 하는 병리 작용을 하기 때문에 혈관도 굳게 하여 혈관의 탄력을 저하시켜 혈압을 높이거나 원활한 혈액순환을 방해하는 것이다.

(2) 세균이 잘 생긴다

물이 오염되면 각종 세균이 번식하는 것처럼 담이 섞인 피도 탁하고 더럽기 때문에 병리적인 세균이 잘 증식한다. 심지어는 불결한 환경을 좋아하는 각종 바이러스나 박테리아와 같은 항원성 물질이 잘 발생되어 각종 자가 면역 질환이 유발될 수 있다.

담적 치료를 하다 보면 베체트씨 병이라든가 원인 미상의 관절염 같은 난치성 자가 면역 질환자들이 양약을 끊은 상태에서 담 독소 제거로 호전되는 현상을 발견할 수 있다. 이는 담적병이 자가 면역 질환의 배경임을 증명하는 것이라 할 수 있다. 비염을 달고 사는 사람들도 담적 치료 적용으로 호전되는 경우가 많은데, 이는 담 독소가 코 점막에 축적되어 있으면 세균이 자생하여 계속적인 염증을 유발하기 때문이다. 따라서 담 독소를 제거하면 코 속이 정화되어 염증 반응이 진행되지 않는 것이다.

(3) 활성산소가 잘 발생한다

담이 섞인 피가 있으면 세포들은 산소를 많이 요구하게 된다. 물이

썩으면 BOD(생화학적 산소요구량)가 높아지는 것과 같은 원리인데, 이 과정에서 활성산소가 많아질 수 있다. 더 쉽게 설명하자면, 자동차를 움직이려면 휘발유가 필요하고, 휘발유가 연소하려면 산소가 있어야 하는데, 만약 휘발유가 불량하여 불완전 연소가 되면 산소 요구가 많아지면서 연소가 완전히 되지 못한 불완전 산소들이 다량으로 발생하게 된다. 이러한 불완전한 산소들을 활성산소라 할 수 있는데, 비슷한 기전이 몸에서도 진행된다고 할 수 있다.

인간은 섭취한 다양한 영양물들을 세포에 저장하였다가 산소의 도움으로 산화되면서 에너지를 얻어 활동한다. 이 과정에서 세포에 저장되어 있는 각종 유기화합물(포도당, 탄수화물, 단백질, 지질 등)이 불량하면 산소요구량이 많아지면서 완전 대사가 되지 않고 다량의 활성산소가 만들어지는 것이다. 불량한 유기화합물은 바로 담 독소에 의해 오염되고 변성된 불량한 영양물이다.

이렇게 과잉 생산된 활성산소는 사람 몸속에서 산화 작용을 일으켜 공기 중에서 철제품들을 녹슬게 하듯이 세포막, DNA, 그 외의 모든 세포 구조를 손상시키고, 특히 최근 연구에 의해 핵산 손상과 변이를 일으켜 암 유발과 노화, 각종 질병의 주범으로 인식되고 있다. 곧 활성산소의 발생 역시 담 독소 환경에서 과잉 생성되고, 이러한 원리로 담 독소가 모든 병의 더 근원적인 원인이라고 볼 수 있다.

(4) 응집이 잘된다
담 독소가 혈액에 녹아들게 되면 혈액의 탁도(濁度)가 높아지기 때문에 응집이 잘돼서 혈중에 돌아다니던 인이나 칼슘 같은 여러 무기질이 부착되거나 엉기는 현상이 잘 발생한다. 그래서 조직이나 근육이 굳거나 응어리지는 현상이 생기게 된다. 간경화, 동맥경화, 뒷목과 어깨에 담이 결려 굳어지는 현상도 바로 이 때문이다. 아래 사진은 담적으로 오염된 피가 곧 병으로 직결될 수 있음을 생생하게 보여주는 환자의 실례다.

좌반신 마비와 통증으로 내원한 52세의 여자 환자는 특히 왼쪽 가슴과 등 쪽에 마비가 심하여 숨쉬기도 힘들고 잘 눕지도 못하는 증상으로 고통받고 있다고 했다. 심장의 정밀검사는 물론이고 안 해본 검사와 치료가 없을 정도로 애를 썼지만 잘 낫지 않다가 우연히 가슴과 복부에서 부항으로 피를 빼자 증상이 완화되기 시작했다고 한다.

그런데 부항을 하지 않으면 다시 악화되어 매일 부항 요법을 실시하지 않을 수 없었는데, 10년째 이런 행동을 반복하고 있다며 자신의 몸에서 뺀 피를 휴지에 묻혀 보여줬다(그림 ①). 당시 "내 피는 흐르지 않아요"라며 울면서 호소했던 환자의 모습이 기억에 생생한데, 담적 치료 후 모든 증상이 사라졌을 뿐 아니라 내 앞에서 직접 피를 빼면서 피가 맑아졌고 이제는 흐른다며(그림 ②) 매우 기뻐했다.

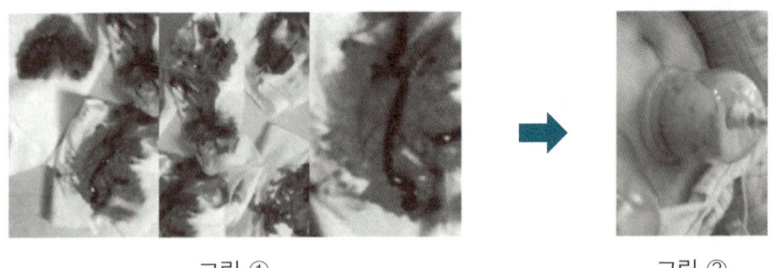

그림 ①　　　　　　　　　　　그림 ②

문제는 이런 환자가 참 많다는 것이다. 몸은 죽도록 아픈데 기존 의학으로 해결이 되지 않는 원인 불명의 난치성 질환들이 바로 담적으로 오염된 피 때문이다. 이런 의미에서 담적으로 오염된 피는 침묵 속의 살인자라는, 당뇨병 못지않은 무서운 병이라는 것을 알 수 있다.

※ 위장병과 오버랩 신드롬

69세의 한 남자 환자가 찾아왔다. 환자는 항상 더부룩하고 가스가 차고, 공복 시 속쓰림과 메슥거림, 간헐적 위통, 신물이 목까지 올라오는 증상이 번갈아 일어난다고 했다. 2011년 12월, 내시경 검사를 받은 결과 식도와 위, 십이지장 염증으로 진단받고 약물 치료로 증상을 완화시켰으나 재발하여 2012년 3월에는 출혈성 위염과 십이지장염이라는 진단을 받았다. 그래서 15일간 입원 치료를 받고 3주 후 타 병원에서 검사를 받은 결과 호전 판정을 받았다고 했다. 하지만 증상이 좀처럼 줄어들지 않고, 최근 갑자기 30분 간격으로 극심한 위 통증을 느껴 우리 병원에 찾아왔다.

그런데 이 환자는 소화기 증상 외에도 30년 전부터 당뇨를 앓고 있었다. 14년 전부터는 고혈압 치료도 병행해서 받고 있었으며, 협심증으로 1999년과 2010년에 수술을 하였고, 2년 전에는 신부전 진단을 받아 무염식으로 식이조절을 한 후 3개월마다 추적 진료를 받고 있었다. 위장병만이 아니라 모든 장기가 심각하게 손상된 종합병원 증후군 상태였다.

이 환자는 2012년 7월 11일에 우리 병원에 입원하면서 단식 치료와 함께 담적 치료를 하면서 상복하고 있던 당뇨약과 고혈압 약을 모두 끊었다. 그런데도 혈압은 약 복용 시 수축기 혈압 130 정도였던 것이 약을 중단한 후 110 정도의 수치로 오히려 낮아졌으며, 당뇨 역시 약을 투여하지 않았음에도 60에서 70 사이를 유지하였다. 그리고 신부전 상태도 수치가 떨어졌다.

지금은 항상 더부룩하고 가스가 차는 증상도 없어졌으며, 간헐적으로 나타나는 공복 속쓰림과 메슥거림, 신물이 올라오는 느낌은 상당히 개선되어 약간만 남아 있는 상태다.

이 환자는 여러 병원을 전전하면서 소화기 내과, 심장 내과, 당뇨와 혈압 치료 등 조절 약에 의존한 채 근본적으로 치료하지 못했다. 결국 담적을 제거하는 치료 하나로 모든 증상이 호전되었다. 무엇보다 병들어 죽어가던 몸이 건강하게 바뀌어 가는 것을 느낄 수 있었다.

우리 진료팀도 처음엔 환자의 지병인 당뇨, 고혈압, 협심증과 비교적 최근에 발생한 신부전 등의 질환들이 위장과 관련이 있으리라곤 생각하지 못했다. 그러나 임상경험을 통해 우리가 보편적으로 알고 있는 위염, 위궤양 같은 위장병이 아닌, 위와 장의 미들존이 담 독소로 오염되는 위장병이 얼마나 많은 전신 질환을 유발하는지 알 수 있었다.

이제 위장병은 위장병 하나로 끝나지 않는다는 사실을 알아야 한다. 이처럼 여러 병이 동시에 발병해서 고통받는 오버랩 신드롬(Overlap Syndrome) 환자들이 너무나 많다. 그런데 진단도, 치료도 되지 않아서 환자들은 고통을 안고 병원을 전전한다. 아직 위장 질환과 함께 나타나는 오버랩 신드롬에 대한 의학적 해결 방안은 전혀 나오지 않아서 진단과 치료의 사각지대에 놓여 있다. 담적증후군에서 비롯되는 전신 질환은 이처럼 생각보다 훨씬 다양하고 많다. 위와 장이 우리 몸의 중심에서 모든 피와 림프액의 성질을 1차적으로 결정하는 장기임을 새삼 깨닫게 된다.

최근 서양의학에서도 위장병으로 인해 병발되는 전신 질환에 대한 임상 논문이 발표돼서 주목받고 있다. 2010년 학술지 〈신경위장학 및 운동학회〉에서 이스라엘의 스퍼버 박사는 다수의 기능성 질환들이 같은 원인을 갖고 있다는 주장을 제기했다. 논문에 따르면, 기능성 위장장애 중 대표적인 과민성 대장 증후군 환자를 대상으로 조사한 결과, 30~70%의 환자가 섬유근통 증후군을 같이 앓고 있었고, 35~92%가 만성피로 증후군을 앓고 있는 것으로 조사되었으며, 29~79%는 만성 골반통, 32~52.4%는 성기능 장애를 겪고 있는 것으로 나타났다. 또 불안 장애 증상은 854배로 높게 나타났다.

본원에서도 대부분의 담적증후군 환자들에게서 이런저런 전신 증상이 병발되는 현상이 있었기에 2011년 담적증후군과 오버랩 증상에 대한 임상 연구를 했다. 내원한 환자 991명 중 위, 십이지장궤양, 위암, 대장염 등의 기질적 문제를 제외한 기능성 위장 질환자 857명(86.5%)을 대상으로 위장관 증상 외에 나타나는 동반 증상을 연구하였다. 물론 협심증이나 기타 뚜렷한 원인 질환이 없는 환자들이었다. 그 결과 대상 환자의 86.5%가 동반된 증상을 가지고 있었고, 65.0%에서 3가지 이상, 그리고 28.8%에서는 5가지 이상의 동반 증상을 가지고 있었다. 동반 증상 가운데는 특히 두통, 어지럼증, 피로감, 근육통, 건망증, 가

숨 통증, 안구 통증 및 안구건조, 호흡곤란 및 숨참, 구취 등의 증상이 많았다. 이러한 연구결과는 한 사람에서 동시에 나타나는 다양한 증상들의 원인이 전부 다른 것이 아니고, 분명한 공통분모가 있음을 말해 주는 것인데, 그 공통분모가 바로 담이라고 볼 수 있다.

"하나님께서 질병의 가장 유력한 근원을 알게 하셨다."

이처럼 담은 우리들이 가장 무서워하는 질병들의 근본 원인이 된다. 때문에 각종 암·당뇨·동맥경화·심근경색·협심증·치매·관절염·각종 피부질환·만성위장질환·편두통·원인 미상의 어지럼증·전립선 질환 그리고 심지어 우울증과 공황장애까지도 위와 장을 잘 다스리면 대부분 예방은 물론 치료도 가능하다.

6
위장을 건강하게 하고 많은 병을 예방하는 비결이 있다

1) 식탁에서 만들어지는 담적

"세상에서 가장 어리석은 일은, 어떤 이익을 위하여 건강을 희생하는 것이다."

영국 시인 E. 스펜서의 말이다. 평균수명이 늘어나면서 건강에 좋은 이른바 웰빙 음식이 인기지만, 무엇을 먹느냐와 어떻게 먹느냐가 중요하다. 통계청에 따르면, 2018년 기준으로 한국인의 기대수명은 82.7세지만 질병이나 장애를 겪지 않고 건강하게 사는 건강수명은 64.4세로 추정됐다. 기대수명을 다 채운다고 했을 때 나머지 18년 이상은 각종 질병에 시달리며 불행한 노후를 맞이하게 된다는 의미다. 특히 '늙어서 치매 걸리면 어쩌나…' 대부분 걱정한다. 그렇다면 노후에 질병 없이 건강하게 수명을 늘릴 수 있는 가장 좋은 방법은 무엇일까? 바른 식생활에 최고의 건강 비법이 있다고 제안하고 싶다.

우리가 흔히 앓고 있는 많은 질환들은 다른 특별한 원인에 의해서가 아니라 우리가 평소 아무 의식 없이 먹는 식생활에서 비롯된다는 사실에 유념해야 한다. 많은 병이 식탁에서 만들어지고 있는 것이다. 일상적인 식습관의 중요성을 무시하기 쉽지만 미들존과 담적증후군의 발견으로 위장 건강과 식생활 문제가 더 이상 간과해서는 안 되는 병의 주요 원인이 되었다.

담적증후군을 치료하는 의사로서 가장 어려운 점이 환자의 음식 문제다. 가장 중요한 문제는 급식(急食), 과식, 된밥, 야식(夜食), 독식(毒食)이다. 이러한 식습관들은 위장관내에 분해되지 않은 음식 노폐물을 만들어 담 독소와 병원성 미생물들이 생기게 하고, 점막 Gate 손상과 산소요구량을 높여 활성산소를 증가시킨다. 이런 문제는 알맞은 양의 음식을 제시간에 규칙적으로 꼭꼭 씹어 먹는 훈련을 하면 얼마든지 극복할 수 있다. 밥을 먹은 후 바로 자거나 습관적인 야식도 의지를 가지고 고치면 되는 문제다. 위장 점막이 건강하게 잘 보전되도록, 활성산소나 노폐물과 같은 독소들이 위장 내에 생기지 않도록 신경을 써야 한다.

특히 우리나라는 위암과 대장암 발생률이 세계 최고이다. 즉 소화기관 취약국인데, 주된 원인은 된밥을 즐기고 급하게 먹기 때문이라고 생각한다. 우리가 노후에 걱정하는 치매도 이러한 식습관만 고쳐도 많이 예방할 수 있다. 아무튼 우리나라 사람들은 담적증후군에 취약한 경향이 있기 때문에 나쁜 식습관에 대한 경계를 게을리하면 안 된다. 천천히, 꼭꼭 씹어 먹는 식습관과 진밥을 즐긴다면 최근 우리를 괴롭히는, 만성, 악성, 난치성 질환들이 지금보다 훨씬 줄어들 것이다.

문제는 이렇게 조심해도 담적증후군을 만드는 음식이 여전히 있다는 것이다. 아무 의심 없이 조심해서 먹었는데 담적 독소를 만들어내는 음식이 있고, 먹으면 잘 체하는 음식이 있다.

2) 이런 음식은 피하자

(1) 독소가 많이 함유된 음식

방부제나 농약, 살충제 각종 화공약품, 화학 감미료나 색소 등이 포함된 음식물이 바로 독소 음식이다. 시판되는 대부분의 음식에는 법적으로 허용되는 정도의 식품 첨가물이 들어 있다. 이러한 식품 첨가물은 화학적 가공물로, 안전을 담보할 수 없다. 법적으로 허용되는 식품 첨가물이라 하더라도 누적되어 공급되거나(하루 종일 첨가물이 들어 있는 음식만 계속 먹게 되는 경우 등) 음식점에서 허용 용량 이상을 사용하면 분명히 몸에서는 독성 환경이 조성되어 많은 질병이 유발될 수 있다.

인간은 원래 자연에서 난 음식을 섭취해왔다. 그러나 오늘날엔 대부분 가공식품을 섭취한다. 가공식품이란 이름 그대로 천연 재료가 아닌 식품 첨가물을 사용한 것이다. 이러한 식품은 색과 맛으로 우리의 눈과 혀를 속인다. 이들의 유해성 여부가 여전히 논란의 대상이 되고 있지만 가격을 낮추고 대량 생산과 유통이 가능하다는 장점 때문에 우리 식탁에서 점점 그 비중을 넓혀가고 있는 실정이다. 특히 인스턴트, 패스트푸드 음식이 범람하면서 성장기의 청소년들은 길들여져 이른바 정크푸드만 먹는다. 음식점에서도 식품 첨가물을 듬뿍 치지 않으면 손님들이 맛이 없다며 찾지 않아 계속 과량을 사용할 수밖에 없다고 하니, 외식을 주로 할 수밖에 없는 현대인과 화학적 맛에 길들여진 어린아이들의 건강을 우려하지 않을 수 없다.

급격히 늘어난 육류 소비로 인해 자연스레 형성된 대량 생산과 공장식 축산법은 육류에 심각한 독성을 더하고 있다. 과거 시골 마당을 한가롭게 노닐던 닭이나 오리, 소규모지만 가족처럼 정성스레 보살피고 기른 소와 돼지들은 한의학에서도 몸에 매우 유용한 음식으로 소개하고 있다.

그러나 오늘날 더 이상 신선하고 정결한 육류는 찾아보기 어려운 상황에 이르게 되었다. 특히 구제역과 조류독감을 예방하기 위한 조치로 엄청난 약들을 투여하고 있다. 물론 모든 축산 농가가 그렇지는 않겠지만 WTO 발효 이후 싸구려 육축이 물밀듯이 들어오면서 사료를 먹여서는 도저히 타산이 맞지 않기 때문에 성장 촉진 호르몬제 같은 독소 호르몬을 투여하는 경우도 있다고 한다.

우리 아이들이 가장 즐겨 먹는 닭의 경우도 성냥갑만큼이나 좁아터진 공간에서 각종 약을 먹여가며 35일만 되면 도축하는데, 이렇게 자란 닭이 과연 우리 몸에 좋을까?

가두리 양식업에서도 항생제와 호르몬제, 그리고 부패를 막기 위한 화공약품 투여가 불가피하다고 한다. 2002년 기준으로 우리나라에서 축산물 1톤을 생산하는 데 910g의 항생제를 사용한다고 한다. 이는 당시 전 세계 최고 수준이었으며, 심한 경우 스웨덴의 30배에 이르는 수치다. 이렇게 고기에 축적된 항생제는 결국 음식이 되어 우리 몸에 영향을 줄 것이고, 신경호르몬 교란으로 인한 정신질환 같은 병이 생기기도 한다.

그렇다면 담적증후군 환자들은 어떻게 해야 할까? 끊임없이 식품 첨가물들이 식탁으로 파고 들어오겠지만 식품에 표시되어 있는 내용을 꼼꼼히 따지며 피해 나가는 현명함이 있어야 하겠다. 또한 우리의 입맛을 색이나 맛, 가격에 의존해서 선택하지 말고, 안전성과 균형 잡힌 영양 공급에 맞추되, 어쩔 수 없이 사용하게 된다면 가능한 소량 섭취하도록 하거나 데쳐내기, 우려내기, 삶아내기 등의 전처치를 통하여 독소를 줄이도록 노력해야 한다.

무엇보다 어린 학생들의 급식이나 대중적인 공급처에서는 신선한 천연 재료를 강제해서라도 사용하게 하는 것이 바람직하다. 경제 상황과 생활환경이 그 어느 때보다 좋아진 오늘날에 3명 중 1명꼴로 암에 걸리고, 당뇨병의 급증, 아토피, 각종 자가면역질환 속출, 우울증과 자살, 아이들의 ADHD 증후군 등 더 나빠진 질병 환경은 바로 엄청난 독소로 오염되고 있는 우리들의 먹거리 때문임을 알고 경계해야 한다.

(2) 튀긴 음식

음식점이나 공장 등에서 기름을 반복하여 사용하다 보면 아크릴아마이드(acrylamide)라고 하는 물질이 생성되는데, 이 물질은 신경계통에 영향을 미치고 유전자 변형을 일으키는 발암 물질이다. 2002년 4월 스웨덴 국립식품청은 스톡홀름 대학교와 스웨덴 식품안전연구소의 공동 연구 결과를 바탕으로 아크릴아마이드가 탄수화물 수치가 높은 감자나 시리얼 등이 튀겨지거나 구워질 때 형성된다고 보고하였고, 한 봉지의 감자칩에서 세계보건기구(WHO)에서 권장하는 아크릴아마이드보다 500배가량 많이 검출되는 것으로 나타났다고 밝혔다.

이 발표 이후 미국과 영국, 독일, 스위스, 노르웨이 등에서도 유사한 실험 결과가 나와 전 세계를 깜짝 놀라게 했으며, 세계 각국 대학과 미국식품의약청(FDA) 등에서 모두 25명의 과학자들이 참석한 회의 결과, 2002년 6월 WHO는 감자칩, 감자튀김 등 기름에 튀긴 탄수화물 식품이 암을 유발할 수도 있다고 표명했다.

결국 이 독소를 피하려면 신선한 기름을 사용하여야 하고, 같은 기름에 여러 번 조리하지 않아야 하며, 되도록 섭취량을 줄이라는 지침을 지켜야 한다.

(3) 탄산음료

거품이 생기는 탄산음료의 경우 위를 자극하기 쉽다. 또한 무력한 위장을 쉽게 부풀게 하여 위하수의 경향을 높이고 위산의 분비를 촉진하기에 가급적 피하는 것이 좋다. 소화가 잘 안 될 때 일시적인 효과를 줄지는 몰라도 위에는 결과적으로 좋지 않다. 탄산음료에 많이 든 과당이 위장, 소장 등에서 잘 흡수되지 않아 대장으로 고스란히 내려가면서 가스를 생성시켜 오히려 헛배만 부르게 할 수 있기 때문이다. 즉 음식물에서 만들어진 가스와 탄산음료에서 비롯된 가스가 가중됨으로써 위장 운동 방해는 물론, 불결한 장내 환경을 조성하여 여러 가지 장 질환을 유발할 수 있다.

3) 세 가지 자극에 주의하자

(1) 강한 물리적 자극

폭식이나 과식, 빠른 식사, 차가운 음식, 구토나 역류 등은 위장관의 점막뿐 아니라 근육과 신경계에 직접적이고 물리적인 손상을 일으키고, 많은 비(非) 소화 물질을 만듦으로써 위장관 내에 불결한 환경을 조성한다. 이러한 식사법은 소화효소들이 주로 음식 표면에 작용하는 한계 때문에 큰 덩어리로 위장에 내려오면 전체적으로 분해를 하지 못하고 미즙이 남아 많은 독소를 만들게 된다. 이러한 분해되지 않은 미즙과 독소는 결국 위장 점막 속살로 투과되어 담적을 형성하게 된다.

(2) 화학적 자극

짜거나 단 음식, 항생제나 진통제, 강한 산성 또는 알칼리성 음식, 알코올, 밀가루, 육류, 오염된 음식 등은 위장관 점막에 손상을 주고 화학적 변이를 일으킨다.

4) 담적증후군을 예방하는 습관

(1) 40번 이상 꼭꼭 씹어라

건강한 삶을 위하여 꼭꼭 씹어 먹기 운동을 전 국민 차원에서 할 필요가 있다. 식사 시간에 1~2시간씩이나 할애하는 여느 선진국처럼 할 수는 없더라도 우리 국민의 건강지수를 높이기 위해 꼭꼭 씹는 운동을 벌여 나갔으면 하는 바람이다.

한 입에 40회씩 침을 섞어가면서 꼭꼭 씹어, 30분 이상 천천히 식사하자는 뜻이다. 부디 이러한 새로운 식탁 문화를 가정에서부터 시작하여 직장으로까지 넓혀 나갔으면 한다. 천천히 먹는 사람을 바보 취급하거나 재촉하는 모습은 사라져야 하고, 식탁에서 대화를 하며 천천히 즐기는 분위기를 만들어야 한다. 만약 빨리 먹지 않으면 안 되는 바쁜 상황이라면 가능한 한 음식을 한꺼번에 많이 넣고 침을 섞으면서 빨리 씹는 방법이 대안이 될 수 있다. 꼭꼭 씹는 식습관만 철저히 실천해도 며칠 안에 당신의 건강이 달라져 가는 것을 느끼게 될 것이다.

(2) 밥은 질게 먹고 소식하라

가능한 한 진 밥을 먹고 소식을 해야 한다. 담적증후군이 심한 사람은 특히 밥을 될 수 있는 대로 질게 먹는 것이 좋고, 현미나 콩 또는 팥 같은 잡곡밥도 당분간 피해야 한다. 진밥은 좋지만 압력밥솥의 밥이나 떡같이 너무 차진 것은 피하며, 약간의 밀가루 음식이라도 피해야 한다. 죽, 으깬 감자, 달걀 반숙은 소화가 잘되지만 된밥, 쫄면, 짜장면, 튀김류는 별로 좋지 않다. 균형 잡힌 영양 섭취와 소화가 잘되는 음식을 먹는 것이 담적증후군 환자들의 치료를 위한 식습관 원칙이다.

(3) 찌거나 삶는 조리법을 선택하라

찌거나 데치거나 끓이거나 삶아서 음식을 부드럽게 조리하면 위가 좋아한다. 담적증후군이 없는 사람에게도 이와 같은 조리법은 건강에 이롭다. 고기를 먹을 때, 삶아서 먹으면 기름이 제거되면서 지방 섭취는 적게, 단백질은 많이 섭취할 수 있다. 반면 아무리 좋은 재료도 기름에 굽거나 튀기면 많은 영양소가 사라지며, 비만의 원인이 된다. 등 푸른 생선 역시 마찬가지다. 생선을 굽거나 튀길 경우 지방이나 기름이 산화되기 쉬워 몸에 해로운 영향을 미치기 때문에 어떤 방식으로 조리하느냐는 건강에 있어 무척이나 중요한 것이다.

(4) 야식은 피하고 식사 후 바로 눕지 마라

잠에 들기 전 야식은 위장 내에 많은 음식 노폐물을 만드는 장본인이다. 습관적으로 야식을 즐기는 사람에게서 공통적으로 내장 비만이 심하고 담적이 맷돌같이 두껍게 형성되어 있는 것을 볼 수 있다. 심한 담적으로 역류가 잘되어 역류성 식도염을 부르며, 지속적인 담적 독소의 축적은 위암이나 대장암, 근종, 피부질환, 비만 등 질환의 직접적인 요인이 된다. 야식은 절대로 피해야 한다. 식사 후 바로 눕는 것도 피해야 한다. 음식을 소화하는 데 걸리는 시간은 대략 3~4시간이다. 그러므로 적어도 잠들기 3시간 전에는 음식 섭취를 끝내야 하고, 식사 후 2시간 이내의 취침은 삼가는 것이 좋다.

(5) 술은 적당히 마셔라

술은 어떠한 음식보다 위장 점막 투과가 잘되어 적당한 음주는 혈액순환을 돕고 에너지 활성을 촉진하지만, 지나친 음주는 점막을 손상시켜 미들존 손상의 지름길이 된다. 그리고 간장의 기능을 약화시킴으로써 담적 독소나 위장관 내에서 발생되는 각종 독소들을 해독하지 못하기 때문에 전신으로 독소가 파급된다.

(6) 항산화 성분 음식을 많이 먹자

활성산소는 위장 점막을 깨뜨려 많은 전신 질환을 유발하는 인자로 알려져 있다. 항산화 성분이 많은 채소와 과일을 먹어 미들존 손상을 방지해야 한다. 채소나 과일만으로 부족하다면, 항산화 비타민과 미네랄 등을 추가로 복용하면 좋다.

(7) 절대 금연하라

금연은 더 이상의 설명이 불필요한, 이제는 범사회적인 요구다. 담배의 타르 성분은 위장 점막의 문(gate)을 깨뜨리기 때문에 점막에 염증이나 궤양을 유발하고 미들존 손상을 촉진한다. 이유 하나를 더 보태면, 담배는 활성산소를 발생시켜 세포의 노화를 촉진하고, 암과 동맥경화 등 치명적인 질병을 불러온다. 금연만 해도 평균수명을 10년이나 연장할 수 있다.

(8) 스트레스는 바로바로 관리하라

스트레스를 잘 관리하는 사람은 그렇지 않은 사람과 수명이 16년이나 차이가 난다는 연구 결과가 있다. 스트레스는 독성이 강한 스트레스 호르몬을 분비하고, 위산이나 비만세포, 히스타민 같은 공격성 물질을 증가시켜 위장 점막의 손상은 물론 혈관 손상, 체액의 손상, 세포 내 DNA의 직접적인 손상 등에 이르기까지 몸 전체의 기본적인 바탕을 훼손한다. 즉 스트레스는 만병의 근원이 되는 요인 중 하나인데, 평소 운동과 취미 생활 등 여행이나 요가 혹은 단전호흡, 신앙생활, 명상 등으로 분노한 마음을 안정시키는 노력이 필요하다. 특히 스트레스를 받을 때 평정을 잃지 않고 항상 즐겁고 웃는 스트레스 반응 훈련을 하는 것이 좋다.

(9) 규칙적인 생활은 건강의 기본

우리 몸에는 생체 시계가 있다. 이 생체 시계의 지시에 따르는 것이 현명한 장수 비결이다. 장수 노인들의 공통점은 모두 시계처럼 규칙적인 삶을 살았다는 점이다.

(10) 운동을 꾸준히 하라

운동 및 꾸준한 신체 활동이 필요하다. 특히 평소 운동량이 적은 사람 가운데 담적증후군 환자가 많은데, 몸에 버거운 운동보다 가볍게 실천할 수 있는 조깅, 스트레칭, 걷기, 수영, 계단 오르기, 등산 등 강도가 약한 운동을 해야 한다. 이런 운동들도 너무 심하면 오히려 해가 되니, 담적이 심한 사람은 오래달리기, 심한 줄넘기 등의 운동은 삼가는 게 좋다. 운동은 식후 2시간 정도 후에 실시하는 것이 바람직하다.

7
한국인의 불명예, 세계 1위 위암·대장암·식도암 줄일 수 있다

한의학에는 암과 관련된 질병으로 '적취병'이 있다. 적취병에 대해 동양 최대의 한의학사전 《의방유취》(醫方類聚), 허준 선생님의 《동의보감》(東醫寶鑑) 등 고전 한의학에서는 '조직이 경결되거나 덩어리지고 굳어지는 질환'이라 소개하고 있다.

조직이 경결되는 적취병의 원인과 발생 과정을 살펴보면, 몸의 기능이 허약해질 때 외부의 균이 들어오거나 불규칙한 식습관과 독성 음식 그리고 각종 스트레스 등이 겹치게 되면 기혈 순환이 막히고 나쁜 피와 담이 생겨 발생된다고 《의방유취》에서는 설명하고 있다. 이와 함께 적취 덩어리가 일정한 형태로 굳어져 손으로 만져지면 '적(積)'이라 하고, 일정한 형태 없이 여기저기 이동하면 '취(聚)'라 하였다. 그러나 한의학 고전에는 적취에 대한 정확한 발생 기전과 그 치료법이 정확히 제시되지 않는다.

한의학에서는 암이라는 용어를 쓰는 대신에 적취라는 용어를 사용하는데 적취와 암의 개념은 다소 차이가 있다. 적취는 단순 조직 경결에서부터 악성 암 덩어리까지 포함하기 때문에 적취가 반드시 악성 암은 아니다. 그러나 암은 적취로부터 시작되어 지나친 과로와 스트레스, 지속적인 독성 음식 유입, 반복적인 염증이 가세하면 악성으로 진행되기 때문에 적취를 악성 암 전 단계라 인정할 수 있다. 그래서 조직의 경결 상태인 적취를 치료하면 암을 예방할 수 있는데, 문제는 과학적으로 적취병을 조기 진단할 수 있는 진단기기가 없다는 것이다.

그러나 예부터 한의학에서는 적취 발생의 병리 과정이나 진단법을 과학적으로 밝혀내지는 못했지만 분명히 간장을 위시해서 위, 장, 식도, 심장, 폐, 자궁, 췌장, 신장, 방광, 전립선, 유방, 갑상선 등 모든 장기가 경결될 수 있다고 제시하였다. 그렇기에 적취병을 해결할 수 있다면 악성 암 예방이 가능하다 볼 수 있다. 특히 필자에 의해 모든 장기의 경결 현상에 대한 구체적인 원인과 발생 메커니즘이 밝혀지고 치료의 길을 열었기 때문에 암 예방에 실질적인 성과를 기대할 수 있게 되었다.

이런 의미에서 소화기 적취병인 담적증후군의 발견과 치료는 소화기 암(위, 대장, 식도, 간, 췌장 등) 예방에 획기적인 일이 될 수 있다. 실제 서양의학에서 소화기암의 전 단계로 지목하는 장상피화생과 위축성 위염도 담적병 치료로 상당히 완화시킬 수 있다.

1) 장상피화생

담적증후군을 연구하면서 장상피화생의 원인을 알 수 있게 되었다. 우선 위장 점막이 소장 점막 형태로 변성된다는 것이 무엇을 의미하는지 살펴볼 필요가 있다. 알다시피 장 점막 구조는 영양물을 흡수할 수 있도록 흡수 구조로 되어 있지만, 위장 점막은 흡수 구조가 아니다. 위장 점막이 흡수 구조로 변했다는 것은 위장 점막이 뚫렸다는 것을 의미한다. 실제 장상피화생의 내시경 소견은 둥글둥글한 덩어리(한의학적으로 "적취")처럼 나타나는데 이것은 위장 점막이 뚫리면서 외벽으로 분해되지 않은 음식 노폐물이 축적되면서 덩어리 조직을 형성한 것으로 판단된다. 결국 장상피화생도 담 독소에 의해 위장 점막의 문(gate)이 뚫리면서 위장 외벽에 담적 덩어리가 형성되는 것과 같은 이치라 볼 수 있다.

아직까지 의학적으로 장상피화생에 대해서는 원인도 모르고 치료법이 개발되어 있지 않아 위암 진행을 막지 못하고 있지만, 위장 외벽에 형성된 덩어리 조직이 바로 담적이기 때문에 담적병 치료로 장상피화생도 개선할 수 있게 되었다.

2) 위축성위염

위장의 점막이 위축되고 얇아지는 위축성위염이 발생되는 과정을 살펴보면, 위장 자체의 문제도 있지만 이웃 장기인 심장과 콩팥의 문제에서도 유발됨을 알 수 있다.

(1) 위장의 문제(담적)
- 담 독소가 위장 외벽에 축적되면 위장 외벽의 혈관이나 점액물질 분비 기관을 막아서 점막을 건강하게 유지하지 못한다. 그래서 담 독소를 제거하고 자극성 음식이나 잘못된 식습관(된밥, 급식, 과식, 야식, 독식)을 조절하면 혈액순환과 점액 분비가 다시 원활해짐으로써 악화를 막고 회복되기 시작한다.

(2) 심장의 문제
- 선천적으로 심장이 약하거나 살면서 많은 스트레스를 받으면, 심장이 약해지면서 예민해진다. 이런 사람들은 작은 스트레스나 긴장된 상황에서도 심장의 기능이 위축되어 위장에 혈액을 원활히 공급하지 못하게 되는데, 이런 문제가 반복되면 위 점막이 빈혈에 빠지면서 얇아지고 위축된다.
- 심장을 강화시키는 약을 꾸준히 복용하면 웬만한 스트레스는 이겨나가게 되고 혈액 공급이 원활해져 위 점막 위축이 개선된다.

(3) 신장의 문제
- 콩팥은 윤활유와 같은 좋은 진액을 저장하여 몸의 곳곳에 공급하는데, 특히 위장에 뮤신이라는 점막 보호 물질을 공급한다. 뮤신은 위장으로 유입되는 각종 독성 물질과 과도한 위산의 공격으로부터 위장을 보호하는데 평소 지나친 과로와 과도한 스트레스로 화병이 누적되면 콩팥의 진액이 손상되어 위장으로 진액을 공급하지 못함으로 위 점막이 건조해지고 위축된다. 화병을 치료하고 콩팥의 진액을 공급하는 약을 통해 개선될 수 있다.

※ 담적병 치료를 통해 위와 장의 적취를 개선하고, 장상피화생 및 위축성위염을 치료하게 되면 세계 1위 위암, 대장암을 반드시 줄일 수 있다고 확신한다.

마음에 꼭 새겨 두어야 할 **한마디**
: 위암과 치매, 당뇨병, 피부병 등 몹쓸 병은 위장을 막 대한 대가이다.

4
CHAPTER

난치병을 치료하는 의사가 되다

"나는 죽도록 아픈데 검사하면 정상이래요.
치료가 안 돼 죽고 싶어요."
"내 위장을 잘라내고 싶어요."
하나님은 진단과 치료가 안 되는 의학 사각지대에서
고생하는 많은 난치 질환자에게 희망과 건강한 삶으로
이끌도록 치료의 장을 축복하셨다.

1
죽도 못 먹는 평생 위장병을
몇 달 만에 치료하다

우리나라에는 소화도 안 되고 온몸 여기저기 안 아픈 데 없어 죽을 만큼 힘든데 검사에서는 아무 이상이 나타나지 않아 치료를 받지 못해 고통받는 환자들이 굉장히 많이 있다. 자신의 위장을 꺼내 보고 싶다거나 잘라 버리고 싶다는 말을 하기도 하고, 심지어는 자살시도까지 하는 경우도 있으니 단순 신경성 위장병으로 진단하는 것이 얼마나 환자에게는 무책임하고 고통을 주는 것인지 모른다.

위담한방병원에는 최소 3~4년, 길게는 40~50년 이상 위장병으로 안 다닌 병원 없이 고생하면서 별별 치료를 다 받았다고 하소연하는 환자들이 주로 내원한다. 담적증후군을 발견하고 최근 치료법을 완성하면서 원인을 몰라 고통받던 수만 명의 환자들이 긴 고통으로부터 탈출할 수 있는 길이 열리게 되었다.

1) 담적증후군의 치료 원리

담적증후군의 발견으로 원인을 알 수 없던 위장병에 대한 진단과 치료가 가능해졌다. 담적증후군이 수많은 전신 질환의 원인으로 자리한다는 사실도 알게 되었다. 그런데 위와 장 점막 이면 조직이 담 독소로 경화되는 위장의 병변을 치료하는 기술은 전례가 없기 때문에 분명히 새로운 의학적 도전이라 할 수 있다. 처음엔 어떻게 접근해야 될지 감조차 잡기 어려웠다. 염증이나 궤양과 같은 위장 점막 치료와는 차원이 다른 문제이기 때문이다. 위와 장 조직 전반의 문제와 환경 상태를 개선하는 방식이어야 하기 때문에 매우 난해하고 복잡한 최초의 치료법들이 필요했다.

담적증후군의 치료법 개발 초기에는 많은 시행착오가 있었는데 소화효소제, 가스제거제 같은 일반적인 위장약으로는 거의 효과가 없었다. 심지어는 적을 없애는 한방의 치료법인 소적지제, 금식, 장 청소 등 다양한 처방과 자연요법을 적용해보았으나 대부분 실패했다. 눈에 보이는 증상은 좋아지더라도 본질적으로 굳어진 조직이 부드러워지지 않아 치료를 중단하면 재발하기 일쑤였다.

결국 담적증후군은 한의학에서 말하는 적취나 식적 개념보다 더 복잡하고 극복하기 어려운 병이라고 생각하게 되었다. 그래서 굳어진 조직 덩어리를 깨뜨리는 식의 파적이나 소적 같은 치료와 함께 점막 이면 조직에서 발생할 수 있는 문제 유형을 일일이 세워 이를 한의학적으로 해석한 다음, 이 모든 것을 고려한 종합적인 처방을 개발함으로써 위와 장 점막 이면 조직의 경화 현상을 풀게 되었다.

※ 담적증후군의 치료 원리

미국 등 선진국의 위장 관련 논문 수백 편을 보면서 밝혀낸 점막 이면 조직의 병태를 하나하나 찾아 각각의 병리를 한의학적으로 재해석하여 치료 원리를 세우게 되었다. 한의학을 기반으로 서양의학의 이론을 접목한 융합의학의 쾌거였다.

① 담 독소로 점막 이면이 경화된 조직에서 담을 제거하고 나쁜 피(어혈)로 막힌 혈관을 뚫어서 굳어진 위장을 부드럽게 하고 위장 내 혈액순환을 촉진함.
② 점막 이면 조직에 존재하는 각종 소화효소 분비세포, 면역세포, 신경세포, 위산분비세포 등의 손상을 해결하여 정상적인 소화운동과 면역활동을 회복함.
③ 점막 이면 조직 세포에 혈액을 공급하여 세포 괴사되거나 빈혈 상태를 개선함.
④ 딱딱하게 굳어진 위와 장 조직에 진액을 공급하여 부드럽게 함.
⑤ 음식 노폐물 독소나 미생물, 세균 등으로 오염된 위장 환경을 정화하여, 나쁜 미생물 활동을 억제하고 좋은 미생물 시스템으로 전환함.
⑥ 위와 대장은 따뜻하게 하여 소화력을 강화시키고, 소장은 서늘하게 식혀서 영양 흡수 능력을 향상시킴(위장병은 위와 장의 환경이 심하게 차가워지면서 발생되고, 소장은 더워지기 때문에 병이 생김).

2) 담적증후군의 대표적인 치료 프로그램

앞서 설명한 치료 원리를 세운 후, 이에 따른 치료제를 개발하여 마침내 담적 치료의 길이 열리기 시작했다. 그리고 담적이나 담적으로 인한 전신 질환이 심한 경우는 전신으로 파급된 담 독소 제거를 극대화하기 위해 대체의학 분야에서 인정받은 해독 프로그램을 보완하였는데, 그 결과 아래의 5가지 요법을 통합한 종합 치료 프로그램을 만들었다.

① 담적한약(위와 대장의 담적을 제거하는 담적 허한약/ 소장의 담적을 제거하는 담적 실열약)
② 경결된 조직을 풀어 주는 아로마와 고주파 원리의 소담 치료
③ 암과 같은 덩어리 조직 세포를 깨는 초음파 원리의 소적 치료
④ 간의 해독 기능을 극대화해서 위와 장, 그리고 전신에 퍼진 담 독소를 제거하는 간 정화 요법
⑤ 우리 몸의 토양인 위와 장의 면역 기능을 올려주고 환경을 개선하기 위해 특수한 흙(일라이트)과 담적 한약을 배합한 임독맥 온열 요법
⑥ 기타(침, 뜸, 약침, 복부 마사지 등)

3) 담적한약 개발 과정

담적 한약의 개발은 난제 중의 난제였다. 담적증후군의 치료 원리에 따라 담적약을 개발하였지만 약이 환자의 위에 잘 흡수되지 않았다. 심한 위장병 환자들은 위장이 아예 움직이지 않기 때문에 소화제도 부담이 될 정도이니 담적약은 아예 소화가 되지 않았다. '약이 잘 흡수되게 하려면 어떻게 해야 할까?' 알고 지내던 동국대학교 생명공학연구소 소장에게 찾아갔다. 한참 동안 나의 설명을 들은 그는 연구

소에 있는 나노 기계를 보여주면서 약의 알갱이를 깨서 미립자로 만들면 소화 흡수가 용이할 것이라 했다. 그러나 나노화 공법도 실패였다.

치료하다가 답이 잘 보이지 않으면 하나님께 기도하면서 환자의 뱃속에 직접 들어가 보는 상상을 하곤 하였다. 약이 환자 몸에서 어떻게 반응하고 작용하는지 상상을 하면 해결의 실마리가 보이고는 했다.

나는 불현듯 위와 장에는 수많은 미생물들이 위와 장의 점막을 관리하고 점막 속까지 영향을 준다는 생각을 하게 되었고, 미생물을 약에 이용해 보기로 했다. 진료가 끝나면 나는 미생물을 이용해 한약을 만드는 전문가를 찾아다녔다. 자연에서 나오는 미생물로 화장품을 만들어 유명해진 이를 찾아가기도 했다. 미생물로 약을 발효시키는 데 2년이 걸린다고 하니 믿고 2년을 기다렸다. 그러나 그것도 실패였다. 또 양평에 발효를 전문으로 한다는 유명한 분을 소개 받았는데 이를 믿고 발효 기간 1년을 기다렸지만 그것도 효과를 보지 못했다.

위에 잘 흡수되는 약 제조를 실험할 때마다 수많은 비용이 들었다. 담적 치료약 개발의 연이은 실패와 금전적인 부담은 큰 어려움이었다. 그때는 한숨만 나왔다. 내가 괜히 담적증후군을 발견해서 시간과 돈만 허비하는 건 아닌지…. 하지만 조금씩 좋아지는 환자들이 있으니 쉽게 포기할 수가 없었다.

나는 포기하지 않고 하나님께 기도하면서 다시 연구에 매진했다. 결국 8년 만에 효과적으로 흡수되는 담적 한약 제조 과정을 찾아내었다. 하나님의 도우심이 아니었으면 불가능한 일이었다. 담적약이 점막

이면 조직에까지 스며들어 치료 효과를 내는 특수 미생물을 찾아낸 것이다. 특수 미생물에 의해 만들어진 발효 한약은 위장 외벽으로 약의 흡수력을 강화시켜 환자들을 치료하기 시작했다. 또한 한약이 가진 독성을 없애는 데도 성공했다. 한의학에서는 독을 없애려면 독으로 치료하는 이독제독(以毒制毒) 방법을 사용하는데, 이독제독을 잘못 사용하면 약에 독성이 많아 몸에 손상이 올 수 있다. 내가 생각해 낸 방법은 독의 치료 기능은 살리고, 독의 독성은 제거하는 것이었다. 독을 역이용해 담 독소를 효과적으로 배출하면서 부작용 없이 강력한 약효를 내는 것이었다.

그래서 내가 만든 담적약은 물조차 마시지 못하는 중증 환자도 소화시키는 데 부담 없이, 위장 외벽에 잘 흡수될 수 있게 되었고, 독성이 없기에 심부전증 환자나 간암 말기 환자조차도 담적약을 복용할 수 있게 된 것이다.

위담한방병원에서 치료받은 환자 사례 소개

• 장○○ F. 62세

📝 **주요 증상**: 잦은 체기, 소화불량, 구토, 심한 복통, 역류성 식도염, 어깨 통증, 근육 이상, 욕창, 명치 끝 답답함

📝 그녀는 46년이란 세월을 각종 위장병에 시달리며 살아왔고 위를 칼로 도려내는 듯한 고통, 잦은 체기와 소화불량, 어깨를 도려내는 듯

한 증상으로 괴로운 나날을 보냈다. 일주일에 하루도 빠짐없이 한의원을 다니며 침을 맞았지만 호전될 기미는 보이지 않았고, 그러다 약 2년 전부터는 물도 넘기기 힘들 정도로 목젖까지 겨우 넘기다 다시 역류하여 토하기 일쑤였다. 복통과 온몸의 근육이 정상적으로 작동되지 않는 듯한 느낌으로 너무나 고통스러웠고, 배 전체가 돌덩어리처럼 명치 끝까지 딱딱하게 뭉쳐 숨을 쉬기도 힘든 상황이라 1년 만에 살이 30kg이나 빠져 엉덩이에 욕창까지 생겼다.

한번은 대학병원에서 소장에 문제가 있어서 그런 증상이 있을 수 있다면서 소장 내시경을 받아보라며 권했고, 물도 넘기기 힘든 그녀에게 소장 내시경을 할 때 필요한 물약들을 처방해 줬다. 그런데 검사 과정에서 부작용은 물론 수술까지 해야 하는 응급 상황까지 왔다. 복통, 구토, 오열 심지어 세 달 넘게 혼수상태까지 오면서 사는 것 같지 않은 삶을 살았다.

대한민국에서 잘한다는 병원을 다 찾아 다녀봤지만 진단 결과는 늘 신경성 위염이었고, CT 촬영, 폐 CT, 초음파, 피검사를 해도 정상이라는 말을 질리도록 들었다. 심지어 대전에 있는 한 병원에서는 한 달을 넘기기는 힘들 거라는 절망스러운 이야기도 들었다.

무슨 원인인지도 모르고 모든 걸 포기하고 있었을 때, 우연히 지인을 통해 위담한방병원을 알게 되어 치료를 받았다. 그녀는 위담한방병원이 정말 사막의 오아시스와도 같은 곳이라고 했다. 죽어가는 그녀에게 이렇게 정성을 다해 치료해 주는 병원은 이제껏 없었기 때문이었다. 그녀의 증상들은 정말 심각했지만 나는 끝까지 포기하지 않고 약을 조금씩 바꿔가며 치료했다.

  치료 후 위를 칼로 미친 듯이 찌르게 아팠던 통증이 거의 없어졌다. 이전에는 물도 넘기지 못했는데 이제는 밥을 넘겨도 이상이 전혀 없다. 그녀에게는 상상도 하지 못했던 일이라고 했다. 그동안 고질적으로 괴롭혔던 증상 중 90%는 완쾌된 것이다. 또한 배의 딱딱한 돌덩어리 같기만 했던 부분들이 많이 없어졌다. 덩어리가 풀리니 삶의 의욕이 생겨 너무나 행복하다고 고백했다. 그녀는 자신의 병은 못 고친다고 생각했는데 지금은 제2의 인생을 살고 있다고 했다.

2
매일 진통제 한 움큼, 편두통을 완전히 극복하다

골치가 아프고 꽉 죄는 것 같다, 지끈지끈하게 아프다, 찌릿찌릿하다, 꼭 빠개지는 듯이 아프다…. 같은 두통이라 해도 환자가 느끼는 통증의 정도나 양상은 제각각이지만 안타깝게도 현재 두통에 대해 원인을 알고 본질적으로 치료하는 약은 개발되어 있지 않다. 진통제로 순간순간 넘어갈 뿐이고, 대부분 약물 부작용을 갖고 있다. 세계 인구의 약 40% 정도가 만성두통을 호소한다고 하니까, 살면서 두통을 겪지 않는 사람은 지구상에 거의 없을 정도로 현대인에게 흔한 병이다. 그럼에도 불구하고 의학이 고도로 발달한 오늘날 두통을 완치하는 약이 개발되지 않은 이유는 무엇일까? 간단히 말해, 두통의 근본적인 원인을 찾아내지 못했기 때문이다.

위담한방병원에서 새롭게 밝혀낸 두통의 원인과 치료법은 다음과 같다.

1) 긴장성 두통

언급했듯이 담이 조직에 끼게 되면 굳어진다. 긴장성 두통의 원인은 뒷목과 두피 근육이 담으로 굳어져 혈관을 압박하거나 혈류 흐름을 방해하여 발생함을 밝혀냈다. 그래서 뒷목과 머리 주위의 담 독소를 제거하면 긴장성 두통은 쉽게 해결된다.

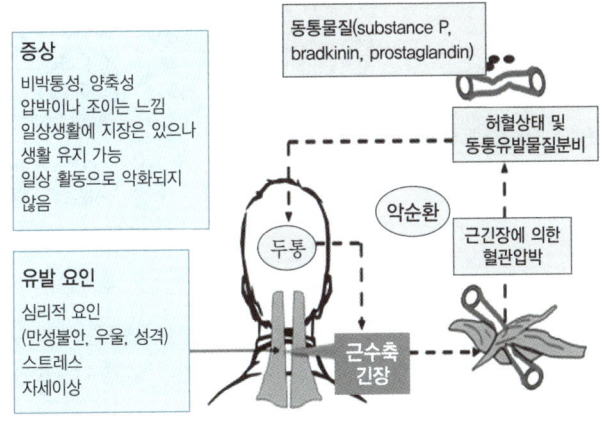

2) 혈관성 두통

혈관은 가늘지만 탄력이 있다. 피가 빨리 흐르면 늘어나서 혈관에 가해지는 압력으로 통증이 유발되지 않게 하고, 혈압이 오르지 않게 조절한다. 반면에 피가 너무 적게 흘러서 혈액순환이 어려울 것 같으면 혈관이 좁아져 순환을 돕고 혈압이 낮아지지 않게 한다. 그런데 이러한 혈관이 굳어지게 되면 탄력성이 줄어들게 되고, 지나친 압력이 가해지게 되고 통증이 유발된다. 이러한 현상이 혈관성 두통의 원인 중 하나이다.

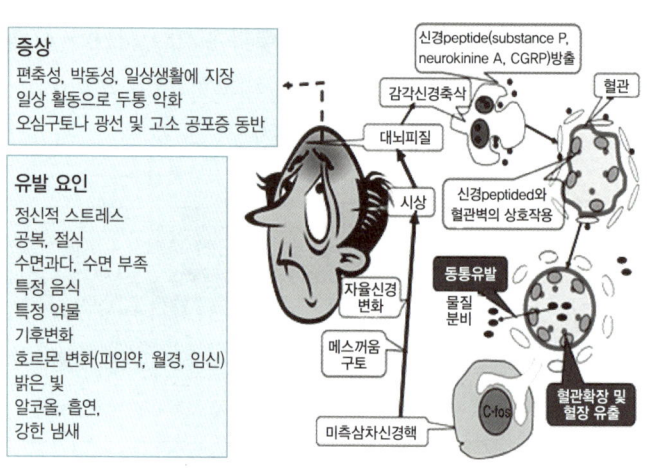

 그렇다면 뇌혈관이 왜 굳어지게 될까? 원인은 크게 두 가지이다. 혈관조직을 굳게 하는 담 독소와 혈관벽에 진액이 말라서이다. 진액이란 혈액이 한 번 더 여과된 아주 미세하고 정미로운 물질로 인체의 윤활유 역할을 한다. 자동차로 따지자면 엔진오일 같은 역할을 하는 것이다. 이러한 진액은 신장에 저장되었다가 전신으로 공급되는데 스트레스, 과로 등의 이유로 진액이 말라 혈관에 충분히 공급이 되지 못하게 되면 혈관벽이 굳게 되는 것이다. 그래서 편두통은 담 독소를 제거하면서 진액 공급을 해주면 해결된다.

혈관성 두통의 다른 원인은 혈관이 지나치게 확장되어 주위 뇌 조직을 압박함으로 통증이 유발되는 것이다. 우리는 흔히 스트레스를 받으면 열받는다고 한다. 열받게 되면 간에 화(火)가 생기고 코티졸, 카테콜라민, 아세틸콜린과 같은 스트레스성 호르몬을 과도하게 생성시키게 된다. 이러한 호르몬이 혈압을 올리고 혈관을 확장시켜 두통을 유발한다. 이런 경우에는 간의 화를 내려주고 스트레스성 호르몬이 지나치게 생성되는 것을 조절해 주어 편두통을 치료한다.

또한 심장이 약하거나 협심증과 같이 심장에 이상이 있는 사람은 뇌에 나쁜 혈액이나 혈전을 보낼 수 있다. 그리고 교통사고 후유증으로도 나쁜 피(어혈)가 뇌혈관에 낄 수 있다. 나쁜 피가 뇌혈관, 뇌 세포에 끼게 되면 MRA 같은 검사를 해도 나타나지 않기에 치료를 못하고 만성두통에 시달리는 경우가 많다. 이럴 경우 심장을 강화시켜 주는 처방과 나쁜 피를 없애 주는 처방으로 두통을 치료할 수 있다.

위담한방병원에서 치료받은 환자 사례 소개

- 김○○ F. 51세

주요 증상: 수십 년 지속된 터질 듯한 두통과 심한 건망증, 구취, 이명, 더부룩함·트림·역류 등의 소화기 증상, 손가락과 무릎이 붓는 관절염, 만성 변비, 갱년기 증후군, 갑상선 항진, 등에 담 걸리면서 심한 통증

📝 대학병원과 한의원에서 입원 및 외래 치료를 반복하면서 이런저런 약물과 함께 치료하였으나 증상이 더 악화하면서 해결되지 않았다고 한다. 문제는 MRI나 MRA에서 전혀 이상을 찾을 수 없었고, 각종 혈액 검사에서도 큰 이상을 발견할 수 없어 치료에 방향을 잡을 수 없었다는 점이었다. 단지 내시경상의 위축성 위염과 갱년기 장애가 진단되었기 때문에 두통약과 함께 소화제와 갱년기 장애, 변비약, 관절약, 갑상선 약 등을 10여 년 동안 복용하면서 견디고 있었다.

그러나 증상이 개선되지 않아 날로 용량이 증가하고 있는 상태라고 했다. 낫지 않아도 좋으니 왜 두통이 낫지 않은지 원인이라도 알게 해달라며 내원한 환자는 우울증과 불면증까지 최근에 생겼다며 고통스러운 나날을 호소하였다.

EAV 검사 결과 담적증후군으로 진단되었고, 담 독소가 대장과 뇌에 축적된 것을 발견할 수 있었다. 우선 갑상선 항진약만 복용하고 그 동안 복용했던 두통약과 관절염약 등을 중지시키면서 담적 한약과 간 정화 요법, 그리고 각종 물리 치료를 통해 위와 장에 형성된 담적을 제거하여 각종 위장 장애와 만성 변비를 해결하기 시작했다. 위와 대장에 담 독소 및 숙변이 제거되면서 맑은 피가 뇌와 관절에 흐르게 되었고, 그 결과 뇌가 맑아지면서 두통이 감소하고 관절이 붓고 아픈 현상이 완화되었다. 이와 함께 스스로 여성 호르몬을 생산하는 데 도움을 주는 천연 갱년기 장애를 위한 약을 투여함으로써 갱년기 장애약을 끊었음에도 갱년기 장애를 근본적으로 해결하게 되었다.

환자는 치료 개시 2주 후부터 두통약을 먹지 않았음에도 두통이 현저하게 없어졌고, 관절과 갱년기 장애, 만성 변비 등 전신 문제들이 해결된 것은 물론, 한 움큼 먹던 약도 끊고 두통 없는 삶을 살게 되었다며 매우 좋아하였다.

3
지긋지긋한 아토피와 지루성 피부를 치료하다

 아토피를 겪지 않는 일반인들은 아토피 때문에 자살을 하고 이민을 간다는 보도에 고개를 갸우뚱할 테지만, 아토피로 인한 고통은 상상을 초월한다. 아토피의 어원은 그리스어로 '이상한, 기묘한, 낯선'이라는 뜻인데, 이런 의미에서 볼 수 있듯이 치료가 어려운 난치성 질환이 바로 아토피다. 그러다 보니 여러 병원을 전전하게 되고, 또 검증되지 않은 치료법에 매달리다가 더욱 악화되는 사례 또한 흔히 볼 수 있다.

 질병관리본부에 따르면, 아토피 피부염 환자는 전 세계적으로 증가 추세에 있는데, 1970년대까지는 6세 이하 어린이의 약 3%가 아토피를 앓고 있다고 보고되었으나 최근에는 어린이의 20%, 성인에서도 1~3% 정도 발생하는 것으로 추정되고 있다. 우리나라의 경우 2008년 서울시에서 조사한 유병률은 설문지에서 19.1%, 의사의 실제 진찰에서 9.2%로 보고되었으며, 지역·연령·성별·사회문화적 특성에 따라 다양한 유병률을 보이고 있다.

지루성 피부염에 대한 유의미한 역학조사는 없으나, 건강보험심사평가원에 따르면 2019년 한 해 86만 명이라는 결코 적지 않은 환자가 지루성 피부로 병원을 방문했다.

아토피 피부염과 지루성 피부염은 치료 중에는 호전되고 치료를 중단하면 다시 재발하는 상황을 반복하는 만성질환이다. 이 때문에 많은 환자가 처음에는 열심히 치료를 받다가 나중에 포기하는 경우가 많다. 치료의 방향도 근본적인 해결이 아닌, 재발되거나 악화하지 않도록 하는 데 초점을 맞추고 있는 실정이고, 치료를 위한 스테로이드나 항히스타민 약물은 많은 부작용을 만들기도 한다.

위담한방병원에서 새롭게 밝혀낸 아토피와 지루성 피부염의 원인과 치료법은 다음과 같다.

피부는 우리 몸을 보호하고 감각, 호흡 기능을 수행한다. 이외에 피부 기능 중 중요한 것이 내부 장기에서 만들어지는 각종 독소나 노폐물을 땀 등으로 배출하는 배설 기능이다. 그래서 피부 진피층에는 항상 독소들이 축적될 수 있는데, 만약 이를 제대로 배출하지 못하면 피부 변성이 생기기 시작한다. 피부 변성은 담 독소가 많을수록 더 심화된다. 담 독소는 피부 내의 혈액순환을 방해하고, 피부를 부드럽게 하는 점액을 감소시키거나 오염시켜 많은 세균이나 벌레들을 증식시키고 피부의 면역 기능도 과민반응 하게 함으로써 심한 가려움증, 피부 내 세균 증식, 피부 건조, 검어지거나 각질화 등의 문제를 유발하는 것이다.

특히 아토피 피부염의 급성 피부 병변에는 Th2 사이토카인이 과발현되며, 알레르기 반응을 유발하는 것으로 알려지고 있는데 이러한 면역학적 이상도 담 독소가 면역세포를 손상시켜 발생하는 것으로 볼 수 있다. 지루성 피부염의 원인 중 신경전달물질의 이상도 담 독소에 의해 사이토카인이 변성되는 것과 관련이 있다.

임상에서 아토피나 지루성 피부 환자의 대부분이 폭식과 야식, 패스트푸드 등 무절제한 식습관을 지니고 있음을 볼 수 있는데, 이는 피부병이 위와 장의 불결한 환경과 직결되었음을 반증하는 것이라 볼 수 있다. 이와 같이 피부의 심각한 만성적인 문제는 위와 장으로부터 파급되는 독소나 오염 물질에 기인한 것이기 때문에, 피부에 국한된 치료보다는 피부 오염의 근원인 담 독소를 해결하는 것이 훨씬 더 중요하다.

위담한방병원에서 치료받은 환자 사례 소개

- 전○○ M. 41세

주요 증상: 전신 아토피 피부염(가려움, 건조, 짓무름 등), 불면증

참을 수 없을 정도의 가려움증과 오랜 스테로이드 요법으로 전신이 검고 거친 각질 피부가 되어 내원한 41세 남자가 있었다. 평소 거의 쉴 시간이 없을 정도로 과중한 업무에 시달린다는 그는, 패스트푸드와 인스턴트 식품 위주의 식사와 폭식 및 급하게 먹는 식습관에 길들

여겨 있었다. 10여 년 전 아토피 피부가 나타나서 피부과와 아토피로 잘 알려진 한의원을 찾아 치료하기 시작했다고 한다. 치료 초기에는 개선되는 듯하더니 점점 부위가 넓어지면서 얼굴을 제외한 전신으로 퍼져 나갔고, 여름만 되면 더 심해지면서 불면증에 시달리기도 했다.

검사 결과 이미 중증의 담적 상태였고 단식요법과 함께 전신에 퍼진 담적 독소를 제거하고 각질화된 피부에 혈액과 진액을 공급하는 약물을 투여하였다. 수개월간의 치료 결과, 그는 전신에 퍼졌던 아토피 피부염과 짓물렀던 등과 손의 피부도 깨끗해지면서 거의 정상적인 피부 상태를 유지하게 되었다. 치료의 효과를 맛본 그는 현재 식습관 개선을 철저히 하고 있으며 그런 노력으로 인해 피부는 물론 몸도 가뿐해졌다는 소식을 전했다.

4
우울증을 위와 장 치료로 극복하다

　우울증은 전 세계적으로 가장 흔하면서도 심각한 질환이다. 세계보건기구(WHO)는 인류를 괴롭힐 10대 질환 중 3위를 우울증으로 꼽았고, 2030년에는 1위가 되리라 예측한다. 우리나라에서는 매년 320만 명이 우울증에 시달리고 있다. 또한 우울증과 밀접한 관련이 있는 자살률도, 우리나라가 2005년부터 OECD 가입국 중 1위를 차지하고 있는데 45분마다 한 명씩 자살로 목숨을 잃는다고 한다. 자살하는 이들 중 80% 이상이 우울증을 앓았던 적이 있다는 사실에 우울증의 심각성이 있다.

　심하면 자살을 부르는 우울증의 심각성과는 달리 대부분의 사람들은 우울증을 단순히 마음에 걸리는 독감 또는 감기 정도로만 인식해서 의지만 강하면 얼마든지 극복할 수 있는 질환으로 쉽게 생각하는 경우가 많다. 하지만 우울증은 정신적이고 심리적인 질환에 국한된 것만은 아니다. 좀 더 깊게 우울증의 배경을 살펴보면 신체의 문제에 그 뿌리를 두고 있다는 것을 알 수 있다. 실제로 우울증을 유발할 수 있는 스트레스 발생 상황이 없는데도 우울증이 발생되는 경우가 많고, 정신과 치료를 해도 낫지 않는 경우가 있는데, 이는 정신적인 문제가 아니더라도 우울증이 발생할 수 있음을 암시하는 것이다.

위담한방병원에서 새롭게 밝혀낸 우울증의 원인과 치료법은 다음과 같다.

그동안 뇌에서만 분비되는 것으로 알고 있던 수많은 신경전달물질이 제2의 뇌로 불리는 위장관의 미들존에서 분비된다는 사실이 밝혀지면서 위장 문제가 우울증의 유력한 원인임을 뒷받침하고 있다. 우울증을 예방하는 너무도 유명한 세로토닌 호르몬의 95%가 위와 장에서 분비된다는 사실이 최근 밝혀진 것이다(미국의 유명한 신경생리학자 마이클 거숀(Michael Gershon) 박사는 "장내 미생물이 세로토닌 생성에 필요한 유전자 활성 조절"이라는 논문에서 사랑과 행복의 감정을 유발하는 신경전달물질인 세로토닌의 95%가 장에서 만들어진다는 사실을 발견했다고 밝혔다). 세로토닌 분비가 잘되면 스트레스를 받는 상황에서도 기쁘고 즐겁지만, 분비가 안 되면 스트레스가 없어도 괜히 우울해지고 짜증이 난다. 다시 말해, 우울증은 감정 상태나 스트레스 때문만이 아니라 위장이라는 육체에서 분비되는 호르몬과도 깊은 관련이 있다는 것이다.

세로토닌 분비에 장애가 오는 가장 큰 원인은 세로토닌 분비 영역인 미들존이 손상되기 때문이다. 그러나 아직 위와 장의 어떤 문제 때문에 세레토닌 분비가 감소되는지 원인은 밝혀지지 않았다. 그런데 담적증후군을 치료하기 위해 내원한 환자 중 20% 정도가 우울증 약을 복용하고 있는 사실을 발견하고, 또 담적증후군을 치료하면 우울증이 없어진다는 임상결과를 확인하면서 우울증이 세레토닌 분비 영역인 위와 장 이면 조직이 담 독소로 손상된 것에 기인한 것이 아닌가 추론하게 되었다.

이러한 추론은 수년간의 임상 경험 축적을 통해 확신할 수 있었다. 실제 우울증 환자 중 별다른 스트레스를 받지 않고 있는데도 우울증을 앓고 있거나 정신과 치료를 해도 잘 낫지 않는 경우가 많고, 또 이런 환자의 대부분이 선천적으로 위장이 약하거나 폭식·과식·급식(急食) 등 잘못된 식습관을 가지고 있는 것을 볼 수 있었다. 이와 같이 위장의 담 독소가 우울증 유발에 관련된다는 사실은 매우 새롭고도 중요한 내용일 뿐 아니라, 정신적 인자나 뇌신경의 문제로만 알고 있었던 우울증에 식습관 개선과 위장관의 담 독소 제거라는 새로운 치료의 장을 열게 할 것이다.

특히 요즘은 20~30대 젊은이들 사이에서도 우울증이 문제가 되고 있다. 아무리 젊고 체력이 좋다고 하더라도 반복적인 폭식과 야식, 인스턴트 식품 등과 같은 나쁜 식습관에 과중한 업무와 스트레스까지 겹친다면 위장에 독이 끼면서 우울증이 오는 것이다. 젊은이들 사이에 소위 '흙수저'라 칭하면서 우울감과 좌절감이 만연되고 있는데 사회적으로 이러한 문제를 해결하기 위해서 젊은이들의 건강한 식습관에 대해서도 새로운 인식이 필요한 시점이라 볼 수 있다.

위담한방병원에서 치료받은 환자 사례 소개

- 정○○ F. 76세

주요 증상: 오랫동안 우울증에 시달리면서 완고한 두통과 왼쪽 가슴 답답함과 통증, 전신 무력감에 시달림

남편의 무관심으로 오랫동안 정신적 고통을 받아오던 환자는 20여 년 전 자식이 교통사고로 사망하는 일을 당하면서 우울증과 고혈압이 시작되었다고 한다. 항상 근심과 걱정이 많고 조그만 스트레스에도 예민해지는 심리적 나약함을 갖고 있었던 그는, 5년 전부터 왼쪽 가슴에 통증과 답답함으로 인한 호흡 장애와 한숨 현상이 발생하였다. 그래서 정밀 심장 검사를 받아보았지만, 전혀 이상이 나타나지 않아 역류성 식도 때문으로 진단받았다고 한다. 환자는 역류성 식도염약과 함께 20년 이상 항우울제와 신경안정제, 고혈압약을 복용하고 있었다.

외래로 내원한 환자에게 EVA 검사를 한 결과 심장 근육에 담이 축적된 것이 확인되었고, 복진을 통해서는 위와 장에 심한 담적 상태를 관찰할 수 있었다. 혀의 상태를 보니 혀의 크기가 매우 작아져 있었고, 혀의 색은 자색으로 변성되어 있었다. 맥 상태도 매우 불안정했는데, 맥이 가늘고 덜덜 떨리는 맥상을 보였다. 이러한 한의학의 종합적인 검사를 통해 위와 장에 형성된 담 독소가 심장 근육으로 파급되어 심장이 굳어지면서 가슴이 답답하고 호흡 장애가 있었음을 알 수 있었다. 혀의 크기가 작아지고 자색이 된 것은 오랜 스트레스로 인해 심장이 심각하게 위축이 되어 혀로 혈액 공급을 제대로 시키지 못한 결

과이고, 자색이 된 것은 심장에 어혈이 존재하고 있는 것으로 판단하였다. 맥이 가는 것은 심장이 약한 탓이고, 떨리는 것은 심장이 약하여 심장 박동이 한꺼번에 이루어지지 않는 상태를 의미한다.

환자의 우울증은 선천적으로 심장이 약한 사람이 과도한 스트레스와 충격이 겹치면서 발생한 것으로 보이고, 위와 장의 담 독소로 인한 세로토닌 호르몬 분비 감소 등으로 악화된 것이었다. 두통 또한 담 독소가 머리에 파급된 결과이고, 전신 탈력감은 신경안정제나 항우울제의 지속적인 복용으로 간의 생리적 기능이 저하되어 발생한 것으로 판단하여 내원하자마자 우울증약과 신경안정제, 역류성 식도염약을 끊게 하고, 담적 치료와 함께 심장을 강화하고 심장 근육에 축적된 담 독소와 어혈을 제거하는 약물을 투여하기 시작했다.

이러한 치료로 금방 두통은 사라졌고, 숨이 편해지면서 가슴의 답답한 통증도 완화되었다. 심한 전신 탈력감은 항우울제와 신경안정제를 끊고 간 정화요법을 적용하여 해결하였다. 상태가 회복되는 등 이런저런 증상이 개선되다 보니 환자의 기분은 매우 좋아졌고, 자기도 모르게 우울증이 사라졌다고 말하였다.

치료를 3개월간 집중하면서 증상 대부분은 사라졌고, 특히 작아진 혀의 크기가 정상으로 회복되고 혀의 색도 핑크빛으로 변화되는 것을 성취할 수 있었다. 이는 심장 기능이 강화되어 스트레스를 이겨나갈 수 있는 능력이 생기고 심장의 나쁜 피가 제거되었음을 의미하는 것이다. 이 환자는 수십 년 동안 정신적 고통으로 시달렸던 과거의 삶을 딛고, 즐겁고 기쁜 새로운 삶을 누리게 되었다며 감동의 눈물을 흘렸다.

5
돌연사와 공황장애의 원인을 찾고 이를 예방하다

1) 돌연사

얼마 전 영화배우 김주혁 씨가 운전 중 갑자기 차량을 제어하지 못하고 근처 아파트 지하로 돌진하다 기둥에 부딪혀 사망하는 사고가 있었다. 국립과학수사원에서는 사망원인을 충돌에 의한 뇌 손상으로 결론내면서 심장은 정상이었다고 하였다. 그러나 필자는 충돌 이전에 이미 심장이 정지됐을 것으로 생각하고 있다. 상황을 목격한 주변 차의 운전자는 김주혁 씨가 가슴에 손을 얹고 고통스러워하는 모습을 보았다고 증언했는데, 이는 심장이 정지하여 의식을 잃고 핸들 위에 쓰러져 차를 제어하지 못했음을 추측할 수 있는 대목이다. 물론 이러한 추론이 사고 당시 과학적으로 검증되지 않은 가설에 불과하지만 적극적으로 검토해 볼 필요가 있다고 생각한다. 그것은 현대 의학적으로 원인 모르는 돌연사 환자가 우리 주변에서 급증하고 있기 때문이다.

돌연사는 일상생활을 하던 사람이 갑자기 사망하는 것으로 심장질환이 주된 원인이다. 질병관리본부의 통계에 따르면 2017년에 2만 명이 육박하는 사람이 돌연사 했는데, 이 중 30~40%의 사람이 전조증상이나 심장 정밀검사에서 아무 이상이 없다고 말하고 있다. 평소 건강에 문제가 없던 사람도 처음 발생한 심장 문제로 사망하는 경우도 있고, 심지어 환자가 목 이물감·가슴 쓰림 통증·가슴 답답함 등을 호소해도 심장 정밀검사에서 별 이상이 없어 역류성 식도염으로 치료하다 심정지로 사망하는 경우가 많다는 것이다. 그렇기에 심장 정밀검사에서 찾지 못하는 심장정지의 또 다른 이유는 무엇일까를 찾는 것은 중요하다.

위담한방병원에서 새롭게 밝혀낸 돌연사의 원인과 치료법은 다음과 같다.

심장 정밀검사(초음파, MRI, CT, 심전도 등)는 관상동맥, 판막, 심근, 심·내외막 등의 구조 및 기능 이상을 찾는다. 그러나 담 독소가 심장 근육에 축적되어 심장 근육이 굳어지는 현상은 찾아내지 못한다. 원인을 모른 채 심정지되는 돌연사의 또 다른 원인은 바로 심장 근육에 담 독소가 축적되어 심장 근육이 굳어져서 심박동에 장애가 온 것 때문이다. 위담에서는 이 질환을 심근경화병이라고 명명하였다. 심장 근육이 담으로 굳어지면 평소 가슴이 답답하면서 한숨을 자주 쉬고, 숨이 차는 호흡 장애와 빈맥 또는 부정맥, 그리고 목 이물감 내지는 목막힘과 가래 낌 증상과 함께 등(背)의 상부 근육이 굳어지면서 통증이 나타나게 된다. 그런데 이러한 증상을 호소하는 환자들 대부분이 심장 정밀검사 결과, 정상으로 나타나기 때문에 역류성 식도염으로 진단받아 치료를 하게 되지만 증상이 좋아지지는 않는다. 다행히 심장 근육 손상을 알 수 있는 유일한 기기인 위담의 EAV를 통해 심근경화병을 진단할 수 있게 되었고, 심장의 담 독소를 빼는 치료 기술 개발로 돌연사를 예방할 수 있는 길이 열리게 되었다.

2) 공황장애

공황장애란 생명의 위협을 느끼는 상황에서와 같은 신체 반응(공황발작)이 특별한 이유 없이 반복되는 질환이다. 공황발작이 시작되면 곧 죽을 것만 같은 공포감과 함께 호흡곤란, 어지럼, 졸도할 것 같은 느낌, 빈맥, 떨림, 식은땀, 가슴 통증이 20~30분 정도 지속되며 고통받는다. 또한 이를 경험한 사람들은 언제 또 이런 증상이 생길지 몰라 극도의 정신적 스트레스를 받으며 사람이 붐비는 곳에 가는 것을 두려워하는 등 심각한 사회생활 장애까지 겪게 되니 그 고충은 말로 다 할 수 없다.

불과 10년 전만 해도 일반인들에게 잘 알려지지 않았던 공황장애는 여러 유명인들이 겪고 있다는 소식이 전해지면서 잘 알려졌다. 공황장애로 병원을 찾는 사람도 급격히 늘게 되었는데 건강보험심사평가원에 따르면 2010년 5만 명에서 2019년 17만 명으로 9년간 3.4배의 빠른 증가세를 보였다. 남자보다는 여자 환자가 많으며, 20세부터 급증하여 40대에 가장 많은 수의 환자가 있다는 것도 특징이다. 안타까운 점은 고생하는 환자 수는 늘고 있지만 뚜렷한 치료방법이 아직은 없다는 것이다. 보통 증상을 처음 겪는 환자들은 심장이나 다른 신체에 문제가 생긴 것으로 생각하여 여러 가지 검사들을 반복해서 받지만 원인을 찾지 못하다 결국 정신과에서 공황장애 진단을 받게 된다. 정신과에서는 공황장애의 원인을 신경전달물질의 불균형, 뇌의 이상 등으로 보고 항불안제, 항우울제 등의 약물 치료를 한다. 그러나 30%

의 환자에게서는 이런 약물 치료가 듣지 않고 만성화되며 재발되는 경우가 많다는 한계가 있다.

위담한방병원에서 새롭게 밝혀낸 공황장애의 원인과 치료법은 다음과 같다.

공황장애로 진단받고 정신과에서 장기간 치료해도 호흡곤란과 가슴 통증으로 금방이라도 죽을 것 같고, 과도한 불안, 빈맥, 숨참, 식은 땀, 어지럼, 공포감 등 증상이 완전히 낫지 않아 위담한방병원에 내원하는 환자들을 진찰하면서 알게 된 공통적 사실은 이들 대부분이 급식(急食), 폭식, 과식, 야식 등 잘못된 식습관에 젖어 있거나, 과도한 스트레스와 과로에 시달리고 있다는 것이었다. 이를 뒷받침하듯 공황장애 환자 대부분 EAV상 담적증후군에 걸려 있었고 심장 근육의 이상과 간에 울화가 심한 것을 관찰할 수 있었다. 공황장애 원인에 대한 위담한방병원에서 알게 된 새로운 사실은 다음과 같다.

(1) **심장의 문제**(돌연사의 원인인 심근경화와 거의 동일함)
 - 위장에서 형성된 담 독소가 심장 근육에 끼면 전신에 혈액을 공급하는 심장박출 기능에 장애가 와서 이를 보상하기 위해 박동을 빨리 하게 되는 보상성 빈맥이 발생한다. 그래서 맥박이 빨리 뛰거나 부정맥, 호흡장애 같은 공황장애 현상이 생기는 것이다. 이뿐 아니라 심장에 담 독소가 쌓이면 심장 환경이 불결해짐으로 산소요구량이 증대되고 활성산소가 과잉 생성됨으로써 폐쇄 공간이나 산소가 부족한 환경에서 심장이 탁해지면서 한숨, 하

품, 어지럼, 가슴 답답의 증상이 발생한다.

(2) 지속적이고 강한 스트레스와 간의 문제
- 압박과 긴장, 분노 등의 스트레스가 반복되면 간장에 울화가 생긴다. 간장의 울화는 뇌하수체를 자극하여 콜티졸이나 카타콜라민 같은 독성 열성 호르몬을 과잉 분비하게 만들고 이러한 열성 호르몬들이 교감신경을 항진시킴으로써 빈맥과 흥분, 가슴 두근거림, 불안과 식은땀 등이 나타나게 된다.

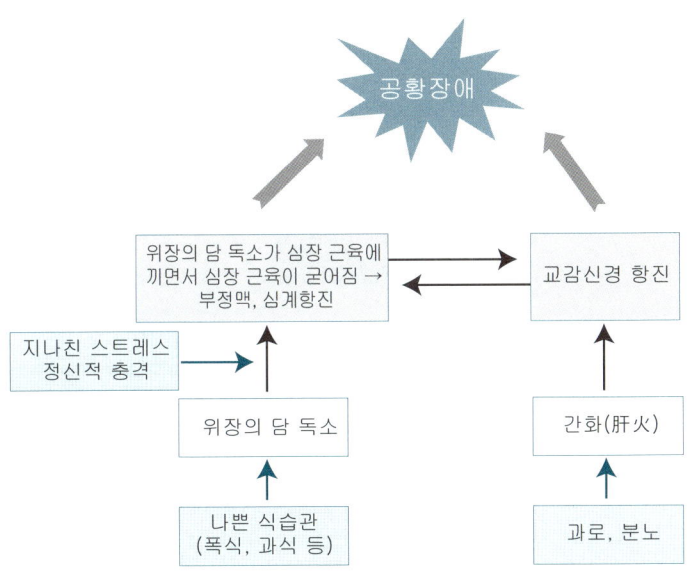

이러한 원리로 공황장애는 평소 급식, 폭식, 과식, 야식 등 잘못된 식습관으로 형성된 위장의 담 독소가 스트레스 등으로 심장이 약화된 사람의 심장 근육에 끼기 시작하면서 발생되는 것으로 요약할 수

있다. 이처럼 공황장애는 단순히 정신과적인 문제에 기인한 것이 아님을 알 수 있다. 물론 스트레스나 정신적인 요인도 관여되지만, 그 뿌리에는 그릇된 식습관으로 인한 담적증후군과 과도한 스트레스로 인한 간화 항진이 더 유력한 원인이라 볼 수 있는 것이다. 그러므로 담적을 제거하고 심장을 강화시키며 간장의 울화를 제거하면, 공황장애를 근본적으로 치료할 수 있는 길이 열리게 된다.

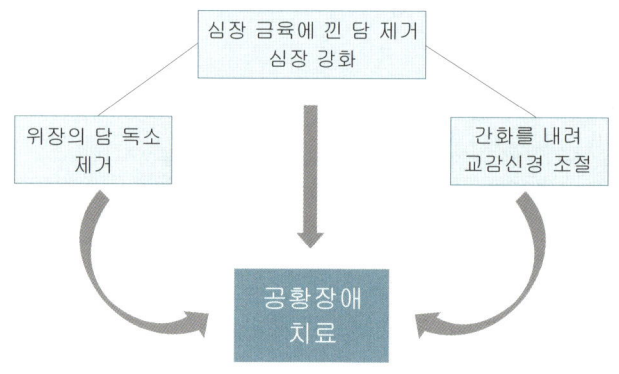

위담한방병원에서 치료받은 환자 사례 소개

1) 돌연사

• 조○○ M. 38세

주요 증상: 잘 체함, 가슴이 답답하고 조이는 통증과 숨참 및 호흡 장애와 함께 실신하는 현상이 최근 6개월 동안 2회 발생하여 응급실 호송됨.

📝 환자는 회사에서 과중한 업무에 시달리고 있었으며, 불규칙한 식습관과 일주일에 3회 이상 소주 2병 정도의 음주와 하루 한 갑 정도의 담배를 피우고 있었다. 항상 피곤함에 찌들며 살아왔다고 했는데, 최근 6개월 전부터 갑자기 소화 장애와 함께 음식만 먹으면 가슴에서 음식이 내려가지 않고 답답해지는 현상이 발생하기 시작했다고 했다. 늦게 회사 업무를 마치고 집에 돌아와 잠을 자려고 누우면 가슴이 답답해서 바로 눕지 못하고 옆으로 누워 잘 수밖에 없었고, 새벽에 가슴 통증과 함께 호흡 장애가 발생하여 응급실을 급히 찾게 되었다고 했다. 불안한 마음으로 심장 검사를 하였지만, 혈관이 막히거나 다른 심장 기관의 손상을 찾을 수 없어 정상으로 판명되었으며, 예방을 위해 고지혈증 약과 항혈전 약을 투여받았다. 이러한 약물 투여에도 불구하고 증상은 개선되지 않아 갑자기 죽는 것은 아닌가 불안해하며 본원 외래를 찾게 되었다고 한다.

EAV 검사 결과로 위와 장에 담적 현상과 심장 근육이 담 독소로 심하게 굳어져 있었고, 혈액 검사에는 이상이 없었지만 간의 기능이 현저히 저하되어 있음을 알 수 있었다. 환자는 담적 치료와 심장의 나쁜 피를 제거하는 요법과 함께 서양의학의 아스피린 성능을 지니면서 부작용이 없는 천연 추출 아스피린을 투여함으로써 증상이 모두 사라졌다. 4개월간의 담적 치료를 끝냈지만, 지속적인 천연 아스피린 복용과 함께 술과 담배를 끊고 규칙적인 식사와 당분간 회사 업무를 줄이면서 천천히 걷는 등의 운동요법을 권유하였다.

2) 공황장애

- 김○○ F. 37세

📝 **주요 증상**: 6년 전 심장 박동이 급격히 빨라지면서 호흡 장애와 심장 발작이 발생함. 이러한 증상 발생 이전부터 평소 더부룩하고 끊임없는 트림과 목의 이물감 등 각종 소화 장애로 고생하였음.

📝 환자는 상기 증상이 발생하여 심장 내과에서 각종 검사를 하였지만, 정상으로 나타나 정신과로 전과되어 공황장애로 치료받으면서 6년 가까이 약물 복용을 하고 있었다. 최근에 와서는 증상이 악화되어 본원에 내원하였다. EAV 검사와 복진 결과로 위와 장에 담적증후군이 있었고, 심장 근육이 굳어져 있는 심장 경화 상태와 함께 간장의 화가 항진되어 있었고, 맥 상태는 강하게 빨리 뛰면서 떨리는 현상을 발견할 수 있었다. 소화 장애가 심할 때 공황장애와 같은 증상이 발생했다고 했는데, 평소 인스턴트 식품과 과식, 야식, 면류 음식을 즐겼다고 했다.

맥상이 강하고 빠른 것은 간장의 화가 교감신경을 항진시킨 것이고, 맥이 떨리는 것은 심장의 근육이 굳어져서 한 번의 박동을 여러 번 나눠할 수밖에 없는 상황임을 나타낸 것이다. 외래 치료를 통해 공황장애 약을 끊고, 식습관의 조심과 스트레스에 대한 예민한 반응을 조정하는 호흡 방법을 가르쳐 주었다. 그리고 이와 함께 각종 담적 치료로 위와 장과 심장 근육의 담적을 제거하고 간화로 항진된 자율신경을 완화하는 약물을 투여하였다.

이러한 종합적인 치료 적용 2주 후부터 속이 풀리면서 답답한 가슴이 편해졌다고 하였다. 이후 3~4개월의 치료를 통해 소화 장애가 해결되었고 공황장애 현상은 나타나지 않았다. 특히 맥 상태가 정상으로 돌아와 음식 관리와 스트레스 관리만 잘하면 재발하지 않는다는 것을 확인할 수 있었다.

6
독한 약에 의존하는 류마티스 관절염을 양약 끊고 해결하다

　류마티스 관절염은 골관절염에 이어 만성 관절염 중 두 번째로 많은 질병으로 35~50세 사이에 가장 흔하게 나타나며, 남녀 비율은 1:3 정도로 여성에게 더욱 잘 생기며, 국내 유병률은 1% 정도로 추정된다. 류마티스 관절염에 걸리면 우리 몸의 면역세포가 자기 몸의 세포를 이물질로 오인해 공격하여 파괴시키는데, 주로 양쪽 팔다리 관절을 공격해 만성 관절염을 초래한다. 이를 적절하게 치료하지 않으면 2년 후에 환자의 70%는 손발 관절에 변형이 일어나며, 10년 후면 환자의 50%에서 일상생활 장애를 갖게 되고, 20년 후면 60% 이상의 환자가 활동성이 떨어지면서 기본적인 신체 움직임만 가능하거나 모든 활동에 도움이 필요한 처지에 이른다.

　류마티스 관절염에 대한 역학조사를 살펴보면, 발병한 지 평균 2년이 넘어서 치료를 시작했고, 이로 인해 환자 10명 가운데 7명 정도가 제때 치료를 받지 못해 다니던 직장을 그만두었다고 한다. 직장을 그만두면서 생겨나는 생산손실액은 연간 1조 원에 달한다고 하니 참으로 무서운 질병이다. 또 병이 오래되면 각종 감염병, 심혈관 질환, 림프종 등 합병증 발생률도 증가해 평균 수명이 7~10년 정도 줄어든다.

하지만 대부분의 자가 면역 질환이 그렇듯이 류마티스 관절염의 경우도 발병 원인이 다 밝혀지지 않은 상태이며, 병을 완치시키는 치료제나 예방법은 없어 증상만 완화시키는 치료가 이루어지고 있다. 그리고 장시간 약물 치료로 인해 위장관 출혈과 궤양, 혈소판 응집, 오심, 간 기능 이상 등의 부작용 또한 존재한다.

위담한방병원에서 새롭게 밝혀낸 류마티스 관절염의 원인과 치료법은 다음과 같다.

이런 류마티스성 관절염과 관련해 한의학에서는 대부분의 관절염을 내과적 질환으로 인식하며 접근하고 있다. 전신 관절에 공급되는 혈액이 탁해지면, 탁하고 오염된 혈액이 관절에 축적되어 관절 자체 내에서 세균이나 바이러스 등이 증식하여 자가면역적현상이 발생되면서 지속적인 염증 손상이 진행된다는 것이다.

혈액이 오염되고 탁해지는 이유는 한의학적으로 여러 원인을 제시하고 있으나, 역시 위장관에서 형성된 담적 독소를 제일 중요한 요인으로 꼽는다. 실제로 다발성 전신관절 환자에게 담적 독소를 제거하는 요법을 적용한 결과, 빨갛게 붓고 염증이 진행되던 관절이 스테로이드를 끊어도 완화되는 것을 볼 수 있었는데, 잘 낫지 않는 관절염도 바르고 절제된 식이요법과 함께 담적 치료를 하면 근본적 치료의 길이 열릴 수 있을 것이다.

위담한방병원에서 치료받은 환자 사례 소개

- 신○○ F. 68세

📝 **주요 증상**: 20여 년 지속한 관절염, 어지럼증, 두통, 오심, 구토

📝 몸무게 72kg의 고도비만인 환자는 20여 년 전부터 전신 관절이 붓고, 통증이 심해 잘 걷지도 못했다. 관절 문제만이 아니라 수년 전부터 어지럼증과 두통, 오심, 구토 등이 병발하여 많은 검사와 치료를 받고 있다고 했다. 그러나 관절염과 고지혈증 외에는 뇌와 위장 등 아무 이상을 발견할 수 없었고, 이런저런 신경과와 내과 치료를 하고 있지만 개선되지 않고 증상은 더욱 악화하고 있었다.

환자는 평소 거의 씹지 않을 정도로 빨리 먹고, 폭식과 육류를 즐겼으며, 소화가 너무 잘되고 입맛이 좋아 마구 먹어대는 생활을 했다. 진료실을 찾은 환자에게 EAV 검사와 함께 설문지 작성과 복진·설진·맥진 등을 검진하였으며, 그 결과 위장 신경이 마비되어 소화 잘되는 담적증후군으로 진단되었다. 오래되고 증상이 심각하였기 때문에 입원 치료를 통해 수일간의 단식요법과 함께 담적 제거 치료를 시행하였다. 관절염약을 위시해서 그동안 복용하던 고지혈증약과 신경과 약을 끊었고, 담적 한약과 불결한 복부 환경을 좋은 토양으로 변화시키는 임독맥 온열요법과 간정화 요법, 그리고 담 독소로 맷돌같이 굳어진 담적 덩어리를 제거하는 아로마 고주파와 초음파 치료를 집중적으로 적용하였다.

2주 정도 지나면서 어지럼증·두통·구역감은 사라졌고, 퇴원해서 4주 후 체중 감소와 함께 관절염약을 끊었는데도 그렇게 아프고 붓던 관절 증상들도 견딜 만하게 되었다고 했다. 이후 지속적인 치료로 8kg의 감량과 함께 몸도 가벼워지면서 관절 증상이 거의 소실되었다고 했다. 환자는 특히 감사한 것은 독한 스테로이드 제제를 복용하지 않아도 됐다고 하면서 감사를 표했다.

7
동맥경화의 원인은 콜레스테롤만이 아니었다

동맥경화증으로 인한 혈관 이상은 전 세계적으로 중요한 사망 원인이다. 동맥경화증에 의한 성인 사망률은 미국과 일본은 약 50%이고 한국은 약 35%이다. 또한 동맥경화증은 혈관이 75% 이상 막히는 경우에만 증상이 생기기에 대부분 증상이 없다가 혈전이 생기거나 동맥경화 부분이 파열됨으로 증상이 갑자기 나타나는 경향이 있다. 그러므로 증상이 없다 하여 안심할 수 없는 질환이다.

동맥경화의 발생과 진행을 초래하는 원인에 대해서는 아직 명확하게 밝혀진 것이 없으며, 이미 진행된 동맥경화증을 호전시키는 방법 또한 없어 고지혈을 억제하거나 아스피린 계통의 약을 사용하는 정도이다. 동맥경화증이 발생하면 동맥이 좁아지거나 혈관 탄력이 감소되어 고혈압, 중풍, 전신혈액순환장애, 각종 심장질환 등이 발생한다.

위담한방병원에서 새롭게 밝혀낸 동맥경화의 원인과 치료법은 다음과 같다.

서양의학에서는 동맥경화 주원인을 콜레스테롤로 설명하는데, 동맥경화의 직접적인 원인은 담 독소가 더 유력하다. 담 독소는 축적되는 곳이 어디든, 근육계든 림프계든 혈관이든 예외 없이 굳어지는 변성을 일으키기에 뇌혈관까지 침범하여 굳게 하고 탄력을 떨어뜨릴 수 있다. 또한 담 자체가 플라크를 만드는 음식 부패물과 같은 것이므로 이것이 혈관에 계속 쌓여 혈관을 좁게 만들 수 있다. 혈관의 탄력이 떨어지고 굳어지며 좁아지면 갑자기 오르는 피의 압력을 혈관이 이겨 내지 못해 결국 혈관 손상이 오게 된다. 그러므로 담적증후군 치료와 함께 혈관벽이 굳어지는 다른 원인들을 제거하면 동맥경화를 예방하고 치료할 수 있다. 치료법을 정리하자면 아래와 같다.

① 위와 장 담적증후군 치료
  - 담 독소 제거
② 혈관벽에 혈액 공급 촉진
  - 심장 기능 약화로 혈관벽이 혈액 공급을 받지 못해 핍혈 현상 내지는 괴사가 되어 굳어짐
③ 혈관벽에 뮤신 공급
  - 혈관의 탄력은 콩팥의 진액 공급을 원활히 해야 이루어지는데 콩팥이 약해지면 혈관벽에 윤활유를 공급하지 못해 딱딱하게 굳어짐

위담한방병원에서 치료받은 환자 사례 소개

• 김○○ F. 69세

주요 증상: 뇌출혈 이후 15개월 이상 의식불명 지속됨

대학병원에서 뇌출혈 진단을 받고 수술 후 15개월간 입원 치료를 했지만 겨우 목숨만 건졌을 뿐, 전혀 호전이 없어 본원에 입원한 69세의 여자 환자가 있었다. 이 환자는 입원 당시 의식도 없고, 팔다리를 전혀 움직이지 못해 마치 돌부처 같은 모습이었다. 한방의 중풍 재활 요법을 적용하였으나 꼼짝 않는 팔다리는 전혀 움직일 기색을 보이지 않았다. 그렇게 한 달여 정도를 허비하던 와중에 환자에게서 담적이 심하다는 것을 확인하고, 중풍에 대한 약을 쓰지 않고 담적 치료를 시도하였다.

오래전부터 지독한 변비를 앓고 있었다는 환자는 담적 치료를 적용하자마자 엄청난 양의 배변을 하였고, 이후 손가락과 발가락이 움직이면서 말도 중얼중얼하기 시작했다. 중풍 발생 15개월 이상이 지나서 의식불명과 운동 불능 상태에서, 그리고 중풍 발생 6개월 이내에 증상이 개선되지 않으면 비가역 상태가 되어 회복되지 않는다는 점을 고려한다면 2~3개월간의 재활 치료와 담적 치료를 병행한 결과는 실로 놀라운 것이었다.

그녀는 사람들을 알아보기 시작했고, 손을 겨드랑이 높이까지 들어 올릴 수 있게 되었다. 특히 재산이 많았던 환자가 유언만이라도 할

수 있게 해달라고 애원했던 자녀들의 소원이 이루어지게 되었다. 종합적으로 살펴볼 때 그녀는 오랜 기간 변비로 장 미들존에 담적 독소를 쌓아놓고 살았다는 것을 알 수 있었다. 실제로 이 환자는 80kg에 육박하는 심한 복부비만 상태였다. 이러한 장 미들존에 축적된 담 독소가 전신 혈관과 뇌혈관에 동맥경화를 초래하여 중풍이 발생하였고, 뇌 신경 세포, 그리고 팔다리의 근육에 담 독소가 쌓여 의식 장애 및 운동 장애가 나타난 것이다.

담적 치료를 통해 손상되고 경화된 혈관이 부드러워지면서 혈액순환이 촉진되었고, 뇌세포와 전신의 담 독소를 제거하면서 의식과 함께 운동의 개선이 이루어질 수 있었던 것이다. 기존 의학에서 고혈압, 중풍과 심장병의 가장 큰 요인을 동맥경화로 지목하고 있고, 동맥경화는 주로 콜레스테롤에 의해 유발된다고 주장하고 있지만 이처럼 담 독소가 관련되어 있음을 증명할 수 있는 좋은 예가 되었다.

마음에 꼭 새겨 두어야 할 **한마디**
: 폭식, 과식, 야식, 급식(急食)으로 생긴 음식 부패물인 담(痰)이 만병의 뿌리이다.

5

CHAPTER

한국교회를 치료하는
의사를 꿈꾸다

하나님은 한국사회에서 신뢰를 잃고 영향력도 잃었으며
미래를 잃어가는 한국교회 문제의 원인을 깨닫게 하셨고,
이를 해결할 수 있는 솔루션을 가르쳐 주셨다.

1
한국교회의 문제를 찾던 중, 라면 5개 먹는 28세 여자 환자를 보내 주시다

1) 죽어가는데 증상이 없는 병

크리스천 모임에서 종종 현재 한국교회의 문제를 의학적으로 어떤 병에 비유할 수 있느냐는 질문을 받곤 했다. 흥미로운 질문이었다. 독자들은 어떻게 생각할지 궁금하다. 나는 이 문제를 내내 곰곰이 생각했다. 질병을 찾아 그 병을 치료하듯 한국교회 문제를 치료한다면, 교회 회복의 구체적인 길이 열리겠다는 생각에서였다.

어떤 질병에 비유할 수 있을까. 중풍일까? 하지만 마비와는 좀 달랐다. 교회는 멈추지 않고 돌아가니까. 그럼 비만일까? 그렇지 않았다. 최근 교인 수가 줄고 있음에도 문제가 해결된 것 같지는 않다. 그럼 암일까? 암이라면 얼마 못 살 텐데, 그렇다고 한국교회가 곧 소멸할 것으로 보이진 않는다. 딱히 적당한 질병이 떠오르지 않았다. 이렇게 고민을 하던 중 28세의 여자 환자가 내원했다.

얼굴에 여드름이 심각한 28세 여성 L이 병원을 찾아왔다. 여드름만 심한 게 아니었다. 두통에 어지럼증, 우울증이 나타났고, 전신 피로가 너무 심해 직장까지 그만두었다고 했다.

EAV(몸의 기능 이상과 독소 상태를 점검하는 한방 진단기기)로 검사해 보니, 위장 외벽에 문제가 있었다. 위장 외벽에 담(痰)이라는 독소가 다량으로 축적되어 심각한 담적증후군 결과가 나왔다.

우리는 이 환자가 호소하는 두통과 우울증 같은 현상 문제를 치료하지 않고, 질병의 뿌리인 '담적'을 제거하는 치료를 적용했다. 치료 3주쯤 지나자 여드름을 비롯한 대부분 증상이 현저히 좋아지는 경과를 보였다.

그런데 말끔해진 얼굴로 내 방을 찾은 L은 항의를 했다.
"원장님, 여드름도 완화되고 두통, 어지럼증도 없어져 몸은 가벼워졌는데 왜 소화가 안 되죠? 저는 원래 소화 하나만은 자신이 있었는데, 치료 부작용 아닌가요? 치료받기 전엔 밤에 라면 다섯 개 먹고 자도 소화가 잘됐고, 스트레스라도 받으면 혼자서 밥을 거의 반 솥 먹어도 끄떡없었는데, 치료받은 후엔 조금만 더 먹어도 소화가 되지 않으니 어찌 된 일이죠?"

물에 빠진 사람 건져줬더니 보따리 달라는 격인가? 엄청난 과식과 폭식을 해도 소화가 잘됐던 L에게 나는 이렇게 설명했다.

"L 씨, 이제 위장이 정상적인 반응을 하면서 몸을 보호하기 시작했네요. 이제 몸이 건강해질 테니 걱정하지 마세요. 소화가 안 되는 것은 나쁜 현상이 아니고 건강을 위해 그만 먹으라는 위장의 반응이니 반드시 음식을 조절하세요.

내가 생각하는 참된 의학이란 증상만 없애는 것이 아니다. 몸의 병적인 시스템을 개선하여 전체적인 건강을 개선시켜 건강한 반응이 일어나도록 돕는 것이다. 토머스 맥큐언은 자신의 저서 《의학의 한계와 새로운 가능성》에서 증상에만 집중하는 현대 의학의 문제점을 지적했다. "의학 연구와 의료의 방향은 잘못되어 왔다. 왜냐하면 의학의 연구가 건강에 대한 잘못된 가정 아래 이루어져 왔기 때문이다. 의학은 내적인 조작을 통하여 인체를 단지 질병과 증상으로부터 벗어나게 하는 것만을 건강의 조건으로 간주해 왔다." 그래서 의학계는 현상 치료가 아니라 병의 뿌리를 찾아 제거해 몸의 건강한 반응을 회복시키는 나의 담적 의학에 주목하고 있다.

유사한 예의 또 다른 환자가 있다. 뚱뚱하고 건장해 보이는 50대 남자 J가 지인의 소개를 통해 우리 병원을 방문했다. EAV로 검사한 결과 역시 위장 외벽에 담(痰) 독소가 축적된 담적증후군에 걸린 것으로 나타났다. "위장 때문에 중풍이 올 수 있으니 앞으로 소식하고 음식 조절을 잘해야 합니다"라고 설명하자 J는 '거짓말하지 말라'는 투였다. 자기 위장은 너무 좋아 돌도 소화할 정도라며, 아무리 많이 먹고 빨리 먹어도 소화 안 된 적 한 번 없노라고 항변했다.

결국 J는 담적 치료를 거부하고 급식과 폭식, 과식을 일삼았다. 다음해에 J는 결국 중풍에 걸려 갖은 고생을 하다 사망하고 말았다. 안

타까운 일이다. 이처럼 막 먹어도 소화 잘되고, 체력도 좋아 평소 건강을 자신하는 사람들이 갑자기 중풍이나 심근경색 같은 큰 병을 앓는 일들을 우리는 흔히 볼 수 있다.

치료해 줬더니 옛날 자기 밥통 돌려달라고 투정 부린 L과 중풍 환자 J에게서 일어난 현상을 보면 보편적 의학 상식으로는 이해가 안 되는 몇 가지 의문점이 있다. 첫째, 이 환자 말대로 밤에 라면을 다섯 개나 먹고 밥을 반 솥이나 먹는데도 소화가 잘된다는 게 정상적인 일일까? 아무리 강한 위장을 타고났어도 이 정도면 벌써 체했거나 속이 아파 못 견뎌야 정상이다. 둘째, 위와 장의 독소를 빼냈을 뿐인데 왜 직접 치료하지 않은 여드름이나 두통, 우울증까지 사라졌을까? 셋째, 중풍으로 사망한 환자도 소화불량 증상이 나타나 음식을 조심했더라면 중풍에 걸리지 않고 건강하게 살 수 있지 않았을까?

우리 주위에는 L과 J처럼 방부제, 식품첨가제 등의 독소가 있는 음식을 과다하게 섭취할 뿐 아니라 폭식, 과식을 일삼으면서도 소화를 잘 시킨다고 자신하는 이들이 있다. 그러나 이런 경우에는 중풍, 심근경색, 당뇨, 피부질환, 두통, 어지럼증 등 질병으로 고통스러운 노후를 보내는 경우가 많다. 이들을 통해 분명 위장 속은 음식 찌꺼기의 독소로 손상되고 있는데, 소화불량 증상이 전혀 없고 대신 몸은 심각하게 망가지는 이상한 병이 존재한다는 사실을 발견하게 되었다. 이 같은 이상한 병태가 한국교회 문제와 흡사할 수 있겠다는 판단이 들었다.

2) 마구 먹어도 소화가 잘되는 이유는?

A와 B가 농약이 들어간 음식을 먹었다고 가정하자. 그런데 같은 음식을 먹었는데도 두 사람의 증상은 다르게 나타날 수 있다. A는 음식을 먹고 복통과 구토를 하면서 다 토해냈고, B는 큰 증상 없이 잘 견뎠다. 어느 쪽이 더 건강한 반응일까? 농약까지 소화시킨 B가 더 건강하지 않느냐는 엉뚱한 사람도 있지만, 두말할 것도 없이 A는 안전하지만 B는 생명을 잃게 된다. 몸을 해치는 독성 물질이 들어왔는데도 이를 감지하는 신경이 모르고 있다면 큰일 날 일인 것이다.

위장에 유해물질이 들어올 때 위장 신경계가 어떻게 대처해 나가는지를 살펴보면 매우 흥미롭다. 해로운 물질에 맞서 몸을 보호하기 위해 신경계는 뇌와 합작하여 경보 시스템을 구축하는데, 위장의 경보 시스템은 치밀한 채널을 갖추고 있다. 그 과정은 다음과 같다.

1단계
"유해물질 또는 과도한 음식이나 세균 침입!"
– 위장 점막의 신경세포, 면역세포가 유해물질을 발견하여 즉시 위장의 내장 신경에 전달한다.

2단계
"알았다!"
– 미들존(위장 점막 이면 조직)에 있는 내장 신경이 받은 정보를 모니터한다.

> **3단계**
> "응급으로 사령부에 보고하겠다."
> – 모니터한 정보(가령, 유해물질의 침입 또는 음식이 너무 많이 들어왔다)를 외인 신경을 통해 뇌에 전달한다.

> **4단계**
> "지금부터 증상이 시작될 것이다!"
> – 뇌는 몸 전체의 면역과 영양 상태를 체크하여 종합 대책을 강구하고 실행 명령(가령, 유해 물질을 배출하려고 하니 위장을 쥐어틀고 구토를 일으켜라. 또는 음식이 너무 많이 유입되었으니 체하게 하거나 소장과 대장을 열어 설사를 시켜라)을 위와 장에 내린다.

이처럼 위장 경보 시스템은 잘못된 식사나 유해물질 유입 때문에 생긴 독소들이 몸으로 파급되지 않도록 한다. 그리고 몸을 지키기 위해 독소가 들어오면 각종 증상을 만들어낸다. 체하고, 토하고, 아프고, 설사하는 등의 증상은 몸을 지키기 위한 경고 또는 보호 신호인 것이다.

이처럼 위장 내에는 잘 발달된 신경 경보 시스템이 있어서 위장으로 과도한 음식물이 들어왔는지, 아니면 독소가 함유되어 있는지, 너무 급하게 먹어 소화 안 되는 고형물질이 포함되어 있는지 등을 판단하여 잘못된 식사에 의해 파생된 독소들이 몸으로 공급되지 않도록 경비를 한다. 그런데 이러한 몸 지킴이 방법이 바로 뇌와 협조해서 각종 위장 증상을 만드는 방식으로 수행하는 것이다. 즉, 체하고, 토하고, 아프고, 설사하는 등의 증상은 섭취한 음식으로부터 많은 독소가 형성되어 몸을 손상시킬 수 있다는 것을 위장의 내장 신경계가 판단하여 뇌에 알림으로써 발현되는 보호 사인인 것이다.

이제 경보 시스템의 중요성을 깨달아야 한다. 더부룩하다든지 통증이나 구토, 설사 등과 같은 위장 증상이 나타나면 이러한 증상은 우리 몸을 위해 매우 중요한 증상이고, 몸이 위험하다고 위장이 말하는 것임을 깨달아야 한다. 거기까지 먹으라는 것이고, 그 음식은 위험하니 조심하라고 위장의 주인인 우리에게 알리는 것이다.

위장의 경보 장치가 고장 나는 이유는 급식, 폭식, 과식, 독소가 함유된 음식의 섭취 등으로 위장 내에 독소들이 내장 신경에 쌓이면서 신경이 변성되기 때문이라 보고 있다. 일단 위장의 내장 신경이 독성 음식을 통해 변성되면 이때부터는 음식의 좋고 나쁨을 거의 판단하지 못하게 되고, 독성이 포함된 음식물에 대해서도 무조건적인 OK 사인을 보내게 되는 것이다.

2
한국교회의 핵심적인 문제를 찾아내다

1) 육체의 위선병, 담적증후군

앞장의 내용을 통해 우리가 알 수 있는 새로운 사실은, 속은 썩어 가는데 소화는 멀쩡한 위선적 형태의 질환이 있다는 사실이다. 실제 중풍에 걸려 대소변을 받아내야 하는 환자들을 보면 비만자가 많고, 대체로 어떤 음식도 가리지 않고 잘 먹고, 왕성한 체력을 가지고 있어 건강을 자신하던 사람들이다.

그렇게 건강을 자신하던 사람들이 왜 한순간에 무너지는 것인가? 그것은 바로 그들의 위장 신경이 마비되었기 때문이다.

마비된 신경은 경보 기능을 잃는다. 따라서 막 먹어도 소화가 잘된다. 소화가 잘되니 환자는 계속 과식하거나 폭식한다. 결국, 과잉된 담이 혈관과 뇌에 파급되어 고혈압과 동맥경화, 그리고 중풍을 만든 것이다. 위장이 약해서 소식하며 마르고 골골한 사람들이 건강하게 장수하는 경우가 많고, 빨리 먹고, 폭식, 과식하는 사람들이 덩치는 크고 체력도 좋지만 오히려 오래 살지 못하는 현상도 바로 이런 이유에서다. 결론적으로 위장에 이상 증상은 없는데 속에서는 큰 병이 진행되는 병, 곧 몸의 위선병이 가장 무서운 '증상 없는 병'이다.

이제 경보 시스템이 제기하는 증상의 의미를 깨달아야 한다. 더부룩하다든지 통증이나 구토 등이 나타나면 그만 먹으라는 것이고, 그 음식을 조심하라고 위장이 우리에게 알리는 것이다. 이처럼 우리 몸에는 증상 발현을 통해 큰 병을 예방하는 중요한 기능이 존재하고 있다.

(1) 증상은 하나님의 선물

우리 몸은 스트레스나 음식, 각종 세균, 과로 같은 외부 인자에 반응하고 적응하며 살아가는데, 외부 인자로 인해 몸이 손상될 것 같으면 증상을 나타내면서 문제가 진행되는 상황을 알려준다. 이처럼 증상을 통해 우리는 몸에 이상이 있음을 알게 되고, 덕분에 조심하거나 치료를 받게 된다.

그런데 간혹 몸은 손상되는데 증상이 나타나지 않는 경우가 있다. 증상이 없으면 병을 인지하지 못하기 때문에 죽어가는 줄도 모르게 된다. 이런 의미에서 증상은 치료하라고 우리를 깨워 주는 알람과 같다.

외부에서 균이 들어오면 열이 나고, 과식하면 체하고, 독성이 있는 음식을 먹으면 설사와 구토가 일어나고, 과로하면 몸살이 나는 것은 이런 '증상'을 통해 나쁜 균이 들어왔음을 알려주는 것이고, 너무 많이 먹어 위장과 몸이 부담되고 있다는 것을 경고하는 것이며, 몸에 무리가 왔으니 좀 쉬라고 권고하는 것이다. 우리는 이러한 증상에 순응하여 균을 이기기 위한 조치를 하고, 음식을 조심하고, 휴식을 취하여 질병의 진행을 막고 몸을 보호하게 되는 것이다. 이런 의미에서 증상은 큰 병을 미연에 막기 위해 은혜로 주신 하나님의 생명 지킴이 장치이다.

(2) **치유받을 수 없는 병**

설명한 바와 같이, 치유받을 수 있고 없고의 조건이 증상의 발현 여부에 달려 있음을 알 수 있다. 한의학 고서 '환가십조'(患家十條) 편을 보면 치료할 수도 없고, 또 치료해 줘도 안 되는 환자에 대한 지침이 나온다. 의사 입장에서 치료 대상을 구분한다고 말하면 오해받을 수 있지만, 이 지침의 요지는 환자가 의사를 불신해서 의사의 사려 깊은 판단을 따르지 않는 경우를 말했다고 할 수 있다. 겉으로 뚜렷한 증상은 없지만 숨어 있는 심각한 문제를 의사가 찾아내는 것이다. 그리곤 큰 병의 위험을 우려해 치료를 권고하거나 조심하도록 경고하는데, 오히려 과잉진료로 오해하거나 무시하는 환자가 있어 이런 말이 나오는 것이다. 비견하자면, 예수님이 바리새인들을 용서해 주시지 않고 심판하신 것과 같은 맥락일 수 있다.

사람들은 한국교회의 심각한 문제를 지적하는데 당사자들은 아무 문제 없다고 자평하면서 치유에 대한 노력을 기울이지 않는다면, L과 J 같은 중환자가 치료를 거부하는 현상이 한국교회에 재현되고 있는 것은 아닐까?

2) 영혼의 위선병, 바리새인 증후군

한국교회 문제 핵심은 육체에서 진행되는 위선적 모습과 일맥상통함을 알게 됨 → '영혼의 위선병' 명명 → 바리새인 증후군

바리새인은 어떤 사람들인가? 잠시 그들을 살펴볼 필요가 있다. 우리는 바리새인에 대한 비판을 당연시한다. 그들이 매우 악독한 사람들이라는 선입견을 갖고 있기 때문이다. 하지만 따지고 보면 그들은 그렇게 나쁜 신앙인이 아니다. 그들은 거짓말도 안 하고, 누구보다 경건하고, 신앙생활에 전력을 다했다. 그리고 삶과 종교생활을 둘로 나누지 않았고, 존경받을 만큼 품위도 있었다. 철두철미하게 십일조를 하고, 율법에 어긋나는 일을 절대 하지 않으려 했다. 잘 가르치고, 기도와 말씀에도 능통했다. 오늘날 이들보다 더 나은 교인이 없을 정도이다. 이런 그들이 심판을 받으리라 누가 상상이나 하겠는가?

이렇게 당대의 존경을 한 몸에 받은, 그리고 가장 경건한 종교인이라 할 수 있는 바리새인과 서기관들을 주님은 신랄하게 비판하신다. 그들의 신앙생활을 '회칠한 무덤'에 빗대어 비판하시고, 심판의 대상으로 지목하셨다. 주님은 입버릇처럼 "화 있을진저 외식하는 서기관들과 바리새인들이여"라며(마 23:13, 15, 23, 25, 27, 29) 당대 높은 양반들이었던 그들에게 심하게 욕을 하시고, 거칠게 행동하셨다. 이에 그치지 않으시고 "너희가 어떻게 지옥의 판결을 피하겠느냐?", "독사의 자식들아, 누가 너희에게 다가올 징벌을 피하라고 일러주더냐?"라고 저주를 하셨다. 심지어 주님은 "이 백성들의 마음이 완악하여져서 그 귀는 듣기에 둔하고 눈은 감았으니 이는 눈으로 보고 귀로 듣고 마음으로 깨달아 돌이켜 내게 고침을 받을까 두려워함이라 하였느니라"(마 13:15; 막 4:12; 사 6:10)라고 악담까지 하셨다. 말씀인즉, '네가 회개해서 구원받을까 봐 걱정된다'고 하신 것이다.

사랑의 주님이 이렇듯 거칠고 상식을 벗어난 기이한 행동을 하시자 사람들의 마음은 불편했다. 그러나 이를 통해 심판자의 분노를 읽을 수 있고, 주님께서 치를 떨 정도로 싫어하시는 죄질이 무엇지 확연히 알 수 있다. 심판자가 이 땅에 내려오셔서 심판 모델을 직접 현세에서 보여주신 첫 사례라 할 수 있는데, 놀랍고도 무서운 실례가 아닐 수 없다.

3) 치유받기 어려운 죄가 있다

바리새인의 예를 통해 사람들이 생각하는 일반적인 죄의 기준과 심판자이신 주님의 죄 기준에 어떤 다른 점이 있는지와, 주님의 기준이 무엇인지 살펴보자.

> "세상에는 두 종류의 인간이 있다. 자신을 의인이라고 생각하는 죄인과 자신을 죄인이라고 생각하는 의인이다."

파스칼의 말이다. 창녀와 세리는 온통 죄인의 모습이지만 그들에게는 자신의 내면이 더럽다는 자각이 있었고, 그래서 그것을 용서받고 치유하고자 하는 간절함이 있었다. 바로 이러한 가난한 영혼이 심판자에게는 용서와 구원의 조건이 된다. 겉으로 나타난 죄질은 바리새인보다 훨씬 더러웠지만, 죄에 대한 자세가 달랐다.

반면에 바리새인은 율법을 잘 지키고, 교회생활도 철저히 잘했기 때문에 자신은 경건하고 성실한 교인이고 하나님의 선택된 백성이라 자부하며, 죄 없는 사람인 양 행동했다. 회개할 줄 몰랐다. 겉만 보고 속사람을 보지 못하는 것은 위장의 점막만 보고 점막 속은 보지 못하는 내시경의 한계로, 숨어 있는 큰 병을 찾지 못한 것과 같은 이치이다.

이처럼 우리 대부분은 진짜 속을 보지 못한다. 그러다 보니 겉만 치장하고 속은 잘 관리하지 않는다. 바리새인도 그랬다. 그러나 주님은 그들의 겉이 아닌 속을 보신 것이고, 그 속엔 미움과 정죄와 이기와 탐욕이 가득했고, 사람 생명 귀한 줄 모르고, 회칠한 무덤 같은 모습이 그들의 진면목이었음을 간파하셨다.

이를 통해 주님께서 생각하시는 죄 중의 죄는 바로 속은 썩고 있는데 겉만 치장하고, 회개하지 않는 위선병임을 알 수 있다. 그렇다. 죄에 대한 자각과 이를 치유받고자 하는 간절한 마음이 용서와 구원에 이르는 필수 조건이고, 속은 썩었는데 자각하지 못해 겉만 번지르르한 경건으로 위장한 채 회개하지 않는 것이 심판으로 가는 길인 것이다. 이것은 마치 증상이 없어 속 썩는 줄 몰라 방치하고는, 갑자기 큰 병이 생기는 육체적 위선병인 담적증후군과 흡사하다 할 수 있다.

육체의 위선병이 신경세포의 마비 때문이었다면, 영혼의 위선병은 영혼의 양심이 마비됐기 때문이다. 영적인 양심이 마비되어 자기네들이 영적으로 무엇이 잘못되어 있는지도 모르고 심판자로부터 심판받는, 그런 웃지 못할 상황이 되었다.

이를 통해 우리가 깨달아야 할 것은 아무리 교회에서 경건하고 훌륭한 사람이라도 그 안에 생명과 사랑의 마음이 없고, 죄에 대한 의식이 없다면 바리새인이 되는 것은 시간문제라는 사실이다. 바리새인의 예는 우리에게 중요한 반면교사가 될 수 있다. 세상이 판단하는 죄와 하나님께서 판단하시는 죄의 기준이 확연히 다르다는 것을 유념해야 한다.

비록 우리가 겉으로는 창녀나 세리같이 더럽고 악한 짓은 하지 않더라도 혹시 바리새인같이 경건한 척하는 모습을 갖고 있는 것은 아닌지 살펴봐야 한다. 그리고 구원받기 위해 열심히 노력하더라도 삶에서 자칫 악의 속내를 극복하지 못해 위선으로 치닫고 있지는 않은지, 그래서 종내는 위선병에 걸려 심판을 면치 못하지는 않을지 경계해야 한다.

4) 한국교회 위선 증후군

K권사는 최고 대학을 나온 재원이고, 상당한 엘리트 의식이 있는 사람이다. 다소 깐깐한 면이 있긴 하지만, 반듯하고 깔끔해서 남한테 피해 안 주고 매사에 경우가 밝아 많은 교인들로부터 괜찮은 사람으로 인정받고 있다. 훌륭한 구역장이며 교회에서 존경받는 리더이기도 한 K권사는 새벽기도도 거르지 않고, 헌금생활에도 철저하다. 성경 지식도 출중하다. 그러나 K권사의 삶으로 좀 깊이 들어가 보면 겉보기와는 전혀 다른 그녀의 모습에 놀라게 된다. 몸의 위선병인 담적증후군도 위장 점막만 봐서는 모르고 점막 깊이 들어가서 알아냈듯이, 그리고 심판자가 발견한 바리새인의 영적인 병도 겉의 경건한 모습이 아니라 내면이었듯이, 성도라고 자처하는 우리도 겉보다 속을 들여다봐야 질병 유무를 알 수 있다.

우선 K권사는 가족과 소통이 잘 안 된다. 가족들은 K권사와 가까이 하지 않는다. 훈계와 지적이 많고 완벽한 성격 탓에 그들은 K권사를 부담스러워한다. 심지어 K권사의 남편은 "네가 믿는 교회, 난 절대로 안 간다"라고 말할 정도이다. 특히 며느리는 평소 시어머니와 말을 잘 섞지 않는다. 전화해서 간혹 서로가 받으면 슬쩍 전화를 끊기도 한다.

주님은 K권사를 어떻게 생각하실까? 주님은 훌륭한 교인의 겉모습이 아닌 교만, 미움, 시기, 정죄, 질투의 내면을 보고 계실지 모른다. 그래서 가족으로부터 배척되는 것에 안타까워하실 것이다. 일부 한국교회가 세상으로부터 배척되듯이 말이다. 아무튼 주님은 K권사가 교회의 일원일 뿐, 예수님의 DNA를 지닌 진정한 그리스도인이라 생각지는 않으실 것이다.

K권사의 모습은, 물질이 풍부하고 문화, 교육, 생활환경 등 모든 조건이 다 잘 갖춰진 오늘날 일부 교인들의 자화상일지 모르겠다. 우리 주위에서 흔히 볼 수 있는 이러한 모습은 아이러니하게도 교회 활동을 열심히 하고 경건해 보이는 사람들에게서 더 잘 나타난다. '좋은 대학 나오고 집안 좋은, 강남 지역 교회의 열성 권사 집안에는 절대 시집가지 말라'는 풍설이 떠도는 것도 이를 반증한다. 대체로 우리는 무난한 교회생활을 하고, 겉으로 비난받을 만한 행동만 안 하면 괜찮은 신앙인이라고 여기면서 능숙한 교인으로 지낸다. 이처럼 겉으로는 교인다운 경건한 모습이지만 속은 바리새인 같은 위선의 모습이 현재 우리 안에 깊이 자리 잡고 있다.

또한, 골고다 십자가 아래에서 예수님의 겉옷을 취하기에 바빴던 로마 병사와 같은 모습이 오늘 우리에게서 재연되고 있다. 주님의 겉모습만 좋아라 사진 찍고, 주님의 중심에는 들어가지 않는 '짝퉁' 성도가 양산되고 있는 것이 복음과 사랑은 입술과 머리뿐, 눈곱만큼도 마음과 수족(手足)에 없으면서 그리스도인이라고 자처하는 우리 자화상은 가식과 위선의 얼굴뿐이다.

아예 주님의 백성이 아니라고 하면 우리 때문에 주님의 얼굴이 훼손당하지나 않을텐데, 교인들이 기독교를 사랑의 종교라고 떠들어대면서 세상 사람들보다 더 험한 행동을 하니까 사람들은 방어막 치고 아예 문을 닫아 걸은 것 같다. 복음 전도하는 것이 점점 어려워지고, 주님의 지상 명령인 '세상을 진리와 사랑과 생명으로 변화시키는 일'이 더 어렵게 되어가고 있다. 그래도 교회가 열심히 복음 전도를 해서 불쌍한 영혼을 구원하고 있다고 반론을 펼 수도 있겠으나, 한편으로 '짝퉁 성도'를 만들고 교세 확장에만 힘 보태는 건 아닐지 자문해 보아야 한다.

5) 주님이 싫어하시는 위선 증상을 찾아라

"나더러 주여 주여 하는 자마다 다 천국에 들어갈 것이 아니요 다만 하늘에 계신 내 아버지의 뜻대로 행하는 자라야 들어가리라 그날에 많은 사람이 나더러 이르되 주여 주여 우리가 주의 이름으로 선지자 노릇 하며 주의 이름으로 귀신을 쫓아내며 주의 이름으로 많은 권능을 행하지 아니하였나이까 하리니 그때에 내가 그들에게 밝히 말하되 내가 너희를 도무지 알지 못하니 불법을 행하는 자들아 내게서 떠나가라 하리라"(마 7:21-23).

오늘날 일부 한국교회에 주님께서 끔찍이 싫어하시는 문제가 있다면 어떤 것일까? 예상컨대, 분명 우리 생각과 다를 것이다. 목회자의 성추문인가? 그렇게 보일지 모르지만, 주님의 심판 전례를 보면 반드시 그렇진 않다. 물론 이것은 큰 죄이고 마땅히 사회적으로도 정죄 받아야 하지만 지은 죄에 대해 진정으로 회개하며 주님 앞에 나아간다면 용서받을 수 있는 치유의 대상이다. 그러면 살인 사건일까? 아니다. 주님은 살인을 저지른 십자가의 강도도 용서해 주셨고 얼마든지 선하게 인도할 능력을 갖추고 계시다. 교회에서 행해진 폭력이나 공금 유용이나 횡령도 마찬가지이다.

일일이 열거할 수 없을 만큼 많은 사건들 때문에 사회가 교회를 조롱하며 비판 수위를 높여가고 있고, 그동안 쌓아 왔던 아름다운 영광과 명예는 땅에 떨어져, 그리스도인이라는 것이 수치스러운 분위기가 조성된 것도 사실이다. 결코 묻어둘 수도 없고, 세상에선 심판 받아야 할 중죄들이다. 그러나 선악의 주관자이신 주님은 이들 죄들도 회개하면 얼마든지 용서할 수 있는 대상으로 여기신다.

그러면 어떤 문제들이 이들 죄보다 더 무서운 심판 대상이 되는 것일까? 2천 년 전 팔레스타인에서 예수님이 우리에게 직접 보여주셨던 바리새인 심판 사건으로 추적해 볼 수 있다. 이를 통해 죄 중의 죄, 주님께서 용서할 수 없는 최악의 병은 바로 양심이 마비되어 회개할 줄 모르는 영혼의 위선병인 것이다.

6) 우리의 위선적 자화상

한국교회의 어떠한 문제들이 위선병에 속한다고 할 수 있을까? 선을 가장한 악을 찾기란 지극히 어려운 일이지만 바리새인에게서 드러난 위선의 병태를 분석하면 가능하다. 바리새인들의 행태를 통해 주님이 가장 싫어하시고 저주스럽게 여기시는 위선 병태의 특징을 살펴보자.

먼저, 주님은 줄곧 바리새인의 외식을 심하게 비판하신 바 있다. '겉과 속이 다른 회칠한 무덤'의 모습이 용서할 수 없는 죄임을 알려주신 것인데, 주님이 외식을 싫어하시는 이유는 외식하는 자들은 회개하기 어렵고, 그래서 치유의 자리에 나갈 수 없는 치명적 결점을 지니고 있기 때문이다. 이는 앞서 말한 '몸은 썩는데 위장 신경의 마비로 증상이 없는 육체의 위선병'과 일치하는 병태이다.

위장의 신경마비는, 영적 신경에 해당하는 양심(良心)이 마비된 것과 같은 것이어서, 바리새인들이 주님의 비판과 지적에도 불구하고 스스로 옳다 하면서 오히려 주님을 공격하는 행태가 나오는 것이다. 이것은 오늘날 '말씀 따로 삶 따로'의 우리 모습과 잘못을 지적해도 스스로 옳다며 오히려 공격하는 일부 교인들의 모습과 같다.

그리고 율법의 겉만 취하고 율법 속에 함유된 생명성을 간과한 율법주의에 치우쳐, 사랑할 줄 모르고 생명 귀한 줄 모르는 바리새인의 마음을 싫어하셨다. 이것은 '생명과 이웃 사랑이 없는 교회주의'에 빠진 한국교회의 모습과 같다. 이 병태를 주님이 싫어하시는 이유는 하나님 나라는 교리가 아니고 사랑이며 생명인데, 이러한 하나님 나라의 본질을 왜곡하고 변질시켰기 때문이다.

또한 바리새인들은 자기들만 경건하고 선택된 백성이라며 이방인들을 배척하고 정죄하였으며, 성과 속을 분리하는 이분법적 죄를 저질렀다. 이는 세상의 변화는커녕 세상과 분리된 오늘날 한국교회의 모습과 같다. 주님이 이 병태를 싫어하시는 이유는 이 땅을 향한 하나님의 범인류적 구원사역을 제한하기 때문이다.

그뿐만 아니라 주님은 성전을 뒤엎으시면서 '물질주의와 탐욕'에 물든 교회 모습을 개탄하셨는데, 이는 '물질적 목회와 영적·물질적 이기주의'에 빠진 한국교회 목회자 모습과 같다.

7) 위선병의 6가지 유형

여기서는 앞서 제시한 위선병에 이르는 6가지 유형의 병적 증상들에 대한 비근한 실례를 들겠다. 이유는 이들 증상은 모든 교회와 교인들에 해당하는 것이 아니고, 일부의 문제일 것이라고 생각하기 때문이다. 그렇지 않은 분들께는 양해를 바라면서, 함께 치유하고자 하는 마음으로 임해 줬으면 좋겠다. 내용 가운데는 당장 위선 상태는 아니라도 위선에 이를 수 있는 전조 증상도 함께 실었고, 믿지 않는 이웃, 친척, 동료, 가족, 언론이 지적한 문제들도 소개했다. 이 증상들은 한국교회의 질병 원인을 분석하고 치료책을 찾는 데 중요한 임상 자료가 될 것이다.

[유형1] 말씀 따로 삶 따로

* 교회에서는 말씀 지식을 자랑하면서 교회 밖에선 세상 사람과 별 차이가 없다.

* 술, 담배 안 하고 주일 성수, 십일조 생활, 말씀과 기도 생활, 교회 직분만 열심히 하면 최고의 신앙인으로 자부한다. 하지만 이웃 사랑과 세상을 변화시키라는 주님의 중대 명령엔 무관심하다.
* "우리 사장이 교회 장로라는데, 우리 직원들 대하는 것 보면 영 아니에요."
* "우리 마누라, 집안일을 교회 일만큼만 하면 나도 교회 다니겠다."

[유형2] 속은 썩는데, 겉만 치장하는 위선적 신앙

* 말투만 들어도 그리스도인이라는 것을 금방 알 수 있을 정도로 경건하지만, 속마음은 미움과 질투와 교만이 가득하다.
* 교회 안에서는 존경받는 직분자이지만, 사회에선 비리와 악덕 기업주로 소문났다.
* 불쌍하고 어려운 사람을 위한 자리에서 경쟁적으로 기도하며 생색내지만, 진정으로 그들을 위하고 사랑하는 마음은 없다.
* 교회의 각종 행사와 사역에 늘 바쁘고, 깊고 은밀한 기도와 말씀 깨달음에 시간을 내지 못한다.

[유형3] 양심의 마비와 변성

* 삼척동자도 판단할 수 있는 담임목사의 비리와 거짓을 감싸고 옹호한다.
* 옹호하는 정도가 지나쳐 명백한 잘못을 지적하는 사람들을 오히려 고소하며 죽이려 든다.
* 분명히 잘못된 길을 가는데도 담임목사와 교회를 지켜야 한다며 폭력, 재판, 폭언 등으로 사투를 벌인다.
* 자기 죄엔 관대하고, 남들에게만 엄격한 신앙 기준과 논리를 따지

는 비판과 정죄의 달인들(자기 들보는 더 큰데, 남의 허물과 실수는 말씀을 인용해 가며 정죄한다.)

[유형4] 목회자의 세속적 권위주의와 기복 신앙

* 교회를 일사불란한 체계로 운영하기 위해 권위적, 독재적, 비민주적 조직 관리도 불사한다.
* 신유의 능력을 자랑하며 이를 교세 확장과 건축에 이용한다. 주님보다 목사가 영광을 취한다.
* 교회 주인은 주님과 성도들인데, 일단 교회 건물을 세우면 목사가 평생 교회 주인 행세한다. 심지어 아들에게 담임목사직을 물려주면서 원로목사로서 교회를 장악한다.
* 교회는 세상과 다른 거룩한 곳이어서 교회 재정은 초법적이어도 된다는 논리를 편다.
* 교인들의 영적 세계를 건축할 생각은 않고, 교인 수 늘리고 교회 건물 건축하는 일에만 신경 쓴다.
* 개신교 연합단체의 끊이지 않는 금권선거 논란

[유형5] 사회 변화에 무능력한 교회 이기주의(교회의 공공성 상실)

* 오직 교회 내 사역과 운영에만 매달리게 하면서 이웃 사회에 관심이 없고, 사회에서 하나님의 백성으로서 감당해야 할 빛과 의의 행동을 가르쳐 주거나 훈련하지 않는다.
* 교회 일이라면 열 일 제쳐두지만, 집안일이나 이웃과 사회 일엔 아랑곳하지 않는다.
* 천국 진리와 빛으로 어둠의 세상을 변화시킬 의지도, 능력도 없다.
* 타 종교를 폄하하고 공격적 언행을 서슴없이 자행한다. 그러나 사

랑과 구원의 복음은 남 무시하면서 공격하라고 주님께서 주신 것이 아니다.
* 교회 건물 잘 짓고, 교인들 북적거리고, 담임목사가 인기 좋으면 할렐루야 아멘. 그러나 불쌍한 이웃에겐 관심이 적다.
* 교회 안에서도 약한 지체들을 돌보지 않고, 지체들의 어려움을 함께 나누지 않는다.

[유형6] 사랑 실종

기독교는 사랑의 종교라고 말한다. 하지만 최근 한국교회의 이기적인 모습과 사랑 없는 기독교인들의 삶을 보면서 한국교회를 위선집단이라고 생각하는 사람들이 많다.

* 어떤 그리스도인은 하나님의 사랑이 무엇인지 그 개념과 실체를 모른다. 기독교의 핵심 강령이 사랑인데, 의사가 의학을 모르는 것과 마찬가지다.
* 하나님의 사랑을 실천할 엄두가 나지 않아, 누구도 가르치거나 훈련하지 않는다. 중요하기 이를 데 없는 '이웃을 내 자신과 같이', '원수를 사랑하라'는 말씀을 빼먹고 가기 일쑤다.
* 자기 편에게만 관대하고, 남에겐 사랑 없는 그리스도인들이 너무 많다. 하나님 아버지가 욕먹을 일이다.
* 이웃의 실수나 잘못을 감싸거나 도와주지 않고 정죄한다. 하지만 자기는 매일 사랑으로 용서해 달라고 주님께 기도한다.

3

위선의 원인은 바로 하나님의 핵심가치가 하나님 자녀에게는 없기 때문이다

한국 교회 문제에 대한 교계의 분석은 다양하게 제시되는 것 같다. 자주 제시되는 것 몇 가지만 살펴보면 '말씀대로 살지 못해서 그렇다', '세속적 물질관 때문이다', '목회자의 자기 갱신이 없기 때문이다' 등을 들 수 있다. 그러나 이러한 주장은 틀린 지적은 아닌데 막연하거나 지엽적이어서 근본 해결에 도움이 안 된다. 한국 교회의 문제의 핵심원인은 무엇일까? 이를 찾아내야 해결의 길이 열릴 것이다.

▲프랑스 보물

▲중국의 모작

▲ 피카소의 1932년 작
'나신, 관엽식물과 흉상'
약 1186억 원에 낙찰

도움이 되기 위해 한 예를 들어보자. 두 개의 모나리자 그림이 있다. 하나는 프랑스 보물이고 하나는 중국의 모작이다. 두 그림의 가격은 얼마일까? 참고로 피카소의 1932연작 '나신, 관엽식물과 흉상'은 약 1186억 원에 낙찰되었다. 그렇다면 레오나르도 다빈치의 '모나리자'는 얼마일까? 정답은 '값을 매길 수 없다'이다. 얼마를 주더라도 그 가치를 담을 수 없다는 것이다. 그렇다면 똑같아 보이는 중국의 모작은 얼마일까? 3만 원이면 구할 수 있다.

겉으로 보기엔 거의 똑같은데 전문가의 평가는 왜 이렇게 하늘과 땅 차이일까? 진품에는 작품 속에 원 작가가 쏟아부은 작가의 영혼과, 시들지 않는 깊은 맛과 나날이 새로움을 드러내는 생명력이 깃들어 있는데, 겉만 베낀 모작에는 이런 것들이 없기 때문이다. 겉만 비슷할 뿐 속은 죽어있는 것이다.

이러한 양상이 오늘날 한국 교회 모습과 비슷할 수 있다. 우리에게 무엇이 없는 것일까? 그것은 바로 원 작가인 하나님의 핵심가치인 생명, 진리, 사랑이다. 하나님의 자녀인 우리가 내면에는 생명, 진리, 사랑이 없고 겉만 경건한 척하는 그리스도인이라는 것이다.

온전한 생명이란 하나님께서 만드신 인간의 생명이 영만이 아닌 혼과 육 모두 흠 없이 온전케 되는 것을 말한다. 진리란 하나님과 말씀 안에서 자유함을 누리는 것인데, 죄의 속박과 삶의 멍에에서 벗어나는 것이다. 하나님의 사랑이란 공동체를 아름답게 하고, 세상을 변화시키며 사탄을 이기는 섭리로써 일반적으로 생각하는 아가페 사랑과 차원이 다르다. 하나님의 이 세 가지 핵심가치가 한국 교회에는 부족하다. 그래서 겉옷만 취한 로마 병사처럼 예수님과 동떨어진 모습이 곧 한국 교회의 현주소라 볼 수 있다. 이 세 요소를 충실히 실현해 가면 '세속적', '위선' 등의 문제는 저절로 사라지고 참 하나님의 나라가 우리 삶 가운데 임하게 되는 것이다.

▲로마 병사에게는 무엇이 없는가?

WHO는 건강의 진정한 의미를 "단순히 몸이 약하거나 병에 걸리지 않은 상태가 아니라 육체적, 정신적, 영적, 사회적으로 모두 안녕한(wellbeing) 상태"로 정의하고 있다. 단순히 육체의 건강만을 이야기하지 않고 영적, 정신적 건강도 고려하고 있다는 점이 주목할 만하다. 이처럼 하나님께서 인간을 영·혼·육의 존재로 지으셨기에, 온전한 생명이란 이들 모두가 건강한 상태를 의미한다. 창조주로서 피조물을 향한 제일의 뜻도 바로 여기에 있다. 그렇기에 하나님의 모든 명령과 율례, 즉 진리는 생명을 온전케 하는 길로 우리를 이끈다.

한국 교회와 교인들의 생명 실태는 어떠할까? 대다수가 영의 무지와 한계 안에서 불완전한 정신(지·정·의)과 다양한 육체적 질병에 시달린다. 그리고 공동체의 생명은 미움과 시기와 질투와 비판으로 균형과 조화를 상실한 상태이다.

그렇다면 영·혼·육이 온전하다는 것은 무슨 의미일까? 온전한 영의 상태에서는, 영의 세계를 볼 줄 알고, 성령과 악령의 일들을 구분할 줄 아는 영적 지혜를 지닌다. 악한 영과의 싸움에서 이길 힘이 있으며 죄의 길에 빠지지 않고 악의 길에 들어서지 않는다. 성령님과의 깊은 교제 가운데 영적으로 충만하기 때문이다.

온전한 혼의 상태에서는 지(知)도 온전하여 세상 지식은 물론 하나님과 말씀을 아는 지식이 충만하다. 또한 정(情)도 온전하여 화를 낼 만한 상황에서도 온유하고, 겸손하다. 미움, 시기와 질투를 품지 않고 늘 담대하고 평온하다. 먹음직, 보암직, 탐스러움 등 유혹에도 흔들리지 않는 심지 굳은 믿음을 지닌다.

온전한 육의 상태에서는, 적당하고 지속적인 운동과 자세 관리로 근골이 튼튼하며, 혈액순환이 잘 되고, 혈액과 림프액이 맑고 깨끗하다. 신경이 너무 둔하거나, 예민하지 않고 정확한 판단력과 평안을 유지한다. 코티졸, 카타콜라민과 같은 독성, 열성 호르몬이 과잉 분비되지 않고 대신 세레토닌, 도파민 등의 좋은 호르몬도 알맞게 분비된다. 끝으로 음식 섭취를 조심하기 때문에 위와 장에 담 독소가 없어 속이 청결하고, 좋은 미생물이 서식하게 되면서 대사, 해독, 면역이 증진된다.

"진리를 알지니 진리가 너희를 자유롭게 하리라"(요 8:32).

"예수께서 대답하시되 진실로 진실로 너희에게 이르노니 죄를 범하는 자마다 죄의 종이라"(요 8:34).

"수고하고 무거운 짐 진 자들아 다 내게로 오라 내가 너희를 쉬게 하리라"(마 11:28).

진리의 삶이란 스스로 수도해서 진리의 도를 깨달아 가는 것을 의미하는 것이 아니라 앞서 언급했듯이, 하나님 자체이고 말씀인 진리 안에서 죄의 속박과 인생의 멍에로부터 자유롭게 되는 것을 말한다. 우리는 모두 죄악된 감정, 즉 탐욕·분노·두려움·교만·시기·미움·좌절·우울 등에 속박되어 있다. 누군가가 나를 공격하고 손해를 끼치면 분노, 미움의 감정이 자동으로 솟구친다. 또한, 세상에서 성공하면 자랑하고 싶고 교만한 감정을 억누를 수 없다. 이는 사탄이 우리 내면에 심어 놓은 감정 프로그램 방식으로 코드화되어 있기 때문이다. (아래 그림 참조)

그러나 우리가 진리인 말씀을 순종하여 삶에 적용하고, 진리이신 성령 하나님과 함께하면 이런 감정으로부터 자유로워지고 하나님께 속한 기쁨·희락·화평·평강이 있는 능력의 삶으로 거듭날 수 있다. 손양원 목사님께서 아들이 죽임당한 상황에 처했을 때도 평안과 감사의 고백을 하고, 원수 같은 가해자를 아들로 삼을 수 있었던 것이 바로 하나님 안에서 자유함을 누린 결과인 것이다.

〈죄악된 감정으로부터 자유함의 예〉

스트레스 환경	사탄이 심어 놓은 반응	성령 안에서 자유함
나를 공격하고 손해 끼침	분노, 미움	온유
세상 성공, 돈, 명예, 권력	교만, 자랑	겸손, 절제
슬픔, 좌절, 실패	두려움, 우울	희락, 평안
수많은 유혹	탐욕, 흔들림	악의 길에 들어서지 않음

또한, 인생의 멍에로부터의 자유는 일이나 삶의 부담을 예수님께 내려놓으므로 자유로워지는 것이다. 살면서 닥치는 이런저런 부담스럽고 어려운 일들과 파도같이 밀려오는, 피할 수 없는 과제들 때문에 바윗덩어리처럼 무거운 인생을 진리이신 예수님과 성령님과 함께 헤쳐나가라는 것이다. 이는 현실의 상황은 매우 어렵지만, 상황 뒤에 계시는 하나님의 도움의 손길을 믿음의 눈으로 확인하고, 하나님과 멍에를 같이 지고자 하는 믿음의 행동을 의미한다.

내 인생의 모든 상황에 함께 하시는 하나님을 볼 수 있는 영안을 가지고 반드시 도우실 것이라고 확신한다면, 삶의 무게가 훨씬 가벼워질 뿐 아니라 모든 일이 선한 결과로 이어질 것이다. 이처럼 일에 대한 부담과 두려움을 내려놓고 자신이 해야 할 일에 최선을 다하고, 더 나아지고 바르게 하기 위해 노력하는 것, 이것이 진리로 자유함을 얻는 비결이다.

하나님의 사랑을 실천하지 못하면?

"우리는 형제를 사랑함으로 사망에서 옮겨 생명으로 들어간 줄을 알거니와 사랑하지 아니하는 자는 사망에 머물러 있느니라"(요일 3:14).

"이러므로 하나님의 자녀들과 마귀의 자녀들이 드러나나니 무릇 의를 행하지 아니하는 자나 또는 그 형제를 사랑하지 아니하는 자는 하나님께 속하지 아니하니라"(요일3:10).

기독교의 핵심인 사랑을 하지 않으면 천국에 가지 못하고 지옥에 간다는 것이다. 사랑을 갖추지 않으면, 아무리 신앙생활을 열심히 해도 하나님의 자녀가 아니고 마귀의 자녀라는 것이다. 사랑은 그리스도인이 반드시 갖춰야 할 최고의 가치이자 필수 덕목이다.

한국 교회와 교인들의 사랑 실태를 생각해보자. 사랑의 종교인 기독교가 사랑을 실천하지 못해 세상으로부터 이기 집단으로 낙인이 찍혀있다. 왜 이렇게 되었을까? 우선 하나님께서 말씀하시는 사랑의 개념이나 실체를 알기 어렵고, 하나님의 사랑을 실천하기 어렵기 때문이다(원수를 사랑하라, 네 이웃을 네 몸과 같이 사랑하라 등).

하나님 사랑의 개념과 실체는 무엇인가? 하나님 사랑에 대한 대표적인 주제를 다음 3가지로 탐색하면 하나님 사랑의 개념과 실체를 파악할 수 있다.

1)
"내가 내게 있는 것으로 구제하고 또 내 몸을 불사르게 내줄지라도 사랑이 없으면 내게 아무 유익이 없느니라"(고전 13:3).

내 몸을 불사르게 내주는 것은 최고의 아가페적 사랑이다. 그러나 이 말씀을 통해 하나님의 사랑은 차원이 다른 무엇인가가 있음을 알 수 있다.

2)
"새 계명을 너희에게 주노니 서로 사랑하라 내가 너희를 사랑한 것 같이 너희도 서로 사랑하라 너희가 서로 사랑하면 이로써 모든 사람이 내 제자인 줄 알리라"(요 13:34-35).

사랑은 율법이다. 즉, 사랑은 해도 되고 안 해도 되는 일종의 선택 사항이 아닌 천국 백성이라면 반드시 지켜야 하는 계명이며, 다른 어떤 계명보다 첫째라는 것이다. 사랑을 왜 감정이 아닌 율법 차원에서 강조하셨는지 그 이유와 하나님의 뜻을 살펴보면 하나님 사랑의 핵심을 찾을 수 있다.

사랑을 율법이라 강조하신 이유는 무엇인가? 사랑은 하나님께서 만드시고 세우신 피조물들, 즉 인간의 생명과 교회, 사회와 같은 공동체, 자연과 우주가 가장 아름다운 생명성을 구현하기 위해 반드시 필요한 생명 원리라는 것이다. 하나님의 사랑을 실천하지 않으면 모든 유기적 공동체가 분열과 파괴로 갈 수 있다는 것이다. 즉, 하나님의 사랑은 인간 생명과 자연 지킴의 원리인 것이다. 그래서 율법적 차원에서 다룬 것이다.

결론적으로 사랑은 인간, 자연, 우주, 교회, 기업, 가족 모두 온전한 생명 유기체로 세워나가는 생명 법칙이다. 생명을 온전케 하고, 공동체를 아름답게 하는 섭리가 사랑이다. 생명 섭리의 근본정신이요, 나보다 전체를 살리는 공동체의 정신인 것이다. 이러한 생각으로 사랑을 실천하면 당신은 이미 사랑의 인물이 되는 것이고 '너희가 내 안에 내가 너희 안에 거하면 무엇이든 구하라 그리하면 다 이루리라'는 인간 최고의 경지에 오르는 것이다.

3)
"사랑하는 자들아 우리가 서로 사랑하자 사랑은 하나님께 속한 것이니 사랑하는 자마다 하나님으로부터 나서 하나님을 알고 사랑하지 아니하는 자는 하나님을 알지 못하나니 이는 하나님은 사랑이심이라"(요일 4:7-8).

'하나님은 사랑이시다'라는 하나님의 사랑이 크고 많다는 뜻이 아니다. 즉 하늘만큼, 땅만큼의 양(量)적 의미가 아니다. 동시에 조건적이거나 상대적이라는 의미도 아니다. 다만 하나님의 본질, 하나님 자체가 사랑이라는 뜻이다. 따라서 본질이 사랑이신 하나님의 모든 말씀과 그분의 행하심 역시 사랑일 수밖에 없다.

우주와 자연을 비롯한 피조물의 운영 섭리, 인간을 향한 모든 하나님의 뜻과 계획이 사랑을 바탕으로 이루어짐을 의미한다. 그래서 구약과 신약 시대에 나타난 하나님의 행동 양태를 분석하면 하나님 사랑의 특징과 실체를 알아낼 수 있다. 구약시대에 나타난 하나님의 사랑을 생각해 보자.

여리고 성 함락 당시 그들을 하나도 남기지 말고 다 죽이도록 하심, 아간의 실수를 봐주시지 않고 이스라엘 병력이 죽도록 벌하심, 이스라엘 민족이 육체적 향락과 부패에 빠졌을 때 수많은 이스라엘 백성을 죽이심 등 하나님은 사랑이시다는 말이 무색할 정도로 잔인하고 매정한 면을 볼 수 있다. 이는 죄에 빠져 헤어 나오지 못할 것을 방지하시기 위함이었다. 그리고 이스라엘 백성을 전염병과 기근에 죽고 칼로 도륙당하고 사방으로 흩어지게 하셨다. 이방인이나 바벨론보다 예루살렘을 심판하셨다. 자기 백성에게 더 엄격하신 하나님은 이방 가운데 이스라엘을 '열방의 빛'으로 삼으시기 위함이었다(한국 교회를 세계 선교 중심으로 삼기 위해 더 엄격히 벌하실 수 있음을 예상해야 함).

하나님은 자녀들이 우상을 섬길 때 질투하시고 맹렬히 분을 내신다(출 20:5). 질투의 하나님은 하나님보다 다른 것이 우선순위가 되면 멸망으로 가는 것을 경계하신다. 징벌과 질투는 오직 선이며 진리이고 생명이신 당신만 따르게 하는 것이 사는 길이기 때문에 불가피한 것이다. 징벌 속에도 긍휼과 용서가 준비되어 있고, 끝내는 바른길로 가도록 하시는, 결국 하나님의 사랑은 인간을 선으로 이끌고, 진리를 수호하며, 생명을 온전케 하기 위한 하나님의 방식이고 섭리이다.

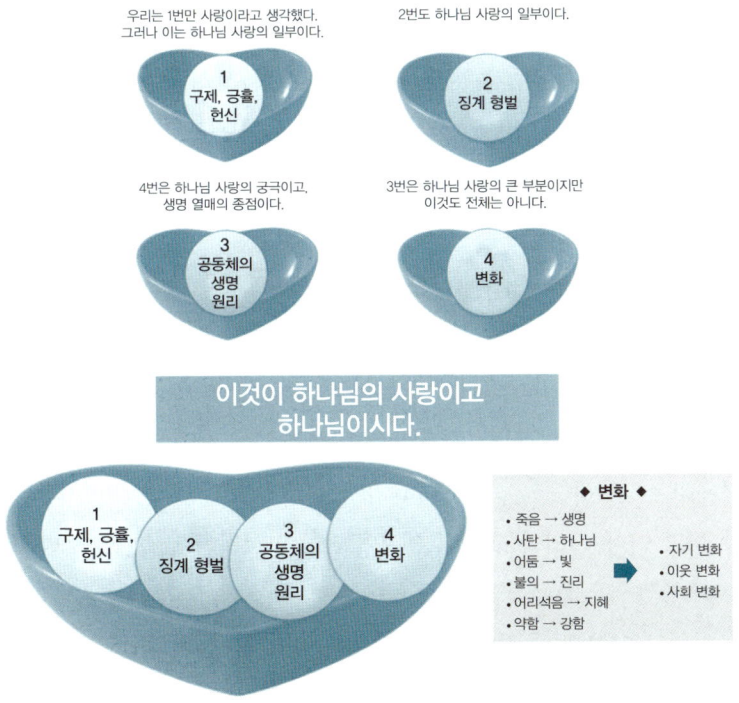

4
교회에서의 말씀 양육의 오류를 제기하다

한국교회의 문제 중 가장 큰 사항인 '말씀 따로, 삶 따로'의 원인은 무엇일까? 그것은 바로 교회 안에서의 교육과 훈련 방식의 오류와 이분법적인 사고 때문이다. 교육과 훈련의 가장 큰 잘못은 말씀이 머리에만 주입되고, 가슴과 몸에는 주입되지 않는다는 점이다. 이처럼 영·혼·육의 전인적 양육이 이루어지지 않는 것은 생명의 통전성(統全性)을 이해하지 못한 결과이다.

먼저 원인을 분석하라

왜 말씀이 삶으로 이어지지 못하는가? 신앙은 단순한 학습이 아니다. 깨달음을 통해 하나님의 말씀을 체득하기 위해 부단히 훈련하고 적용하는 또 하나의 삶이다. 따라서 신학적으로 지식에만 머무는 신앙은 그 안에 진리와 생명이 없을뿐더러 위선적인 모습만 강화한다.

기독교 교육과 훈련의 오류를 요약하면, 첫째, 하나님의 말씀은 세상 지식과 차원이 다른 심오한 도(道)인데 어려서부터 암기와 시험 잘 보기 위해 공부해 온 교육방식에 젖어 하나님 말씀을 교리적으로만 인식했다. 세상 지식과 차원이 다른 심오한 도(道)인 하나님의 말씀을 기존 교육방식인 평면적이고 지식적인 뇌 위주 학습(뇌만 있고 몸이 없는 교육)을 한 것이다. 둘째, 하나님의 말씀은 영·혼·육 모두를 온전케 하도록 설계되어 있는데 말씀을 영 위주에 치우쳐 해석하고 적용했다. 셋째, 신앙은 학습이 아니고 부단한 깨달음과 훈련과 적용을 통해 변화되는 것인데 교회 사역에만 매달려 바쁜 삶을 살아왔다.

하나님의 말씀을 교리와 지식에만 머무르게 해서는 안 된다. 머리로만이 아닌 마음과 몸에까지 이입해야 한다. 이를 위해서는 하나님의 말씀을 통전적으로 해석하여 만든 커리큘럼과 입체적 훈련 방식을 개발해야 한다. 말씀을 통전적으로 해석하면 말씀이 단순히 영적인 영향뿐 아니라 육체를 건강하게 하고 마음과 정신을 바르게 한다. 말씀을 교리적으로만 해석해서 한계가 있었던 전인 건강의 삶으로 이끌 것이다.

그리고 입체적 훈련 방식을 적용하여 말씀을 뇌만이 아닌 가슴과 몸에까지 입력시켜야 한다. 그러면 지식과 이론으로만 알고 인격과 삶의 변화로 이어지지 않았던 위선의 모습을 버리고, 배운 말씀이 행동으로 드러나는 참 크리스천상이 실현될 것이다.

통전적 해석을 시도하라

말씀에 대한 통전적(統全的) 해석을 생각해 보자. 어떠한 기독교 교리나 사상도 인간의 생명보다 우선한 가치는 없다. 하나님의 말씀엔 처음부터 끝까지 피조물의 온전한 생명성을 구현하기 위한 뜻이 담겨 있어, 영과 혼과 육 모두에 영향을 주면서 인간의 생명을 온전케 이끈다. 그래서 생명을 다루는 학문이나 창조주께서 하신 말씀을 대할 때는 반드시 육적 측면, 영적 측면, 정신적 측면 모두를 고려한 통전생명관으로 적용해야 한다. 말씀의 통전성은 이를 두고 하는 말이다.

그런데 의학은 영·혼·육으로 구성된 인간 요소 중 육만을 취했고, 신학은 영 위주의 편향된 학문에 치우침으로써 인간의 생명을 온전케 이끄는데 한계를 드러내고 있다. 이제 말씀이 육과 정신에 어떻게 영향을 주는지 밝혀서, 그래서 말씀에 충실하면 육도 정신도 건강해진다는 사실을 구체적이고 실제적으로 인식할 수 있도록 말씀의 통전적 해석과 적용이 필요하다.

통합의학은 한의학, 서양의학, 대체의학을 접목한 전인 의학으로, 그동안 현대의학이 인체를 조직세포학적 관점에서만 접근하여 초래한 치료의 한계를 극복하기 위해 최근 대안으로 떠오른 새로운 의학이다. 통합의학은 서양의학의 형이하학적인 생물학적 이론, 한의학의 형이상학적인 기(氣)이론, 그리고 자연 치료 이론이 융합하여 인체의 모든 가시적, 비가시적 영역을 볼 수 있는 의학적 경지를 이룬다. 인간을 통전적으로 볼 수 있는 이러한 통합의학의 도움을 받으면 말씀을 통전적으로 해석할 수 있다. 통합의학과 신학의 접목 노력을 통해 새로운 생명 신학의 장을 세워 성도들을 온전히 기경해야 할 것이다.

말씀을 육신에 새기라

"인자야 내가 네게 주는 이 두루마리를 네 배에 넣으며 네 창자에 채우라 하시기에 내가 먹으니 그것이 내 입에서 달기가 꿀 같더라"(겔 3:3).

말씀을 육신에 새기기 위해서는 어떻게 해야 할까? 말씀을 머리로만이 아닌 가슴과 몸에까지 받는 것을 의학적으로 설명하면 말씀을 뇌신경에만 입력하지 않고, 오장육부의 내장 신경에까지 이입하는 것을 의미한다. 그리고 지식 영역뿐 아니라 감정과 정서 영역까지 주입하는 것을 말한다.

그런데 뇌 신경세포에 정보가 입력되기는 비교적 쉽고, 새로운 다른 정보로도 치환이 잘된다. 하지만 오장육부 신경세포에 정보가 입력되는 과정은 그 사람의 감정 패턴이나 기호 그리고 오장육부의 건강 상태 등 많은 요소에 의해 방해받기 때문에 매우 까다롭다. 그래서 지식으로 알기는 쉽지만 가슴과 몸까지 입력되어 정신의 변화와 삶의 변화로 이어지기 어려운 것이다. 이제 공감과 정서 그리고 몸 신경까지 고려된 말씀 교육법이 필요한데, 그것이 바로 통전적·입체적 교육 방식이다.

어떻게 살아 있는 전인교육을 할 수 있을까? 영·혼·육 전인적으로 말씀을 받아들이도록 하기 위해서는 제일 먼저 말씀 내용의 공간 상황과 시간(시대적) 배경 그리고 사회, 문화, 정치와 같은 환경 배경 등에 관한 다양한 정보(입체적 정보)를 최대한 제공해 주는 것으로부터 시작된다. 그리고 이러한 정보들이 자신의 현 상황으로 이입되어 실제 삶에 적용하기 좋도록 고안된 질문을 만들어 이끌어 준다.

그래야 말씀을 자신에게 적용할 수 있는 마음의 문(門)이 열리면서, 말씀 속에 내포된 심오한 생명성과 신비를 지식 수준이 아닌, 자신의 몸과 마음으로 동화하는 길(道)에 들어선다. 말씀을 무조건 뇌로 먼저 저장하는 우리의 습관을 버리고, 말씀을 먼저 느낌과 감정으로 공감하며 받아들이는 학습법을 반드시 유념해야 한다.

그런데 이러한 노력으로 말씀 공감 효과는 증대되지만 한 번 오장육부 신경계에 입력된 기존 코드는 잘 변화되지 않는다. 한 번 상처받은 일이나 충격 기억(trauma, 트라우마)은 지우기 쉽지 않고, 습관적 언행이나 완고한 마음의 편견이 변화되기 어려운 것은 이 때문이다. 기존 내장 신경계에 입력된 고질적인 것을 제거하고 새로운 성령의 선한 정보로 심기 위해서는 강한 쇼크요법을 사용하여 입력된 기존 정보를 스파크와 진동을 일으키면서 떨어낸다.

쇼크요법은 자신이 잘못 살아왔음을 깊이 깨닫게 하고, 통회하는 마음으로 하나님의 말씀을 더 절실히 사모하게 만든다. 어느 때보다 강하게 주입된 말씀 내용을 눈을 감고 침묵하면서 더 깊은 깨달음으로 뇌와 오장육부 신경계 입력을 시도한다. 이어서 말씀에 대한 각자의 소견을 나눌 때는 하브루타 훈련방식을 적용하여 2~3인으로 구성된 그룹에서 상호 질문하고 답변하면서 토론과 같은 공동체적 학습을 통해 더 보강한다.

하브루타는 유대인 특유의 교육방법이다. 두 명이 짝을 지어, 주제에 대해 서로 토론하고 의견을 나눈다. 암기 위주의 우리 교육방식에 익숙한 사람이 보면 어색할 수 있지만 실지로는 학습 효율이 높고, 창의력과 생각하는 힘을 동시에 길러 준다. 학생들은 토론을 위해 예습을 해야 하는데 주도적인 학습 자세가 생기고 사후 기억 효율도 대단히 높다. 학생들은 교사에게 자유롭게 질문할 수 있다. 하브루타 문화에서 질문은 부끄러운 것이 아니다. 하지만 교사가 단답형의 답을 가르쳐 주진 않는다. 스스로 답을 찾을 수 있도록 돕는다. 답을 찾는 과정에서 학생들은 더 많이 생각하고, 암기식 수업으로는 배울 수 없는 다양한 능력이 배가된다. 재미있는 것은, 하브루타 시간에는 대단히 격렬하게 토론하지만, 학생들이 감정적으로 되진 않는다는 사실이다. 토론이 끝나면 학생들은 기분 좋게 마무리한다. 승패도 중요하지 않다. 그래서 더욱 즐겁게 토론할 수 있는 것이다.

기존 교육방식은 평면적이고 수직적인 교육이다.

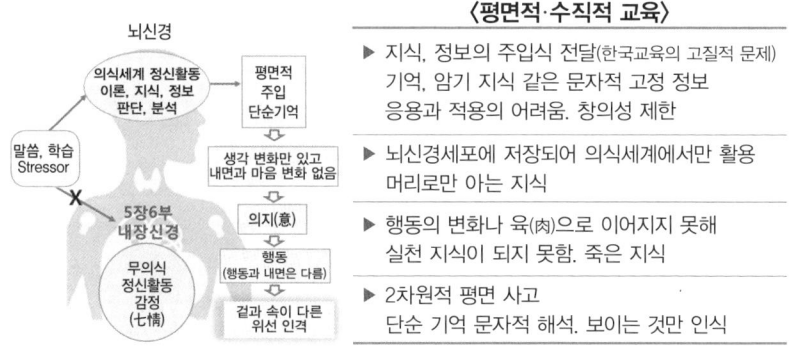

새로운 교육방식은 뇌와 육신에 새기는 교육이다.

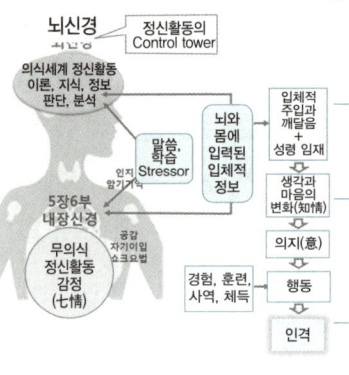

〈입체적 쌍방향 교육〉

▶ 입체적 자료(시공간, 사회·문화·정치적 배경, 시각과 감성) 제공 / 공감, 자기이입, 깨달음의 입체적 지식

▶ 뇌신경과 오장육부 내장신경에 저장되어 의식세계와 무의식세계 모두에 발현/머리와 가슴으로 아는 지식

▶ 3차원적 입체 사고, 응용과 적용 쉽고, 창의성 발휘

▶ 자기화(化) 가능해 행동과 실천으로 이어지기 쉽고, 말씀이 삶으로 적용됨

▶ 보이지 않는 현상에 대한 인식을 생각 틀 안에 저장

새로운 전인교육법을 정리하면

1) 말씀에 대한 통전적(統全的) 해석이다.

2) 통합의학 관점에서 조명하여 말씀에 내포된 생명성을 찾아낸다.

3) 말씀을 뇌와 육신 모두에 새기는 것이다.

5
불완전한 거듭남과 성화와 성령에 대한 무지를 꼬집다

1) 불완전한 거듭남

한국교회가 사회로부터 비판을 받는 이유에는 교회 구성원의 도덕적 타락도 한몫을 하고 있다. 어느 신학교의 교수이며 목사라는 사람이 딸아이를 폭행해 죽인 후 11개월간 방치한 사건, 수백억 대를 탈세한 장로와 그것을 도운 교회, 중직자·목회자의 성추문, 목사 간의 칼부림 등 교회를 둘러싼 사건이 끊이지 않는다. 거룩과 사랑을 이야기하는 교회에서 왜 이런 일이 발생하는 것일까? 여러 이유를 분석할 수 있겠지만 가장 근본적인 원인은 거듭남에 대한 착각 때문이다. 신앙의 시작인 거듭남이 불완전하면 아무리 교회생활을 열심히 한다 해도 하나님 나라에 합당한 모습으로 회복될 수 없다.

그리스도인 최고의 소망은 천국에서 하나님과 영생하는 것이다. 그런데 천국에는 어떻게 갈 수 있는 것일까? 다행히 천국의 주인이신 하나님께서는 천국에 갈 수 있는 조건에 대해 성경을 통해 알려주셨다.

그것은 선한 일이나 사역이 아니라 거듭남이었다. 하지만 우리는 이러한 엄청난 우주적 영생 비밀인 거듭남에 대해 너무 쉽게 생각하는 경향이 있다.

간혹 우리는 "당신은 죽어서 천국에 갈 수 있습니까?"라고 질문받는다. "천국에 가겠지요, 가기로 되어 있는 것 아닌가요?" 진리에 근거한 확신에 찬 답이 아니다. 확신없이 천국에 갈 것을 막연하게 당연시 하는 것이었다. 어떤 이들은 "제 모습을 보면 못 갈 것 같은데요"라며 다소 솔직한 답변을 하기도 한다. 그러나 천국에 못 가면 지옥에 가는 것인데 정말 큰일이 아닌가? 두 부류 모두 이 질문 이후에도 큰 고민을 하지 않는다. 인류 최고의 소망인 천국과 지옥에 대한 문제에 대해 너무 안일하게 생각하고 넘어가는 것이다. 천국과 지옥에 대해 심각하고 리얼하게 인식해서 종말론적 신앙을 갖춰야 하는데 교회에서 이러한 역할을 수행하지 못했다.

대체로 거듭남에 대한 교인들의 생각은 '예수님이 하나님의 아들이시고 우리를 구원하셨다'는 사실을 입으로 시인하고 세례를 받고 교회 열심히 다니면 하나님의 자녀로 거듭났다고 인정받고 천국에 간다고 믿는다. 그리고 그것으로 끝이다. 그러나 성경은 이에 대해 아래와 같이 말씀하신다.

> "예수께서 대답하시되 진실로 진실로 네게 이르노니 사람이 물과 성령으로 나지 아니하면 하나님의 나라에 들어갈 수 없느니라"(요 3:5).

거듭남의 조건이 물세례와 성령세례라는 것인데, 물세례의 경우 단순히 입으로만 시인한다고 해서 되는 것이 아니라는 것이다. 예수님이 내 인생의 주인 되심을 인정하는 믿음과 인생의 주체가 나에게서 예수님으로 바뀌는 것을 인정하는 결단, 그러한 삶을 실천하고자 하는 의지가 따르는 입술의 고백이 있어야 한다는 것이다.

성령세례에 대해서는 어떠한가? 거듭남의 과정을 성령님이 알아서 해주시겠지 하며, 일방적인 성령님만의 일로 치부하는 경우가 많다. 그러나 하나님은 이에 대한 우리의 몫이 있다고 성경을 통해 분명하게 말씀하신다.

> "볼지어다 내가 문 밖에 서서 두드리노니 누구든지 내 음성을 듣고 문을 열면 내가 그에게로 들어가 그와 더불어 먹고 그는 나와 더불어 먹으리라"(계 3:20).

성령세례는 일방적으로 이루어지지 않는다. 반드시 우리의 몫이 있다. 마음의 문을 여는 우리의 '행동'이 협력되어야 한다는 것이다. 창조 당시 자유의지를 우리에게 주셨고, 그것에 의해 죄와 사망의 선택을 한 만큼 생명의 존재로 다시 변화되기 위해서도 자유의지로 이루어지는 인간의 몫이 필요한 것이다.

웨슬리의 〈선행 은총 교리〉에 의하면, 죄인은 하나님이 은총을 내려주실 때 그 은총을 붙잡아야 구원을 얻는다고 말한다. 붙잡는 것은 내가 해야 할 몫인 것이다. 나의 역할과 함께 구원이 완성되는 것이다.

그렇다면 불안전한 거듭남이 아닌 진정한 거듭남을 이루기 위한 우리의 구체적인 자세는 어떠해야 할까? 거듭남의 비밀이 밝혀졌던 역사적인 순간인 니고데모 이야기를 살펴보면 힌트를 얻을 수 있다.

니고데모는 당대에 6,000명 채 안 되는 율법에 정통한 소수 정예 엘리트인 바리새인이었다. 예수님도 니고데모를 '이스라엘의 선생'이라 부르실 정도로 율법적, 성경적으로 뛰어난 사람이었다. 랍비로 불리며 백성들로부터 존경받았으며, 겸손하고 신중하며, 죄를 두려워한 인격과 모든 자격을 구비한 뛰어난 지도자였다. 반면 예수님은 이 당시 국가 지도자 그룹에게 공격과 비판을 받았으며, 빈민, 무학, 목수의 아들, 못생김, 미천한 사회적 지위가 그의 프로필이었다. 만약 내가 니고데모의 위치였다면 이런 예수님을 찾아가는 게 가능했을까? 당시의 상황을 미루어 볼 때 니고데모가 예수님을 방문한 것은 파격적이고 모험적인 것이었다. 어떻게 니고데모는 이런 모험적인 행동을 할 수 있었을까? 어떠한 세상 조건보다 하나님나라에 대한 갈망이 있었기에 가능한 행동이었다.

니고데모와 같은 자세를 우리가 지닌다면 진정한 거듭남을 이루게 되는데, 다음과 같은 변화가 일어난다.

① 말, 생각, 행동과 인격이 서서히 바뀌게 된다.
② 어떠한 상황에서도 평안과 기쁨과 희락의 삶을 누린다.
③ 하나님께서 주시는 지혜와 능력 안에서 훌륭한 삶을 성취한다.

이제 우리는 종말론적 신앙과 거듭남에 대한 경각심 안에서 예수를 인생의 주(主)로 고백하는 온전한 믿음과 그렇게 살고자 하는 의지를 갖고, 올바른 자세로 성령님께 마음을 열어 동행함으로써 온전한 거듭남을 이루고 경주해 나가야 할 것이다.

2) 성화

두 노숙자가 7성급 호텔에 초대되었다고 가정해 보자. 한 노숙자는 호텔에 맞게 깔끔히 목욕을 하고 방에 머물렀고, 다른 노숙자는 예전의 더러운 모습 그대로 방에 머물렀다. 둘 중 누가 이 호텔에 합당한 사람일까? 당연히 전자의 노숙자이다. 그렇다면 우리에게 이러한 상황에서 어떻게 하겠냐고 물어본다면 뭐라고 대답할까? 모두 당연히 목욕을 하고 방에 머물 것이라고 대답할 것 같다.

그런데 사실 이 장면은 세상에서 죄악 가운데 살던 우리가 7성급 호텔보다 더 좋은 천국에 초대된 것과 같은 양상으로 비유될 수 있다. 만약 천국에 초대된 우리가 옛 자아를 버리지 못하고 내면에 시기, 질투, 탐욕, 교만 같은 더러운 감정을 버리지 못하고 있다면 후자의 노숙자일 수밖에 없는 것이다.

거듭났다고 자부하는 우리가 왜 천국에 합당한 모습으로 살고 있지 않은 것일까? '후자의 노숙자는 왜 이렇게 행동을 했을까?'를 생각해 보면 답을 찾을 수 있다.

① 예전의 삶이 얼마나 더럽고 추악한 것인지 인식하지 못함
② 새로운 세상이 얼마나 좋은지 알지 못함

③ 예전의 삶의 모습을 버리고 새로운 삶으로의 갈망이나 의지가 없음

하나님께서는 우리들이 천국 백성에 합당한 자, 즉 죄악된 옛 본성을 벗고 죄와 더러움에서 분리되어 하나님을 향하여 거룩하게 되길 원하신다. 이렇게 변화되어 가는 과정을 성화라고 하며, 우리는 신앙생활 하면서 평생 성화를 이루기 위해 경주해야 한다. 만일 그렇지 않으면 구원받을 수 없다는 각오와, 하와처럼 천국에서 쫓겨날 수밖에 없음을 경계해야 한다. 성화되지 못한 사람은 지금 이 순간도 우리 앞에 놓여있는 선악과와 같은 상황에서 하와처럼 탐욕에 이끌려 따 먹게 되는 반복된 죄를 짓게 되고, 처음의 감동과 사랑이 서서히 식어가고 겉치레만 유지하면서 속으로는 마비나 변질로 이어지는 위선적 신앙이 된다.

그런데 문제는 성화를 테레사 수녀나 선교사 같은 특수한 사람들만 이룰 수 있는 것이지 우리 같은 사람은 너무 어렵고 높아 성취하기 어렵다 생각해서 성화로의 노력을 기울이지 않는다는 것이다. 물론 성화는 우리 스스로 절대 이룰 수 없다. 그러나 우리에게는 보혜사로 오신 성령님이 계시고, 말씀에서 성화를 이루는 과정을 친절히 설명해 주고 있다는 것이다. 성령님의 도움을 받아 아래 제시된 단계들을 밟아간다면 성화의 삶은 더 이상 남의 이야기가 아닌 내 이야기가 될 것이다.

"그러므로 너희가 더욱 힘써 너희 믿음에 덕을, 덕에 지식을, 지식에 절제를, 절제에 인내를, 인내에 경건을, 경건에 형제 우애를, 형제 우애에 사랑을 더하라"(벧후 1:5-7).

① 믿음: 입술의 고백만이 아니라 주님이 나의 삶의 주인이며, 인생의 주체가 나에서 하나님에게로 옮겨졌음을 인식함. 진정한 천국 백성의 시작.
② 덕: 이전에는 남보다는 나를 위해 살고 너 죽고 나 살자 식의 경쟁사회에서 살았지만, 하나님 백성이 된 이후에는 남에 대한 배려와 함께 선한 일을 하는 것.
③ 지식: 학교와 세상에서 배운 지식과 다른 천국의 지식(새로운 삶의 도리, 자세 등)을 말씀을 통해 배우는 것.
④ 절제: 자신의 이전 모습, 계획, 욕심, 교만 등을 절제하고, 대신 하나님께서 나를 지배하는 삶을 사는 것.
⑤ 인내: 하나님께서 자신을 단련시키고 세울 때까지 조급하게 자신의 생각과 계획대로 행동하지 않고 기다리는 것.
⑥ 경건: 인내까지 이르게 되면, 이제 나는 없어지고 성령 하나님께서 나를 채우게 되는데, 비로소 천국백성다운 의롭고 성결한 삶의 경건을 이룰 수 있음.

3) 성령님에 대한 실체적 인식 부족으로 성령 동행의 삶 이루지 못함

하나님께서는 인간을 동물과 달리 영적인 존재로 창조하셨다. 그러나 하나님과 동떨어져 버린 인간의 눈과 생각으로는 영의 세계를 인지할 수 없다 보니, 영과 무관한 삶을 살게 되는 경우가 허다하다. 영의 세계를 인지하지 못하다 보니, 성령 동행의 삶을 구체적으로 이루지 못한다. 어떤 이들은 성령의 역사를 신유나 어떤 신비한 은사를 받는 것쯤으로 호도해서 성령을 방해하기도 한다. 무엇보다 교인 대부분

이 교회사역과 프로그램들을 소화하느라 바빠 성령 임재를 이룰 생각도, 겨를도 없다. 그러나 성령님과 동행하는 삶은 올바른 신앙에 있어서 절대적인 조건이다. 그렇지 못할 경우에는 아무리 신앙생활을 열심히 하더라도 아래와 같은 상황에 놓이게 된다.

① 교회를 다녀도 성격, 인격이나 삶의 모습이 바뀌지 않아 세상 사람들과 다를 게 없게 된다.
② 사탄의 공격을 이기지 못하고, 죄의 유혹과 악의 길로 빠지게 된다.
③ 살면서 평안과 기쁨이 없고 의의 열매를 거두지 못함으로 근심, 걱정, 두려움에서 벗어나지 못한다.
④ 그리스도인으로서 능력과 지혜가 함양되지 않아 무능력한 교인이 되며, 하나님 나라 건설에 참예하지 못한다.

이런 상태의 교인들이 만연해짐으로 한국교회는 신뢰와 영향력, 미래를 잃어버리게 되었다. 그렇다면 어떻게 해야 성령님에 대한 실체적 인식을 하며 동행하는 삶을 이룰 수 있을까? 집회 때 흔히 하듯 "성령님 오소서!"라고 간절히 소리치면 되는 것일까? 그렇다면 지금의 한국교회의 문제는 발생하지 않았어야 한다. 사실 성령님과 동행하는 삶을 산다는 것은 결코 쉬운 일은 아니다. 그러나 성경은 성령님과 동행의 삶이 너무 중요함을 강조하면서 동시에 우리들이 갖춰야 할 자세와 조건에 대해서도 가르쳐 주고 있다. 성령님과 동행하는 삶을 이루려면 반드시 성령님을 알고, 느끼고, 보고, 성령 충만하고 동행하는 법을 알아야 한다.

성령님 알고, 느끼고, 보고, 성령 충만하고 동행하기

(1) 성령님 알기

너무도 당연히 성령님이 어떠한 분이신지 알아야 동행할 수 있다. 대부분 성령님을 잘 모르는 경우가 많고, 왜 신앙 생활에서 왜 절대적으로 필요한지 막연하게만 생각한다. 먼저 성령님을 통해 이루시려는 세상을 향한 하나님의 뜻을 알아야 한다. 왜 성령님이 우리에게 필요한지 하나님의 뜻을 알아야 성령님을 찾고자 하는 의지를 갖게 되고, 이 땅을 향한 하나님의 사역에 동참할 수 있기 때문이다.

그러면 먼저 성령님을 통해 하나님께서 이루시고자 하는 목적을 살펴보자.

"이제는 그의 육체의 죽음으로 말미암아 화목하게 하사 너희를 거룩하고 흠 없고 책망할 것이 없는 자로 그 앞에 세우고자 하셨으니"(골 1:22).

"오직 성령이 너희에게 임하시면 너희가 권능을 받고 예루살렘과 온 유대와 사마리아와 땅 끝까지 이르러 내 증인이 되리라"(행 1:8).

① 성화: 천국에 합당한 인물을 만들기 위해

우리는 하나님의 은혜로 겨자씨만 한 믿음으로 구원을 얻었지만 세상 옛 모습을 버리고 성화의 길로 나아가는 것이 우리 스스로는 감당하기 어렵다. 천국 백성으로 갓 태어나서 젖 먹던 어린아이 같은 우리들이 진정한 천국 백성의 장성한 존재로 발전하기 위해서는 성령님의 도움이 절대적으로 필요하다. 성령의 도움으로 성화를 이루어 영·혼·육의 흠 없는 온전한 존재로 거듭날 수 있다.

② 영적 싸움: 사탄의 공격에서 영적 승리를 위해

"우리의 씨름은 혈과 육을 상대하는 것이 아니요 통치자들과 권세들과 이 어둠의 세상 주관자들과 하늘에 있는 악의 영들을 상대함이라"(엡 6:12).

우리는 연약한 자들이기 때문에 하나님 백성을 괴롭히는 사탄의 공격에 잘 넘어가 유혹에 빠질 수밖에 없다. 그래서 성령님을 보내주셔서 우리가 사탄의 유혹과 공격에 넘어가지 않고 계속 이겨 나갈 수 있도록 돕도록 하신 것이다. 예수님께서 성령님께 부탁한 일들을 우리와 함께하시면서 도와주실 것이다.

③ 어려운 세상 삶을 이겨 나가게 하심

우리는 살면서 많은 장벽, 좌절, 두려움, 고난, 도전과 모험, 주위의 공격, 사탄의 방해를 받게 된다. 이런 어려움이 있을 때 극복해서 성공하는 사람도 있고, 넘어져서 실패하는 사람도 있다. 실패와 성공의 차이는 바로 성령님이 함께하시는지의 여부에 달려 있다. 간혹 인간 스스로 노력해서 성공하는 사람도 있고, 성령님과 함께해도 세상에서는 실패하는 사람도 있지만 그런 경우 성공했어도 진정한 성공이 아니요, 세상에선 실패한 것 같아도 진면목은 실패가 아니다.

④ 하나님 나라 건설에 참예케 하심

대부분의 우리들은 세상에서 잘 먹고, 잘 살고, 잘 입고, 좋은 집에 살고, 아이들 교육시키고, 남들과 관계 잘하면 나름 잘 살았다 생각할 수 있다. 아마 신앙생활을 열심히 하는 것도 이 때문에 하는 사람도 있을 정도로, 상기의 삶의 모습은 인간이라면 누구나 동경하는 목표일 것이다. 그러나 이것으로 끝나지 않고 하나님 일을 위해 자기 삶을 드린다면 이로써 더 훌륭하고 복된 인생이 어디 있겠는가? 꼭 목회자가 아니더라도, 태어나서 자기에게 맡겨 주신 기업(基業)을 통해 하나님의 진리와 빛, 생명, 사랑의 일을 세워 나가기 위해 노력한다면 최고의 성공적인 삶을 살았다 할 수 있다. 아무리 세상에서 재벌이나 대통령같이 큰 성공을 거두어 남들에게 부러움의 대상이 되었다 할지라도 하나님 일에 무관한 삶을 살았다면 그는 실패한 인생이다. 그리고 구원받았다 하더라도 다 똑같지 않다. 하늘에서의 상급이 다르고, 면류관을 받는 것은 소수다.

성령님께서 우리에게 이루고자 하시는 목적을 알았다면 성령님이 어떠한 분이신지, 구체적으로 어떻게 도우실 수 있는 분이신지에 대해서도 알아야 한다.

① 보혜사(나를 도와주려고 작정하고 절대권능자인 신이 하늘에서 내려오심)

먼저 성령님을 보혜사라고 성경은 말한다. 보혜사가 무엇인가? (뒤에서, 앞에서, 옆에서, 위에서, 속에서) 도와주시는 분이라는 뜻이다. 그런데 성령님은 신이시다. 신이신 성령님이 나의 마음과 형편과 어려움과 잘못된 점을 나보다 더 잘 아시고 이를 치료하시고 위로하시고 돌봐주시는 일을 하신다는 것이다. 세상에서 우리가 무슨 일이 있을 때 변호사도 부르고 우리의 삶을 보전하는 것처럼, 그 이상으로 신께서 직접 우리를 위해서 그 역할을 감당하신다는 것이다.

- 이끄심(대통령 차 선도하는 차같이, 나는 하나님의 VIP임. 인도하는 대로 따라가기만 하면 됨. 단, 성령님의 인도하심을 깨닫고 순종해야 함)
- 세우심, 들어 올리심, 더 크게 쓰심(스스로 높아지는 자 넘어지고, 세우시는 하나님의 은혜가 있어야 함)
- 상담해 주시고 가르쳐 주심
- 어렵고 힘들 때 도와주심
- 아플 때 치료해 주심
- 하나님께 탄원해 주시고, 중보해 주시며 변호해 주심(잘못 저지르고 악을 선택할 때)

② 지(知), 정(情), 의(意)를 가진 인격체

이 항목은 우리에게는 상당히 중요하고도 은혜가 되는 말씀이다. 성령님은 신이시지만 인격적이라는 것이다. 신으로서 우리를 군림하시고 지배하시는 것이 아니라, 너무 높아 감히 쳐다보지도 못할 신의 높이에서 인간 레벨로 내려오셔서 부모, 형제, 친구 같이 우리와 함께하신다는 것이다. 영화에 보면 신 같은 절대권능의 존재가 인간을 노예로 부리면서 자기 왕국을 키우는 장면을 볼 수 있다. 그런데 하나님이신 성령님은 하나님 나라를 위해 인간을 노예로 부려먹는 것이 아니라 오히려 인간 가까이 내려오셔서 인간같이 우리와 대화도 하시고, 우리의 감정과 생각을 이해도 하시고, 삶의 고통과 고난에 함께하시고, 우리와 한시도 떨어지지 않고 가르치시고, 권고하시고, 치료하시고, 우리가 잘 되도록 키우시고 세우시면서 우리를 돌보신다는 것이다.

이처럼 완벽하게 돕는 분이 있을까? 만약 어려운 점이 있거나 남한테 말 못할 사정이 있으면 누구한테 달려가는가? 어릴 때 친구? 부모님? 목사님? 우리 인간은 연약하고 죄악된 존재여서 살면서 발생되는 많은 어려운 상황에 혼자 감당 못할 때 대체로 우리는 인간관계 속에서 해결하려 한다. 그런데 실제로 이 사람들이 우리의 모든 어렵고 힘든 문제를 진정으로 상의하고 해결해 줄 수 있을까? 못한다. 필자도 어떤 법적인 문제가 있어서 변호사를 통해서 해결하려고 도움을 청했더니 엄청난 돈이 필요했다. 바로 성령님은 이러한 일들을 해주시는 것이다. 이런 분이 어디 있을까? 이런 친구가 어디 있을까? 그런데 왜 우리는 성령님을 찾지 않는가?

③ 전지전능하신 절대권능의 능력자
✶ 창조사역에 참여(성령 사역은 구약에서 간헐적으로 드러남)

"땅이 혼돈하고 공허하며 흑암이 깊음 위에 있고 하나님의 영은 수면 위에 운행하시니라"(창 1:2).

성령님은 태초부터 일을 하신 분이시다. 아버지 하나님께서 당신의 영을 수면 위에 운행시키셨다. 모든 것이 혼돈하고 질서가 없고 아무것도 구체가 없는 상황에서 하나님께서 말씀으로 창조를 하신 것이지만, 하나님의 말씀에 따라 실제적인 우주창조의 일을 이루신 이는 성령님이시다.

✶ 예수님의 지상 강림과 구원사역 시작점에서 성령께서 함께하심.
예수님께서 이 땅에 내려오실 때 성령께서 함께하셨다. 예수님이

마리아의 자궁에 잉태되는 그 순간, 인간의 방법이 아닌 성령께서 잉태하게 만드신다. 예수님의 DNA를 인간의 자궁에 착상시켜 잉태케 하신 것이다. 인간의 방법과는 다르지만 모든 생명을 주관하시고 만드시는 분의 그 뜻에 의해서 성령님께서 잉태하여 예수님을 성육신 시키는 그런 신비한 일을 하신 것이다.

* 예수님이 공적인 구원사역을 나설 때도 성령께서 함께하심

"하늘로부터 소리가 있어 말씀하시되 이는 내 사랑하는 아들이요 내 기뻐하는 자라 하시니라"(마 3:17).

예수님께서 공적인 구원사역을 시작하실 때 성령님께서 함께하신다. 세례 받을 때 "내 사랑하는 아들이요 내 기뻐하는 자라" 하는 선포와 함께 성령님께서 비둘기같이 강림하신다. 그리고 예수님을 이끄셔서 40일 동안 금식기도를 하면서 광야생활을 하게 하시고, 사탄의 유혹과 공격을 물리치는 데 성령께서 도와주신다.

* 예수님이 죽으시고 부활하시며 승천하시는 일에 동역하심

예수님의 마지막 구원사역과 죽으시고 부활하시고 승천하시는 그 과정 하나하나에 다 성령님께서 개입하신다. 예수님의 부활 승천의 신비한 성령의 역사는 장차 하나님의 자녀들에게도 동일하게 일어난다.

* 예수님 승천 후 각 사람에 역사하셔서 예수님을 구세주로 고백하게 이끄심

성령의 역사는 이것으로 끝나지 않는다. 예수님이 승천하신 후 각

사람에게 임하신 성령님께서는 예수님을 구세주로 고백하게 하시고, 천국 백성에 합당한 자로 키우시기 위해서 계속 우리와 함께 머물면서 사역하고 계신다.

지금까지 제시된 성령님의 무소불능의 능력과 사역의 모습을 기억하여 그 성령님이 우리의 삶에 임하시는 손길을 생생하게 인식하면서 성령님과 동행하는 삶을 이루어나가야 한다.

(2) **성령님 느끼기**(몸과 마음으로)
다음으로는 성령님을 막연한 존재가 아닌 구체적으로 인식하는 길을 배워야 한다. 영(靈)이신 성령님을 인식하기 위해서는 영의 세계에 대한 구체적인 안목이 필요하다. 먼저 영의 세계와 정신세계의 다른 점이 무엇인지부터 살펴보자.

① 영의 세계
분명히 존재하시지만 볼 수 없고 만질 수 없다. 그러나 바람처럼 느낄 수는 있다. → 영의 세계는 신(성령 또는 악령)이 주관함

② 정신세계
마음, 생각, 감정, 지식을 말하며, 우리가 알 수 있고, 느낄 수 있고, 예측할 수 있고 스스로 표현할 수 있다. → 정신세계는 인간이 주관함

정신(精神)은 하나님께서 인간에게 위임하신 것이고, 인간 영역에서 자유의지에 따라 관리된다. 반면에 영(靈)은 하나님께서 주신 것이고, 신의 영역에서 관리된다. 인간이 동물과 다른 점이 바로 인간은 신으

로부터 영을 받은 점이다. 동물도 육과 저급한 정신을 지니고 있다. 그런데 창조 이후 인간의 영의 세계는 변화해 왔다.

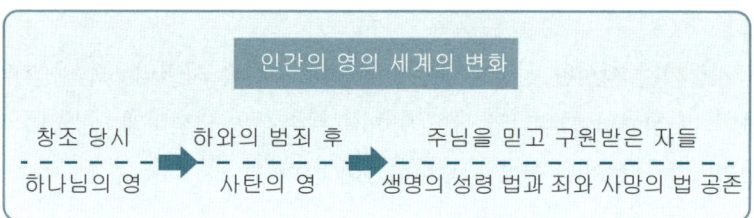

실제로 창조 당시 사람의 영의 세계는 하나님의 영으로 채워져 있었다. 그런데 하와가 범죄하고 실낙원하면서 인간은 사탄의 지배를 받게 되었다. 그러면서 짐승 같은 짓도 서슴지 않는 악하고 더러운 존재로 전락해 버렸다. 오랜 시간이 지난 후 예수님께서 이 땅에 오셔 우리의 속죄양 되심으로 그분을 믿는 자들에게는 하나님의 영이 들어오기 시작했다. 사탄의 영과 하나님의 영이 공존하는 상황으로 바뀐 것이다. 이제 우리 내면은 생명의 성령의 법과 죄와 사망의 법이 투쟁하는 영적 전쟁터가 되었다. 따라서 죄와 사망의 법을 이겨내고 생명의 성령의 법을 따르기 위해 무엇보다 영이신 성령님을 실제적으로 느낌으로 동행할 수 있어야 한다.

그렇다면 보이지 않는 영은 우리 몸 안 어디에 어떻게 존재할까?

"여호와 하나님이 땅의 흙으로 사람을 지으시고 생기를 그 코에 불어넣으시니 사람이 생령이 되니라"(창 2:7).

> "이 말씀을 하시고 그들을 향하사 숨을 내쉬며 이르시되 성령을 받으라"(요 20:22).

인간이 하나님으로부터 영을 공급받은 기원을 말씀에서 살펴보면, 하나님께서 인간의 코로 당신의 영을 주입하신 것으로 묘사되어 있다. 그 말씀에 비춰 볼 때 하나님의 신령한 생기(生氣)가 인간의 코와 기관지와 폐를 통해 온몸으로 흡입되어 우리 몸 구석구석까지 파급되는 모습을 그려볼 수 있다. 마치 우리가 신선한 공기(空氣)를 들이마시면 그에 담긴 에너지가 호흡기관과 혈관을 통해 전신으로 퍼져가듯이, 성령의 임재도 이와 유사할 것이다.

맑은 공기를 맘껏 들이마실 때의 신선하고 상쾌한 느낌을 떠올려보자. 이를 통해 우리가 공기의 존재를 느껴 알듯이(感知), 성령님의 존재도 보이진 않지만 느껴 알 수 있다. 성령의 기운이 우리 몸 안에 채워져 역사하면 몸의 생명의 변화와 마음의 평화가 일어난다. 이처럼 하나님의 자녀라면 우리 몸 안에 영적인 세계가 분명히 존재함을 확인하면서 그 속에 성령께서 임재하시기를 갈망하는 마음을 가짐으로, 우리 안에 성령께서 충만케 되는 길이 열리는 것이다.

끝으로, 성령 충만을 쉽게 이루기 위해서는 먼저 조용한 가운데 침묵(vs 명상)하는 것을 권하고 싶다. 침묵은 말만 안 하는 것이 아니라 자기가 그동안 취해 왔던 모든 행동과 말과 감정을 멈추는 것이어서, 자기 것을 정지시키고 성령님이 하고자 하시는 일들을 받을 수 있는 조건을 만드는 것이기 때문이다. 지금 한국교회는 바쁘고 분주한 교회생활, 그리고 과도한 사역 위주의 신앙생활보다는 침묵과 깨달음과 성령 임재의 노력이 절실한 때이다. 조용하고 은밀한 가운데 성령님과 대화와 교제의 경험을 누리며 살아야 한다.

(3) 성령님 보기

성령님을 본다는 것은 실제 눈으로 보는 것을 의미하는 것이 아니라 우리가 어떤 일을 성령께 간구하여 응답 받았을 때, 그 일이 성취되는 과정에서 임하시는 성령의 손길을 믿음으로 보는 것을 말한다. 성경에 나타난 예를 통해 성령님을 알고 느끼는 것과 보는 것을 구분하여 살펴보도록 하자.

"무리가 일제히 일어나 고발하니 상관들이 옷을 찢어 벗기고 매로 치라 하여 많이 친 후에 옥에 가두고 간수에게 명하여 든든히 지키라 하니 그가 이러한 명령을 받아 그들을 깊은 옥에 가두고 그 발을 차꼬에 든든히 채웠더니 한밤중에 바울과 실라가 기도하고 하나님을 찬송하매 죄수들이 듣더라 이에 갑자기 큰 지진이 나서 옥터가 움직이고 문이 곧 다 열리며 모든 사람의 매인 것이 다 벗어진지라 간수가 자다가 깨어 옥문들이 열린 것을 보고 죄수들이 도망한 줄 생각하고 칼을 빼어 자결하려 하거늘 바울이 크게 소리 질러 이르되 네 몸을 상하지 말라 우리가 다 여기 있노라 하니 간수가 등불을 달라고 하며 뛰어 들어가 무서워 떨며 바울과 실라 앞에 엎드리고 그들을 데리고 나가 이르되 선생들이여 내가 어떻게 하여야 구원을 받으리이까 하거늘 이르되 주 예수를 믿으라 그리하면 너와 네 집이 구원을 받으리라 하고 주의 말씀을 그 사람과 그 집에 있는 모든 사람에게 전하더라 그 밤 그 시각에 간수가 그들을 데려다가 그 맞은 자리를 씻어 주고 자기와 그 온 가족이 다 세례를 받은 후 그들을 데리고 자기 집에 올라가서 음식을 차려 주고 그와 온 집안이 하나님을 믿으므로 크게 기뻐하니라"(행 16:22-34).

바울과 실라는 기도하며 찬송할 때 성령님을 알고, 함께하고 계심을 느끼면서 확신을 가지고 했을 것이다. 그 결과 옥문이 열리고 모든 사람의 매인 것이 다 벗어진 것을 보면서 성령님이 보이진 않지만 분명 성령의 손길로 하셨다는 것을 믿음의 영안으로 볼 수 있었을 것이다. 그래서 담대하게 말씀을 전한 그 결과 간수의 집안이 모두 하나님을 믿는 생명의 열매를 거두게 된 것이다.

이처럼 성령님을 알고, 확신 속에 느끼며 볼 수 있는 일련의 영적인 행동은 하나님의 자녀만 누릴 수 있는 특권으로 일상에서 체험할 수 있다. 그리스도를 전할 때 입술을 주장하시거나, 온갖 사탄의 방해가 사라지거나, 기적과 은사가 나타나거나 그리고 말씀을 가르칠 때 말씀이 심령에 뿌리내려 열매 맺는 자를 만드는 것, 진리를 따라 살 때 삶 속에서 말씀이 성취되고 기도할 때 구한 것을 받으며 온갖 어려움 속에서도 근심·걱정·두려움이 사라지고 평안을 누리는 것을 성령의 역사로 목도하는 것이 바로 성령님을 보는 것이다.

(4) 성령 충만과 동행하기
성령 충만에 대해 설명하기에 앞서 구분해야 하는 개념이 있다. 바로 성령 임재와 충만의 차이다.

① 성령 임재는 주체가 성령이시기 때문에 사람이 인지하지 못한다.
② 성령 충만은 성령님과 나의 상호 관계에서 이루어진다.
: 성령 충만은 내가 간절히 원하면서 성령님과 상호 교통할 때 점차

적으로 이뤄지는 열매이다.

간혹 우리는 감성주의적인 뜨거운 현상(감정에만 휩쓸린 찬양, 신비, 은사주의에 대한 맹목적 끌림 등)에 치우칠 때가 있다. 그러나 이러한 것은 참된 성령 충만이 아니다. 물론 성령의 주권적인 역사는 이러한 상황을 만들 수 있지만 성령의 사람은 일시적이고 단발적인 것에 그치지 않는다. 성령 충만한 사람은 죽을 때까지 자신의 신앙의 내면을 성숙시키기 위해 부단한 깨달음과 영적 수행을 정진해야 한다.

성령 충만을 위해서는 다음의 과정을 끊임없이 경주해야 한다.

① 나는 하나님의 거룩한 자녀가 되고 싶다.
자신이 더럽다는 말에 동의하는가? 하나님의 기준에서 자신을 바라볼 때 무수히 많은 자신의 더러운 점, 즉 죄를 깨달을 수 있게 된다. 자기 죄를 끔찍이 미워하면서 이대로는 안 된다는 경각심을 가져야 한다. 그리고 이를 고쳐야만 온전한 하나님의 자녀가 될 수 있다는 애통하고 절실한 마음이 필요하다. 이것이 성령 충만에 이르는 첫 단계이다. 이러한 자세를 가져야만 치유받고자 성령님께 나아가게 된다.

② 하나님의 기준에서 나의 더러운 부분은 무엇일까?
두 번째 단계는 자기의 내면의 죄악된 요소를 구체적으로 찾아내는 것이다. 인간의 눈은 외부 세계를 보게 되어 있다. 그런데 하나님의 자녀들은 자기 속(내면)을 들여다보는 눈을 가져야 한다. 육신의 눈을 감으면 내면을 볼 수 있는 양심의 눈이 뜨이기 시작하면서 비로소 밖보다 자기 속이 보이기 시작한다. 이제 눈을 감고 자기 내면을 보는 양심의 눈

을 작동시켜 보라. 슬쩍 넘어갔던 사소한 나쁜 감정까지, 모른 척 내려놨던 자랑, 교만, 미움, 분냄, 비판, 정죄, 거짓, 탐욕 등이 드러날 것이다. 이것이 당신의 들보인 것이다. 성령님께서는 우리의 이런 노력을 기뻐하시며, 치유하시기 위해 임하셔서 우리 내면을 터치하실 것이다. 그렇기에 우리에게는 반드시 고쳐야 한다는 의지와 성령께서 고쳐주실 거라는 소망과 믿음의 마음을 가져야 한다.

③ "성령님, 저의 추악함을 고백합니다."
이제 실전에 들어가 찾아낸 자기 내면의 죄악이나 들보를 성령님께 은밀한 가운데 꺼내 놓는다. 미움, 분냄, 교만, 시기나 질투, 조급함, 욕심, 콤플렉스, 음란, 거짓, 서운한 마음 등을 성령님과 함께 제거 작업을 하는 것이다. 경건한 기도도 필요하지만 성령님과만 대면해서 자신의 더럽고 지저분한 내면을 토해내서 치유받는 기도가 필요한 때이다. 성령님만이 최고의 치료자이시고 카운슬러라는 확신을 갖고 그분에게 내려놓는 것이다. 예를 들면 "성령님 오늘 시누이가 얼마나 꼴 보기 싫은 지 죽겠어요. 죄송해요. 그러면 안 되는데…. / 화가 나 미치겠어요./ 왜 이리 음욕이 솟는지 모르겠어요./ 저놈 망했으면 좋겠다는 생각 했어요" 등과 같은 감정과 생각 하나하나를 그때그때 성령님께 내어 던지라는 것이다.

④ 일상 속에서 성령의 임재를 구하라!
성령님께 자신의 감정과 간구를 항상 말씀드리는 것이다. 어려우면 어려운 대로, 싫으면 싫은 대로, 좋으면 좋은 대로 모두 성령님께 말씀드리자. 무엇을 하든지 간에 어떤 사람을 만나기 전에 성령님께 기도해야 한다. 이러한 성령님과의 기도는 교회에서만 하는 것이 아니라

일상에서 할 수 있는 성령님과의 소통이다. 친구와 술자리에서도, 노래방에서도 할 수 있고, 쉬지 않고 할 수 있다. 잘 때도 성령님께 '굿바이', 일어날 때도 '굿모닝', 처음과 끝을 성령님과 함께 살아가는 그러한 삶을 실천하는 것이다.

⑤ 성령 임재적 기도를 하자!(듣는 기도/ 쌍방향 기도/ 대화식 기도)
가장 강력하고 능력 있는 기도, 즉 기도의 최고봉은 바로 성령님과 함께하고 성령님이 주도하는 기도라 할 수 있다. 대부분 우리의 기도는 우리가 말하고 싶은 것만 잔뜩 말하고 일방적으로 끝내는 경우가 많다. 이제는 기도에 들어갈 때 말을 먼저 꺼내지 않고, 침묵한 가운데 더러운 내면을 비워내면서 성령님께서 기도를 인도해 달라고 간구하자. 성령께서 임재하시기를 갈망하면서 성령님을 내면으로 모시자.

몇 분 정도 조용한 가운데 위의 자세를 견지하면서 기다리다 보면 성령께서 임재하신다. 이때부터 성령께서 인도하시는 바의 기도가 이루어져 잘 인지하지 못했던 자신의 치부와 죄악된 면들이 생각나기 시작하고, 그것을 성령님께 고백하며 치유받게 된다. 그리고 여러 가지 추진해야 할 계획이나 도움 받아야 할 기도제목들을 가지고 성령님과 구체적으로, 그리고 세세하게 상의하며 인도하심을 받게 되고, 능력도 부여 받게 된다.
특히 각각의 일에 대한 주님의 뜻을 헤아리게 되어 주님이 함께하신다는 확신과 함께 이 일들을 통해 하나님의 나라가 이루어질 것을 기대하며 감격하게 된다. 그리고 말씀을 묵상할 때 말씀의 깊이와 진리를 깨닫기 위해 성령님과 함께 기도하자. 바로 이것이 성령 임재적 기도라고 할 수 있다.

6

하나님의 통전생명관을 밝혀 이분법에 빠진 우리를 일깨우다

한국교회 문제의 원인 분석을 하다 보면 한국교회가 이분법에 빠졌기 때문이라는 주장이 나온다. 그런데 신학자들은 이분법과 이원론을 혼동해서 사용한다. 이원론과 이분법은 분명 다른 개념이다. 이원론은 생명의 구성요소에 대한 용어로, 모든 생명 세계는 서로 다른 양극 요소로 구성되어 있다고 설명하는 논리이다. 반면에 이분법이란 생명의 운영 방식에 대한 논리이다.

이 둘의 차이를 알기 쉽게 설명하자면, 생명요소에 빛과 흑암이 있다고 인식하는 것은 이원론이다. 그런데 빛과 흑암은 서로 다른 개념이기 때문에 빛이 흑암에 어떠한 영향을 주고, 흑암이 빛에 어떠한 영향을 주는지에 대한 메커니즘을 알지 못하고 분리해서 생각하는 것이 이분법이다.

이분법으로 인한 폐해는 실로 대단하다.

① 영이 육신에, 육이 영에, 또 정신이 육에 어떤 영향을 주면서 전인적인 생명을 구현하는지 알지 못해 성도들의 영·혼·육의 온전한 생명 삶을 구현할 수 없음.

② 영과 육을 철저히 분리하고 신앙생활을 둘 사이의 싸움이며 극복할 수 없는 굴레인 양 생각하게 해서 영적인 것으로 사는 것이 참되고 가치 있는 것인 양 생각하고 행동하는 큰 착각을 하게 됨. 결국 영·혼·육의 온전한 구속이라는 하나님 계획을 무산시키는 결과를 초래함.

③ 영과 육을 분리하면 말씀이 육신이 되고 실재(實在)가 되는 변화를 알 수 없어 말씀이 성도들의 삶으로 이어지게 하는 양육에 한계가 발생하게 되고, 결국 위선에 빠짐.

④ 신앙 생활에서 물질이냐 영성이냐의 문제 앞에서 두 요소를 조화롭게 운영하지 못하고 한쪽만을 취하다 보니 삶에 편향성을 띠게 됨. 유물론이나 유심론, 영지주의 또는 신비주의와 이성주의 등의 주장도 같은 맥락으로 부질없는 논쟁에 불과함.

⑤ 이분법을 주장하는 사람들은 영(靈)과 혼(魂)이라는 두 요소를 같은 실체로 취급함. 영과 혼은 분명히 다른 실체인데 정신 영역인 혼을 영과 혼용하면 하나님께서 인간의 자유의지로 찬양과 영광을 받으시기 위한 창조 본래의 목적이 무산되게 됨. 나아가 하나님과의 관계에서 인간이 감당해야 할 몫이 없어져 하나님이 인간에 독점적 관계로만 인식하게 됨.

⑥ 선으로 여겨지던 것이 악이 될 수 있고 악으로 여겨졌던 것이 선이 될 수 있는 개연성을 이해하지 못해 정죄와 비판을 일삼고, 편견에 빠져 자기들만의 선악 기준으로 편 가르고 으르렁대는 행태가 발생함.

이분법으로 파생되는 모든 폐해를 극복할 수 있는 유일한 길은 하나님의 생명 운영 섭리인 통전생명관이다.

통전적 생명관은 생명을 만드시고 그 생명을 온전하게 이끄시는 하나님의 생명 섭리이다. 하나님은 인간의 생명을 영과 혼과 육이라는 3요소로 지으셨고 서로 다른 3요소들이 다르기 때문에 분리되지 않고, 오히려 상호 소통과 합력으로 시너지를 이루면서 더 아름답고 온전한 생명체를 이루는 생명 원리이다. 영·혼·육 뿐만 아니라 세상의 모든 가치와 요소는 서로 떨어지지 않고 소통되며 전환 가능하다. 이것이 죄악과 어둠에서 온전한 생명과 선으로 바꾸시는 하나님의 통전 섭리이다. 성경 말씀은 3요소 모두를 고려한 온전한 생명성을 구현하는데 맞춰져 있다.

"주에게서는 흑암이 숨기지 못하며 밤이 낮과 같이 비추이나니 주에게는 흑암과 빛이 같음이니이다"(시 139:12).

통전적 생명을 이루는 방법은 무엇인가? 주님의 방식을 배워야 한다. 주님의 방식은 '악을 선으로 갚는 방식'이었다. 고난과 시련을 소망과 기쁨의 장으로 바꾸시고, 역전과 합력의 선한 열매를 거두셨다. 악과 죽음의 심판 늪에서 구원으로 이끄시고, 오히려 선과 생명으로 만드셨다. 강도, 창녀, 세리 같은 악한 자를 선한 사람으로 거듭나게 하여 죽음에서 생명으로 이끄셨다.

복음에 대한 통전적 적용은 어떻게 할까? 주님의 복음의 열매는 통전적 생명 효과가 있다. 복음은 인간의 영을 사탄의 영으로부터 구원시키는 것에 그치지 않고, 두려움과 슬픔과 절망의 정신적 고통을 평화와 기쁨으로 바꿔 주며, 육신의 그릇된 관리와 그로 인한 질병에서 건전하게 이끄는 능력이 있다. 즉, 복음은 영만이 아니라 정신과 육체 모든 영역에서 생명의 열매를 거둔다.

한국교회도 이분법적 함정에 빠져 영혼 구원에만 치중하는 일면적 신학에 치우쳐서는 안 된다. 그리고 인간 영혼 구원에 치중하면서 성(聖)과 속(俗)을 구분하고 교회만 구원의 방주로 생각하고, 교회 성장만을 최고의 과제로 추구해서는 안 된다. 통전 신학은 영혼 구원과 교회 성장을 인정하면서도 인간의 전인적 생명 회복과 세상에 들어가 세상을 변화시키고자 하는 하나님의 뜻을 동시에 지향하는 신학임을 유념해야 한다.

통전생명관을 따랐을 때 나타나는 생명적 양태는 무엇인가? 말씀은 영·혼·육 모두에 통전적 영향을 주는 것임을 알게 된다(영이 육과 정신에, 육이 영과 정신에, 정신이 영과 육에 영향 주는 메커니즘 알게 됨). 서로 다른 가치관, 생각, 주장 등을 배타하거나 분리하지 않는다(여야 간, 노사 간, 진보 보수 간 등). 증상만 치료하지 않고, 배경도 치료하는 통합의 학이 구축된다. 복음을 영 구원에만 치중하거나 제한하지 않는다.

말씀 교육을 지식 위주로 하지 않고 전인적인 교육을 통해 영, 혼, 육 모두가 변화되는 길을 이끈다. 사회 통념, 사람들이 정한 윤리, 도덕 기준의 노예가 되지 않고, 이를 뛰어넘는 안목을 갖추게 된다. 사회 통념이나 윤리, 도덕기준을 뛰어넘는 안목을 갖추도록 한다. 남이 실수나 잘못을 저질러도 비판과 정죄를 하지 않고 변화될 수 있다는 생각을 가지고 잘되기를 기도해 준다. 좋다, 나쁘다 등과 같은 선호의 감정에 빠지지 않고 모든 상황을 관조하며 임하게 된다. 성급하게 시시비비 판단하지 않고, 합력하여 선을 이루시는 하나님의 인도하심을 인내함으로 지켜볼 수 있다.

7
한국교회에
한방(韓方)을 먹이다

필자는 《한국교회에 한방(韓方)을 먹이다》를 2018년에 출간하였다. 한국교회의 문제의 원인을 의학적으로 정확히 분석하여 구체적이고도 본질적인 치유책을 제시한 바 있다. 다음은 이 책의 개요를 간단히 소개하겠다.

1) 질병의 배경, 즉 질병의 뿌리를 찾아 치료하는 한의학의 병리론으로 한국교회 문제의 뿌리를 찾다

(1) 위산과다와 위궤양

위궤양은 위 점막이 뚫려 위장 근육층까지 손상되는 질병이다. 손상 이유는 위장 점막을 공격하는 요소인 위산과다와 강한 스트레스, 술과 담배, 각종 화학적 독소 등이 위장의 방어 능력을 능가할 때 발생한다고 의학은 설명한다.

위궤양에 대한 두 의학 치료는 차이가 있다. 서양의학은 위산분비를

억제하면서 손상된 궤양을 덮는 데 주력한다. 치료는 매우 신속하고 확실한 효과를 보는 장점이 있다. 그러나 스트레스와 관련된 부분이라든지 위장의 방어 기능 저하의 문제는 해결하지 못해 재발 우려가 있다.

반면, 한의학에서는 궤양 발생 원인을 몸 전체에서 찾는다. 위 점막만 아닌 시스템 접근이다. 위장 상태는 간장과 심장과 콩팥 같은 이웃 장기의 영향을 받아 상호관계를 이루면서 모든 소화기능을 수행한다고 설명한다.

우선, 간장은 위산과 담즙 같은 소화액 분비에 깊이 관여한다. 간장 기능이 피로하고 저하되면 위산과 담즙 분비 저하로 소화가 안 되고, 간장 기능이 항진(분노, 과도한 술 등)되면 위산과 담즙 분비 과잉으로 속이 쓰리면서 점막 손상과 담즙 역류 현상이 발생한다. 심장은 어미가 자식에게 젖을 주듯이 위장에 좋은 영양과 혈액 공급을 하면서 위장을 돕는다. 그런데 지나친 스트레스로 심장 기능이 약해지면 위장에 혈액 공급을 못해 점막이 빈혈 상태에 빠지면서 방어능력, 회복능력이 떨어져 궤양을 방조하거나 진행을 막지 못한다. 그리고 콩팥은 윤활유와 같은 좋은 진액을 저장하여 몸 각처에 공급하는데, 위장에도 뮤신(mucin)이라는 점막 보호 물질을 공급한다. 이 점액 물질은 위장으로 유입되는 각종 독성 물질과 과도한 위산 공격으로부터 위장을 보호한다.

이러한 원리로 궤양에 대한 한의학 치료는 심장을 강화시켜 위장으로 혈액 공급을 활성화하고, 콩팥의 진액이 위장 점막으로 공급되도록 하며, 간장의 화(火)를 억제하여 위산분비를 억제하는 종합적인 통전 방식으로 접근한다.

궤양 치료는 서양의학보다 늦는 단점은 있지만 궤양 발생의 배경을 통전적으로 파악하여 치료하기 때문에 재발과 만성 진행 우려를 막을 수 있는 장점이 있다.

(2) 침묵의 살인자 당뇨병

침묵의 살인자로 알려져 점점 두려움의 대상이 되고 있는 당뇨병은 혈액의 당 성분이 과잉되어 혈액이 끈적끈적하고 탁해지면서 전신 장애를 유발하는 질환이다. 췌장에서 만드는 인슐린이 부족하거나, 조직으로 유입되는 혈당 이용률이 떨어져 발생한다. 최근 식탁 오염과 식생활 패턴 변화로 어린이 환자까지 급속히 증가하고 있는데, 의학이 발달한 요즘도 근본 치료가 안 되고, 심한 합병증으로 무너지는 사례가 많다. 대부분 당뇨 치료가 고혈당을 순간순간 강하하는 방식이어서, 스스로 이겨 나가는 자가 조절 기능이 감소되고, 또 지속적인 약물 투여로 인슐린 저항성과 췌장 세포의 인슐린 생산 기능이 약화되는 부작용이 있다.

배경 치료에 입각한 한의학의 당뇨 치료는 이러한 부작용 없이 근본 치료에 도움을 준다. 혈당만 조절하는 방식에서 스스로 혈당을 조절하는 몸 시스템으로 바꾸는 것이다. 이를 위해 당뇨병을 유발하는 몸 전체에서의 문제를 찾아낸다.

첫째, 최근 당뇨병 형태는 대부분 인슐린은 충분한데 혈중 포도당이 조직으로 유입이 안 되는 2형 당뇨이다. 그것은 조직 세포막에 노폐물 즉 담(痰)이 껴서 포도당이 조직으로 들어가지 못해 생기는 것이다. 비만이면서 운동 안 하는 사람에게서 잘 발생되는 이 형태는 위장의 담적 치료를 적용하여 세포막에 낀 노폐물을 제거하면 혈중 포도당이 조직세포로 잘 유입되어 혈당이 저절로 떨어진다. 둘째, 잉여 혈당의 재처리 시스템을 활성화하는 것이다. 혈중에 포도당이 과잉되면 간장에서 이를 가져다가 중성지방으로 재처리하여 제거하는데, 과로 등으로 간장 기능이 떨어지면 잉여 당뇨를 처리하지 못한다. 헤파큐어라는 간장 활성 생약 처방을 투여하여 과잉 혈당을 신속히 재처리해서 혈당을 내린다. 셋째, 인슐린을 외부에서 투여만 할 게 아니라 췌장 세포 자체에서 인슐린 생산기능을 촉진시키는 것이다. 췌장기능이 손상되어 인슐린 생산을 못하거나 인슐린 장기 투여로 췌장의 인슐린 생산능력이 퇴화된 경우, 한의학의 비음(脾陰: 췌장의 베타세포와 같은 개념)을 강화시키는 처방을 통해 췌장의 인슐린 생산을 촉진시켜 외부 인슐린 주입을 줄여나간다. 넷째, 쇼크나 과도한 스트레스 등으로 발생되는 스트레스성 당뇨의 경우에도 한방에서 교감신경계의 항진을 억제하고 화병으로 인한 췌장의 인슐린 생성이 위축되지 않도록 하는 자음강하법을 신속히 적용하여, 평생 인슐린 투여에 의존하지 않고도 스스로 회복할 수 있는 근본적인 치료의 길도 가능하다.

이러한 통전 치료를 통해 혈당 강하제나 인슐린 투여를 최소화하고, 합병증 진행 억제는 물론 전신 건강도 유지시켜 유전적 소인만 아니면 거의 근본적인 치료를 이루게 된다. 실제 임상에서 이러한 치료를 적용해서 약을 중단하고 스스로 관리할 수 있는 정도까지 성공한 예가 허다하다. 당뇨병도 유전 결함만 아니면 평생 약을 먹지 않고 치료할 수 있는 병이다.

이렇듯 한의학은 질병의 현상보다는 배경과 뿌리를 찾아 근원부터 해결하고자 한다.

그동안 기독교계에서는 한국교회 문제의 원인을 말씀대로 살지 않아서 그렇다든가 물욕 때문에 그렇다든가 하는 등의 요소들을 제시했는데, 이러한 것들은 근본 요인이 되지 못한다. 말씀대로 살지 않는 더 근본 이유를 찾아야 하고, 왜 물욕이 생겼는지에 대한 근본 원인을 찾는 것이 바로 진정한 해결을 위한 뿌리를 찾을 수 있게 되는 것이다. 그래서 《한국교회에 한방을 먹이다》라는 책에서는 한국교회 문제를 한의학적인 방식을 통해 근본 원인을 찾아 해결하려는 노력을 기울였다.

한국교회의 문제를 어떤 질병으로 치환할 수 있을까? 암일까? 당장 죽을 것 같지는 않으니 암이라기엔 무리가 있다. 중풍병자는 어떠한가? 그러나 중풍병자처럼 겉으로 마비 현상이 있지는 않다. 몸집이 거대해졌으니 비만은 어떠한가? 이런저런 질환들을 떠올려보지만 일부만 비슷할 뿐 핵심 증상을 치환할만한 것이 없다.

2) 한의학적인 관점에서 원인을 찾아가던 중 하나님의 인도하심으로 28세 여성 환자에게서 육체에도 위선적 현상이 있다는 것을 발견했다. 그리고 이를 통해 한국교회 문제 핵심 원인을 찾게 되었다(이 책 P.78 참조)

그것은 바로 육체의 위선병(담적증후군)이 아닌 영혼의 위선병이었다. 바리새인들이 바로 이러한 병에 걸려서 예수님께 심판 받았던 것이다. 영혼의 위선병은 자기합리화를 하거나 악도 선으로 가장하고 선을 악으로 공격까지 하는 무서운 병으로서 치료하기 어렵다. 그러나 이 책에서는 28세 여자 환자의 육체의 위선병을 치료한 것처럼 영혼 영역에서의 위선도 치유할 수 있는 치료책을 제시하였다.

육체의 위선병 치료법 5가지 과정을 영혼의 위선병 치료법에 적용한 것을 간략하게 살펴보면 다음과 같다.

① 잘못된 식습관에 대한 깊은 반성 ➡ 불순종에 대한 깊은 반성과 회개
② 바른 식습관 철저하게 따름 ➡ 경고와 권고의 말씀을 철저하게 따른다.
③ 위장 신경세포를 마비와 변성시킨 담 독소 제거 치료 ➡ 여기에서 의사는 성령님이시다. 그리고 신경계를 변성시킨 담 독소는 양심에 낀 죄악의 감정이다.
④ 경보시스템 회복(치료 후 많이 먹으면 소화 안 되는 건강한 반응 회복) ➡ 양심 회복과 자신의 죄에 대한 건전한 반응 회복
⑤ 음식을 절제함으로 몸이 깨끗해지고 질병이 사라짐 ➡ 매 순간 죄를 짓지 않기 위해 노력하고, 마음속에 조그만 죄악이라도 싹트지 않도록 내면의 관리를 철저히 함으로써 거룩하고 선한 참 그리스도인으로 거듭나게 된다.

또한 여기서 더 나아가 겉만 번지르르한 속빈 강정 같은 한국 교인들의 비어 있는 속이 무엇인가를 찾게 되었다. 그것은 바로 '생명'과 '진리'와 '사랑' 세 요소였다. 여기서의 생명은 우리가 흔히 이야기하는 육체의 건강만을 이야기하는 것이 아니다. 영·혼·육의 통전 생명 상태를 의

미하는 것이다. 이것이 바로 하나님께서 우리에게 요구하시며 이끄시는 참 생명인데, 이러한 경지를 이룰 수 있는 길을 제시한 것이다.

그리고 진리로 자유함을 얻는 것, 오직 진리이신 하나님과 하나님 말씀 속에서 죄의 속박과 인생의 멍에로부터 자유함을 얻게 되는 경지인데, 성령님과 함께 이러한 경지를 어떻게 이루어 나가는지에 대해서 상세히 설명해 놓았다.

마지막 세 번째는 사랑이다. "원수를 사랑하라", "이웃을 네 자신과 같이 사랑하라"는 하나님의 명령이 너무 어렵고 높아 하나님을 믿는 그리스도인이지만 그 사랑을 실천하는 노력을 대부분이 기울이지 못했다. 이 책에서는 하나님의 사랑의 실체를 단순한 아가페적인 사랑만이 아닌, 아가페 사랑을 뛰어넘는 하나님 사랑의 실체를 밝혀내었고, 이러한 하나님의 사랑을 이루어 나갈 수 있는 길을 자세하게 설명해 놓았다. 하나님께서 요구하시는 그 사랑을 실천할 수 있는 길을 열어놓은 것이다.

3) 특히 서양의학에서는 뇌 과학 위주로 인간의 생명을 설명하지만 한의학에서는 뇌보다는 오장육부가 인간 생명의 중심이라고 생각해 왔고 이것이 성경적임을 밝혀냈다.

한의학에서는 오래전부터 '감정은 오장육부에서 발현된다'고 주장해 왔다. 뇌 과학자들은 모든 정신활동은 뇌가 처음과 끝을 관장한다고 주장하지만 한의학에서는 정신 및 육체활동에 있어 오장육부가 먼저이고, 오장육부가 종점이라는 것이다. 오장육부에는 내장신경이 있어서 정신기능을 수행하는데, 뇌는 오장육부의 내장신경이 보내준 정보를 받아서 입력되어 있는 정보들을 종합하여 판단해서 이를 다시 오장육부에 명령을 내리기 때문에 순서로 따지자면 뇌보다 몸이 먼저이고, 정보의 발원지라는 것이다.

뇌를 인간 생명의 알파와 오메가로 인식하는 현대 의학의 뇌 중심 이론에 대한 비판이 최근 일고 있다. 인지 과학자들은 인간의 모든 정신 활동에 있어서 뇌 중심 이론을 뒤집고 있다. 인간은 의식적일 때보다 무의적일 때 더 많은 것을 판단한다고 주장한다. 대표적 학자인 조지 레이코프는 "의식적 사고는 거대한 빙산의 일각에 불과하다. 무의식적 사고가 모든 사고의 95%라는 것이 인지 과학자들 사이에서는 경험상의 일반 원리로 통하지만, 그것도 심각할 정도로 과소평가한 것일지 모른다. 더욱이 의식적 인식의 표면 아래에 있는 95%가 모든 의식적 사고를 형성하고 구조화한다"고 말했다.

이러한 사실에 대해 성경은 이렇게 말한다.

"모든 지킬 만한 것 중에 더욱 네 마음을 지키라 생명의 근원이 이에서 남이니라"(잠 4:23).

"나를 믿는 자는 성경에 이름과 같이 그 배에서 생수의 강이 흘러나오리라 하시니"(요 7:38).

생명의 근원이 마음에서 난다 하면서 바로 생명의 근원은 뇌가 아니라 배 즉 복부라는 것인데, 복부의 마음 즉 감정을 잘 지키면 오장육부에서 생수의 강이 흘러나온다는 것이다.

"내게 이르시되 인자야 내가 네게 주는 이 두루마리를 네 배에 넣으며 네 창자에 채우라 하시기에 내가 먹으니 그것이 내 입에서 달기가 꿀 같더라"(겔 3:3).

그동안 우리 대부분은 감정과 달리 뇌신경세포에서 발현되는 의식세계인 생각을 중요시하면서 감정에 대해서는 소홀히 했다. 그래서 뇌에만 초점을 맞춘 지식과 생각 위주의 학습법을 적용하고, 말씀 공부도 그렇게 하다 보니 감정 같은 무의식세계는 변화가 없었다. 그래서 말씀에 대한 생각과 지식은 탁월한데, 감정은 더러워 겉과 속이 다른 위선자가 된 것이다. 겉으론 경건해도 속이 미움과 시기 질투와 분노, 탐욕으로 가득 차 있는 회칠한 무덤도 내면의 감정이 변하지 않은 결과이다.

신앙은 단순한 학습이 아니다. 깨달음을 통해 하나님의 말씀을 체득하는데 부단히 훈련하고 적용하는 또 하나의 삶이다. 깨달음의 삶을 영위하기 위해서는 평소 입체적 공부 방식을 적용하여 하나님의 말씀을 머리로만이 아닌 마음과 몸에까지 이입하는 훈련을 해야 한다.

이를 위해서는 말씀의 통전적 교재와 교육방식이 필요한데 어떻게 통전적 교재를 제작할 수 있는지, 어떻게 말씀이 몸에까지 이입이 되게 하는지에 대해 《한국교회에 한방을 먹이다》 책을 통해 제시하였다.

4) 오장육부에 육체의 감정이라는 정신세계가 있다는 심신합일론을 주장함으로써 육체의 정욕의 실체를 파악했고, 육체가 손상되면 영과 혼이 손상되고, 영이 손상되면 혼과 육이 손상되고, 혼이 손상되면 육과 영이 손상되는 상호관계를 파헤쳤다

한의학의 심신합일설(心身合一說)은 오장육부에는 고깃덩어리 개념의 조직세포만 있는 게 아니라 그 조직 속에 감정과 정서가 내재하여 있다는 것을 주장한다. 즉, 하드웨어 속에 소프트웨어가 내장되어 함께 장부의 육체적 기능을 수행한다는 것이다.

육신(肉身) = 육체(肉體) + 감정(感情)

육신은 조직세포라는 하드웨어와 감정이라는 소프트웨어가 공존하는 구조로 육신과 육체의 개념이 다르다. 한의학에서는 오장육부에 내재하여 있는 감정을 칠정(七情)으로 설명한다. 기쁨(심장), 노여움(간), 근심(위), 생각(위), 슬픔(폐), 놀람(심장), 두려움(신장)이 그것이다.

우리가 죄악시했던 육신의 정욕의 실체는 바로 육체 자체가 아닌 육체(오장육부)에 내재된 감정들이었던 것이다. 이러한 감정들이 과하거나 부족했을 때 나타나는 부정적인 품성들(예: 간에 내재된 노〈怒〉의 감정은 좋은 것이지만 지나치면 포악·탐욕이 되고, 부족하면 비겁이 됨)이 육신의 정욕이고 치유해야 할 대상이었던 것이다.

하나님은 죄의 삯은 사망이라는 사망 원리를 우리에게 말씀하셨다. 죄악된 감정들이 오장육부의 질병과 나아가 죽음을 가져온다는

것이다. 이것을 알게 되면 죄와 사망의 법과 생명의 성령의 법의 실체를 의학적으로 설명할 수 있게 된다. 죄악된 감정은 육체를 죽이고, 생명의 감정은 육체를 살린다는 결론이다.

한국교회의 문제를 한의학에서 질병 다루듯 분석하여 제시한 이 책은 지금 한국교회 안에 드러나고 있는 문제의 근본 원인과 해결방안을 제시하였고, 육체의 위선병인 담적증후군이 임상에서 수많은 사람들을 고통에서 해방시켜 줬듯이, 이 책은 실제 기독교인들의 삶과 교회에서 실제적인 변화를 이끌고 있다. 하나님의 치유의 통로로 이 책이 사용되어 한국교회가 온전히 건강해지기 바란다.

추천사 모음

- 동서양의학을 아우르는 통합의학적 시각에서 말씀을 생명 논리로 재구성한 최초의 이론들을 접하게 되어 저자의 수고에 고마움을 느낍니다. 우리 모두 저자의 생각과 하나가 되어 한국 교회를 새롭게 일궈 나가는 길을 열어 나갔으면 합니다. - **홍정길** 목사(밀알복지재단 이사장)

- 목사로서 한방(韓方) 먹은 느낌이 듭니다.…한국교회가 낳은 이 성경적이면서 통전적 생명관의 영성훈련이, 세계적으로 아주 획기적인 평가를 받을 수 있다고 봅니다. - **이재훈** 목사(온누리교회 담임)

- 흔해 빠진 한국교회 비판서와는 차원이 다르다. - **박성민** 목사(한국 CCC)

■ 아무리 어려운 병도 진짜 명의를 만나서 그 말을 들으면 치유될 수 있습니다. 한국 교회와 성도들이 이 책에 주목해야 하는 이유입니다.
– **곽수광** 대표(코스타 국제본부)

■ 그동안 교회 교육은 주로 합리론적 전통 위에서 신앙을 머리로 '이해' 시키는 데 집중해왔다. 그러나 '이해'만으로는 삶을 변화시키지 못한다.…그런 점에서 본서는 한의학의 심신합일론의 바탕 위에서 신앙을 '체화'(embodiment)시키는 데 집중한다. 또한 기독교 신앙이 기독교인의 삶을 변화시키도록 하는 데 그 목적을 두고 있다. 그리고 이를 실천하기 위한 구체적인 해결책들을 제안한다. – **이상일** 교수(총신대 신학과)

 마음에 꼭 새겨 두어야 **할 한마디**
: 하나님은 신학자가 아니시다. 하나님 자녀의 생명을 살리시는 분이시다.

6
CHAPTER

기독교 신앙과 의학을 융합하여 강의하다

하나님은 당신의 백성이 어떻게 하면 영·혼·육이
흠 없이 온전해질 수 있는지에 대한 비결을 알려주셨다.

- 죄와 질병 그리고 사망의 근본 원인을 알게 하심
- 죄와 사망의 법과 생명의 성령의 법에 대한 개념을 알게 하심
- 육신의 정욕의 실체를 찾아내게 하심
- 혼이 영과 육, 육이 혼과 영, 영이 혼과 육에 영향을 주는 메커니즘 알게 하심

1
그리스도인의 온전한 건강이란 무엇인가?

Q 하나님의 자녀가 된 사람들의 영·혼·육의 건강은 하나님을 믿지 않는 사람들의 건강 상태와 달라야 되나요?

A 대부분 하나님을 믿기 때문에 영적인 영역은 분명 그들과 다르다고 자부할 수 있지만, 정신세계와 육체의 상태에서는 유별한 차이가 있다고 느끼지 못할 것입니다. 그러나 하나님의 자녀라면 영적인 차이 못지않게 정신세계와 육체의 상태도 바르고 건강해야 함을 유념하면서 이를 위해 노력해야 합니다. "평강의 하나님이 친히 너희를 온전히 거룩하게 하시고 또 너희의 온 영과 혼과 몸이 우리 주 예수 그리스도께서 강림하실 때에 흠 없게 보전되기를 원하노라" 하신 말씀과 같이 하나님은 당신 자녀의 영과 혼과 몸이 모두 온전해지기를 원하신다는 것입니다.

WHO의 건강 정의를 보면, "건강이란 질병이나 병약함이 없는 것만 의미하는 것이 아니라 육체적, 정신적, 영적, 사회적으로 완전히 웰

빙한(행복한) 역동적 상태"라고 합니다. 소화도 잘되고 근골도 튼튼한데 이런저런 스트레스로 우울과 두려움에 빠져 있다면 온전한 건강이 아니란 것이고, 또 영적으로 바르고 충만하며 선한 생각과 행동을 하는데 밥도 못 먹고 잠도 못 자고 피곤하고 빌빌거리는 것도 온전한 건강이 아니란 것입니다.

하나님은 영적으로 아무리 충만해도 육체에 문제 있는 것을 원하지 않으십니다. 말씀에서와 같이 하나님은 피조물이 영과 혼과 몸이 모두 온전해지기를 원하십니다. 교회에서도 영적인 부분만 강조해서는 안 되는 이유가 여기에 있습니다.

Q 영·혼·육의 온전한 건강이란 어떤 상태를 말하는 건가요?

A 인간 생명의 완전한 상태는 심판 후에 천국에서 실현될 수 있는 경지지만 이 땅에서도 하나님의 자녀가 된 그리스도인들이라면 영·혼·육의 전인건강을 향해 주님의 인도하심과 성령님의 도움을 받아 경주해야 한다고 생각합니다. 그런데 영·혼·육 3요소 중 전인건강의 전제가 되는 요소가 바로 혼의 건강, 즉 정신건강입니다. 왜냐하면 아담과 하와의 정신세계의 실패가 인간의 육과 영을 죄와 사망으로 이끌었기 때문입니다. 정신세계는 죄와 질병의 시발이듯 건강의 시작점이기도 한 것입니다.

먼저, 혼의 건강을 살펴봅시다. 과연 어떤 것이 최고의 정신건강 상태일까요? 아시다시피 혼은 지(知)·정(情)·의(意)로 구성되어 있습니다. 지(知)는 세상 지식은 물론 하나님과 말씀을 아는 지식이 충만해야 합니다. 그리고 정(情)의 건강 상태가 제일 중요한데, 실제로 우리는 학교 다니면서 또 교회 다니면서 우리의 지식 창고는 풍부하게 하지만 감정을 바르게 하는 데는 소홀합니다. 연구해 보면 지식이나 생각보다 감정이 훨씬 건강에 더 큰 영향을 끼칩니다.

화낼 상황에서도 분내지 않고, 온유하며, 잘난 점이 있어도 교만하거나 자랑하지 않고 겸손하고, 미움·시기·질투의 마음 품지 않고 이해와 용서의 마음을 유지하고, 예민하거나 소심하거나 우울하지 않으며, 불안하거나 두려움에 빠지지 않고 담대함과 평안을 유지하는 것이 정신건강은 물론 영과 육의 건강으로까지 이어지기 때문에 감정 건강이 우리 건강의 핵심입니다. 의(意)는 먹음직, 보암직, 탐스러움 등 어떠한 상황에서도 흔들리지 않는 심지 굳은 믿음으로 잘못된 행동을 하지 않는 것을 말합니다.

두 번째로, 육의 건강을 살펴봅시다. 이에 대한 내용은 대단히 많지만 간단히 요약하면, 우선 지속적이고 적당한 운동과 자세 관리로 근골이 튼튼해야 합니다. 그리고 혈액순환이 잘되어야 하고, 혈액과 림프액이 맑고 깨끗해야 합니다. 신경도 너무 둔하거나 반대로 너무 예민하지 않고 정확한 판단과 평안을 유지해야 합니다. 호르몬도 독성, 열성 호르몬(코티졸, 카타콜라민 등)이 과잉 분비되지 않고 좋은 호르몬(세로토닌 등)이 알맞게 분비되어야 합니다.

상기의 건강 상태 중 신경 평안과 좋은 호르몬 분비는, 하나님 말씀에 순종하고 성령과 동행하면 가능합니다. 그런데 피와 림프가 맑고 근골이 건강하려면 위와 장 관리를 잘해야 합니다. 육체 건강의 대부분은 위와 장 건강에 달려 있습니다. 이것을 한의학에서는 '십병구담'(十病九痰)이라고 합니다. 위와 장에 담 독소(만병의 근원. 서의에선 모름. 각종 암, 우울증, 심근경색, 치매, 두통, 어지럼, 관절질환, 피부질환, 공황장애 등의 원흉)가 생기지 않게 하는 것이 중요합니다(담적증후군). 음식을 조심하여 속(위와 장, 간장)이 청결하고 좋은 미생물이 서식하면 대사와 해독, 면역기능이 원활하게 됩니다.

마지막으로 영의 건강을 살펴보면, 무엇보다 중요한 것이 그리스도인들은 영의 세계를 보며 교감할 줄 알아야 한다는 것입니다. 하나님은 인간을 영적 존재로 지으셨기 때문입니다. 그런데 의외로 교인들에게 영의 세계를 보는 안목이 없습니다. 교회에서 교육을 통해 영안을 열어 주고, 우리 몸의 영이 흐르는 영맥을 뚫어 줘야 합니다.

그래야 성령과 악령의 일들을 구분할 줄 아는 영적 지혜를 지니게 됩니다. 악한 영과의 싸움에서 이길 줄 알며, 죄의 길에 빠지지 않고 악의 길에 들어서지 않습니다. 성령님과 깊은 교제를 나누며 성령 충만한 상태를 이루게 됩니다. 그래야 어떠한 상황에도 흔들리지 않는 믿음을 지니게 됩니다.

이런 모습이 이루어져야 하나님의 진정한 생명, 진리, 사랑을 덧입었다 할 수 있습니다. 이것이 바로 데살로니가전서 5장 23절에서 말씀하는 그리스도인의 궁극의 온전한 건강입니다. 천국은 심판 이후에만 있는 것이 아닙니다. 지금 주님을 믿는 우리들의 삶과 내면에 하나님이 계시는 것이 바로 천국인 것입니다.

2
최고의 의사와 함께라면 온몸이 건강해진다

Q 최고의 의사는 누구를 말하는 건가요?

A 최고의 의사이며 치료자이신 성령님을 소개해 드리겠습니다. 보혜사 성령님은 나를 도와주려 작정하고 하나님께서 우리에게 보내주신 분이십니다. 성령님을 보혜사라고 말하는데, 보혜사란 바로 우리 뒤에서, 앞에서, 옆에서, 위에서, 속에서 도와주시는 분이라는 뜻입니다. 그뿐만 아니라 성령님은 신이시지만 인격체로서 인간인 나의 마음과 형편과 어려움과 허물을 나보다 더 잘 아시고, 이를 상담해 주시고, 가르쳐 주시고, 어려울 때 길을 열어 주시고, 아플 때 치료하시고, 세워 주시고, 변호해 주신다는 것입니다. 근심, 걱정하지 말고, 두려워하지 말고 인생을 강하고 담대하게 살아가도록 성령님께서 도와주시겠다는 것입니다. 최고의 의사이신 성령님의 기능과 역할을 우리가 최대한 삶에 활용하고 적용하면 건강하게 살아갈 수 있을 것입니다.

Q 세상 의사와는 어떤 다른 점이 있나요?

A 세상의 의사들은 주로 육체의 문제를 치료하고, 뿌리보다는 문제된 것만 치료하지만 성령님은 영과 혼뿐만 아니라 육의 근본적인 문제까지도 해결해 주십니다.

Q 성령님께서 우리의 영적인 부분이나 정신 영역에 대하여 바르게 하시고 상담해 주시는 것은 이해가 되지만 육의 건강에는 어떻게 관여하시나요?

A 먼저 '생명의 성령의 법'에 대한 의미를 설명하겠습니다. 이는 성령의 법을 따르면 온전한 생명성을 드러낼 수 있다는 것입니다. "성령의 열매는 사랑과 희락과 화평과 오래 참음과 자비와 양선과 충성과 온유와 절제니 이 같은 것을 금지할 '법'이 없느니라"고 하였습니다. 이러한 성령의 품성을 유지하면 질병이 발생되지 않고, 질병이 발생되더라도 치유될 수 있는 길이 열린다는 것입니다. 이를 의학적으로 분석해 보면, 성령께서 함께하시면 그동안 죄와 사망의 법(죄악된 감정과 비생명적인 삶의 모습들)에 얽매여 발생된 병리적 상황이 서서히 해결되며, 모든 생리 활성이 긍정적이고 생명적인 방향으로 U턴하면서 서서히 생명의 장이 열린다는 것입니다.

예) 성령의 마음으로 충만(평안, 기쁨, 담대함, 온유 등) → 오장육부 안정 → 혈액 순환과 좋은 호르몬 분비 활성화 → 대사 기능과 해독 기능 촉진 → 영·혼·육의 건강을 이룸

Q 간혹 주위에서 '제가 허리가 아프고 디스크가 있고 수술 안 하면 안 된다고 하는데 성령님께서 도와주셔서 나았다' 라든가 '내가 암 덩어리가 있었는데 기도했더니 성령님께서 그 암을 없애 주셨다'라는 간증을 하는 경우가 있는데, 어떠한 원리로 치료하시는 건가요?

A 의학에서는 이상한 일이거나 우연이라며 성령님께서 하셨다는 것에 동의하지 않는 경우가 대부분입니다. 만약 성령 치유가 아닌 그저 우연이라 한다거나 그저 미신 정도로 치부한다면 성령의 신비한 치유 사역이 우습게 여겨질 것입니다. 대충 넘어가지 않고 어떻게든 성령의 치유사역이 설명되어야 하는 이유입니다. 그러면 성령님께서 새로운 척추 뼈를 갈아 끼우셨을까요? 암 덩어리를 떼어내셨을까요?

공의의 하나님이시기 때문에 구조 자체를 바꾸시는 깜짝 쇼를 하지는 않으실 것입니다. 성령께서 치유해 주실 거라는 강한 믿음과 확신을 가지면 성령님이 개입하여 척추 뼈 이상이나 암을 만들게 한 인체의 잘못된 기능이나 시스템을 개선하실 것입니다. 구체적으로 설명하면 혈액순환을 촉진하고, 악혈을 없애며, 통증 조절 물질이나 면역 기능을 활성화하는 형태로 치유에 관여하신다는 겁니다. 구조나 물질 자체를 변화시키기보다 주로 시스템이나 기능 영역, 그리고 생리 활성에 영향을 줘서 신속하게 구조 변화를 이끌어 내실 것입니다. 이는 당신이 창조하신 생명 구조라는 공의를 거스르지 않으면서, 환자의 영과 혼을 생명의 변화로 이끌면서 육을 치료하는 통전 방식을 사용하시는 것입니다.

Q 그렇다면 우리가 질병 가운데 놓여 있을 때 성령님께 어떤 자세를 갖고 나아가야 할까요?

A 질병 가운데 있을 때 자신은 변화 없이 성령의 기적만 바라고 모든 것이 갑자기 좋아지기를 간구하기보다는, 강한 신뢰와 믿음을 가지고 성령님께 자신의 문제를 세세하게 내어놓고, 겸손과 애통하는

마음으로 자신의 생사는 오직 성령님께 달렸음을 인정하며 맡겨야 합니다.

Q 아무리 믿음이 좋아도 살면서 많은 정신적 어려움을 겪는 경우가 많은데, 어떻게 하면 마음의 평안을 얻어 영·혼·육의 건강을 이루어 나갈 수 있을까요?

A 충실하게 신앙생활을 해도 세상의 이런저런 일로 불안과 근심과 두려움에 사로잡혀 있을 때가 많고, 이기심과 욕심을 버리지 못해 미움, 시기, 교만, 탐욕에 빠져 있을 때가 많습니다. 이는 성령님과 함께하지 못하는 신앙생활을 하기 때문입니다. 성령님은 생명을 만드신 무소불능의 권능자이십니다. 그분께 당신의 생명과 인생을 전적으로 맡겨야 합니다. 그런데 많은 신앙인들이 보혜사 성령님과 동행하는 방법을 모르거나 중요하게 생각하지 않아 자기 방식대로 사는 경향이 많습니다. 그분은 우리 인생에 중요한 분 정도가 아니라 절대적인 분이십니다. 성령님을 알고, 보고, 동행하는 삶을 배우시기 바랍니다. (P. 221 참조)

3
병의 근원을 찾아서 전인건강의 길을 열다

Q 창조주 하나님이 만드신 인간은 거의 완벽한 생명성을 지닌 존재로 알고 있는데, 왜 이렇게 질병과 사망의 존재로 전락했나요?

A 질병과 사망의 존재로 이끈 요소는 육체의 연약함이 아니라 죄를 지었기 때문입니다.

> "그러므로 한 사람으로 말미암아 죄가 세상에 들어오고 죄로 말미암아 사망이 들어왔나니…"(롬 5:12).

이처럼 죄를 지으면 죽는다는 '죄와 사망의 법' 원칙이 세워진 것입니다.

Q 인간을 질병과 사망의 존재로 이끈 죄의 근원은 어떤 것을 말함인가요?

A 죄의 시발 역할을 했던 하와의 행동을 통해 죄의 근원을 살펴 보겠습니다.

1) 죄의 근원은 무엇일까요?

죄의 근원을 찾으려면 인간을 사망의 존재로 추락시킨 죄의 시조 하와가 선악과 따 먹었을 때의 행동을 분석하면 발견할 수 있습니다. 먼저 어떤 요소가 가장 시발이 되는지 찾기 위해 인간의 정신세계를 살펴볼 필요가 있겠습니다.

2) 정신세계의 구도

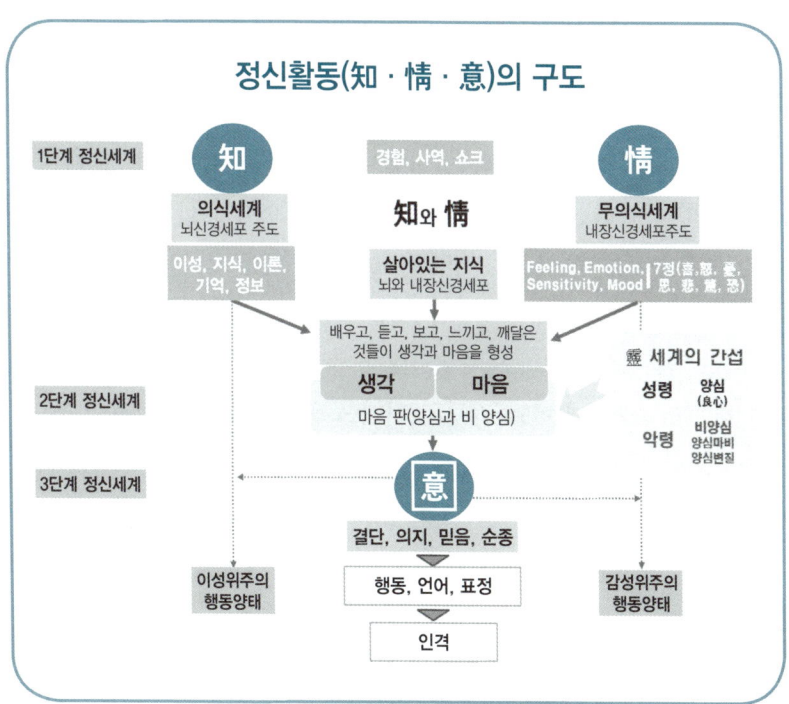

상기 그림은 인간 정신활동의 전반적인 구조인데, 지(知)·정(情)·의(意)의 3요소로 정신세계는 구성되어 있습니다. 지(知)는 뇌 중추신경에서 주관하며, 주로 지식, 정보, 이론을 기억하고 저장하면서 주로 의식세계와 이성적 정신활동을 펼칩니다. 그에 비해 정(情)은 뇌가 아니라 오장육부의 내장신경에서 주관하는데, 희(喜)·노(怒)·우(憂)·사(思)·비(悲)·경(驚)·공(恐)이라는 칠정(七情)을 발현하며, 무의식세계와 감성적 정신활동을 펼칩니다. 뇌는 지(知)를, 몸은 정(情)을 발현하면서 상호관계를 이루며 온전한 정신세계를 이룹니다. 지(知)에 근거해서 사는 사람은 이성 위주의 행동양태를 보이고, 정(情) 위주로 사는 사람은 감성 위주의 행동양태를 보입니다. 그리고 지(知)와 정(情)을 한꺼번에 입력시킬 수 있는 좋은 요소는 바로 경험과 실제 사역과 쇼크 같은 강한 자극입니다.

지(知)와 정(情)이 합해져 생각과 마음이라는 다음 단계의 정신세계를 형성합니다. 생각과 마음은 다릅니다. 생각은 지식에서 형성된 정신요소이며, 마음은 감정에서 형성된 정신요소입니다. 생각과 마음이 의지와 행동으로 이어지기 전에 영(靈)의 세계와 소통하며 영을 선택하는데, 성령을 선택하면 성령 지배를 받아 의지와 결단과 행동을 하게 되고, 악령을 선택하면(꼭 악령을 의식해서 선택하지는 않더라도 세상에서 익힌 대로 하면 이에 해당) 악령의 지배를 받아 사탄의 일들을 하게 됩니다. 영(靈)의 세계와 합쳐진 생각과 마음은 고도의 정신요소인 의지(意志)로 진행되는데, 의지는 곧 행동으로 이어지면서 말과 표정과 행위를 하게 되고, 이것이 반복되면서 인격(人格)이 되는 것입니다. 이러한 정신활동의 구성요소와 상호간의 메커니즘을 이해하면 정신요소 중 어떤 것이 죄의 시작점인지 그 근원을 찾아낼 수 있습니다.

3) 죄를 지을 당시의 하와의 행동분석

그동안 신학에서는 불순종과 교만을 죄의 근원으로 제시한 바가 있는데, 상기의 그림을 통해 불순종은 의에 해당되고 교만은 생각과 마음 차원으로, 불순종과 교만을 이끈 더 근원적인 요소가 있음을 알 수 있습니다. 그것은 바로 지(知)와 정(情)입니다. 이러한 사실은 하와가 죄를 지을 때 정황을 분석해서 지와 정 중에서도 더 근원 인자를 찾아야 합니다.

불순종의 원조인 하와의 행동 분석

창 3:1-6 "뱀은 여호와 하나님이 지으신 들짐승 중에 가장 간교하니라 뱀이 여자에게 물어 이르되 하나님이 참으로 너희에게 동산 모든 나무의 열매를 먹지 말라 하시더냐 여자가 뱀에게 말하되 동산 나무의 열매를 우리가 먹을 수 있으나 동산 중앙에 있는 나무의 열매는 하나님의 말씀에 너희는 먹지도 말고 만지지도 말라 너희가 죽을까 하노라 하셨느니라 뱀이 여자에게 이르되 너희가 결코 죽지 아니하리라 너희가 그것을 먹는 날에는 너희 눈이 밝아져 하나님과 같이 되어 선악을 알 줄 하나님이 아심이니라 여자가 그 나무를 본즉 먹음직도 하고 보암직도 하고 지혜롭게 할 만큼 탐스럽기도 한 나무인지라 여자가 그 열매를 따 먹고 자기와 함께 있는 남편에게도 주매 그도 먹은지라"

① 정신영역 자극 - 하와의 생각을 떠봄.
② 지(知) - 하와는 바른 정보를 갖고 있었음.
③ 새로운 지(知) - 하나님이 거짓말한 것, 죽지 않음, 하나님과 같게 된다는 거짓 정보를 줌.
  * 여기까지 하와는 아직 죄악된 행동을 하지 않음.
④ 정(情) - 먹기 좋고 보기 좋은, 탐스럽게 느낌. 탐욕 발생, 하나님 말에 일말의 부정적 느낌이 들기 시작함.

⑤ 마음과 생각 - 먹고 싶은 마음이 생기면서 하나님 말씀이 틀릴 수 있다는 생각으로 바뀜.
⑥ 의지 - 한 번 따먹어볼까 의지의 욕구가 생기면서 먹기로 결정함
⑦ 행동 - 실제 따 먹고 아담에게도 주어 죄를 전염시킴
⑧ 인격 - 하나님의 형상으로 지음 받은 인간이 죄의 그릇으로 변모

이를 통해 인간이 질병과 사망의 존재로 된 것이 죄악된 감정에서 시작됨을 알 수 있습니다. 보암직도, 먹음직도 하게 된 감정이 불순종과 교만을 이끈 첫 단추이고, 죄와 사망의 근원인 것입니다. 오늘날 우리의 모든 죄와 질병도 죄악된 감정으로부터 시작되는 것이라 할 수 있는데, 만약 죄악된 감정을 극복 못하면 하와와 차이가 없습니다. 우리를 향한 하나님의 뜻과 계획은 선악과 같은 세상 상황에서 하와처럼 죄악된 감정과 행동을 선택하지 않는 존재로 이끄는 것입니다. 위선도 겉은 경건하지만 속이 미움, 시기, 질투, 탐욕으로 가득 차 있는 것으로서, 진정한 의인이 되고 건강한 생명을 이루기 위해서는 반드시 죄악된 감정이 바뀌어야 함을 명심해야 합니다. 선악과는 오늘날 우리 삶의 현장에 다양한 상황으로 존재하고 있습니다.

Q 감정이 인간의 질병과 사망에 근원 역할을 했다는 박사님의 이론에 공감이 갑니다. 그런데 그동안 우리는 뇌에서 주도하는 의식세계, 즉 이성이나 생각을 중요하게 생각했는데 이들보다 감정이 더 중요하다는 말씀인가요?

A 우리는 살면서 생각이나 지식, 정보 등이 훨씬 중요한 삶의 요소라 생각했고, 그래서 하나님과 말씀에 대한 지식과 생각 위주로 신

앙생활을 하고, 세상에서도 그렇게 살아왔습니다. 물론 많이 아는 것이 중요하고 경쟁력이기 때문에 사람들은 의식세계와 생각, 지식 등 요소에만 초점을 맞추고 감정 문제는 그렇게 대수롭게 여기지 않았습니다. 그러나 감정이 바르게 조절돼야 성공적인 전인건강을 이룰 수 있고, 진정한 행복을 누릴 수 있습니다. 하나님은 생각보다 감정, 즉 속사람을 더 중요하게 여기고 계신다는 사실을 알아야 합니다. 감정, 즉 무의식 세계에 대한 바른 이해가 필요하다고 생각합니다.

1) 감정은 생각에 앞서 무의식적으로 발현된다.

우리가 어떤 사람이나 장소를 대할 때 느낌이 먼저인가요, 그 사람에 대한 생각이나 지식이 먼저인가요? 그 사람이나 장소에 대해 잘 모르더라도 대부분 탁 봐서 느끼는 인상이나 감(感) 같은 것들이 무의식적으로 솟아오르는 것을 알 수 있습니다. 이처럼 느낌이 좋다, 싫다 등과 같은 무의식적인 감정이 가장 먼저 발현됩니다. 이처럼 감정이 지식이나 마음, 생각보다 앞선 요소이고, 모든 정신활동의 시발 요소라 할 수 있습니다. 그러나 부분적으로 생각에 의해 감정이 변화될 수도 있습니다.

2) 뇌와 의식세계만을 강조하는 과학의 오류

그동안 학자들은 뇌가 모든 정신활동의 처음과 끝을 관장한다고 생각했습니다. 그래서 뇌 위주의 연구와 뇌에만 주입시키는 교육법이 주류를 이루었고, 말씀도 뇌 위주의 지식적으로만 공부하고 감정 같은 무의식세계는 소홀하게 되었습니다.

3) 감정에 대한 인지과학자들의 새로운 주장

최근 인지과학자들이 뇌의 의식세계가 먼저냐, 감정인 무의식세계가 먼저냐에 대한 연구에서 감정, 즉 무의식세계가 정신활동의 주된 요인임을 강조하고 있습니다.

"의식적 사고는 거대한 빙산의 일각에 불과하다. 무의식적 사고가 모든 사고의 95%라는 것이 인지과학자들 사이에서는 경험상의 일반 원리로 통하지만, 그것도 심각할 정도로 과소평가한 것일지 모른다. 더욱이 의식적 인식의 표면 아래에 있는 95%가 모든 의식적 사고를 형성하고 구조화 한다." – 조지 레이코프

Q 어려운 질문인데, 이성과 생각은 뇌에서 발현된다면 감정은 어디에서 나오나요?

A 한의학에서는 오래전부터 '감정은 오장육부에서 발현된다'고 주장해 왔습니다. 뇌 과학자들은 모든 정신활동은 뇌가 처음과 끝을 관장한다고 주장하지만, 한의학에서는 정신활동에 있어 오장육부가 먼저이고 오장육부가 종점이라는 것입니다. 오장육부에는 내장신경이 있어서 정신기능을 수행하는데, 뇌는 오장육부의 내장신경이 보내준 정보를 받아서 입력되어 있는 정보들을 종합하여 판단해서 이를 다시 오장육부에 명령을 내리기 때문에 순서로 따지자면 뇌보다 몸이 먼저이고, 정보의 발원지인 것입니다.

"무릇 지킬 만한 것 중에 더욱 네 마음을 지키라 생명의 근원이 이에서

남이니라"(잠 4:23).

"나를 믿는 자는 성경에 이름과 같이 그 배에서 생수의 강이 흘러나오리라 하시니"(요 7:38).

생명의 근원이 마음에서 난다 하면서 바로 생명의 근원은 뇌가 아니라 배 즉 복부라는 것인데, 복부의 마음 즉 감정을 잘 지키면 오장육부에서 생수의 강이 흘러나온다는 것입니다. 그러면 감정이 배 즉 오장육부에서 어떻게 흘러나오는지 한의학의 이론을 살펴봅시다.

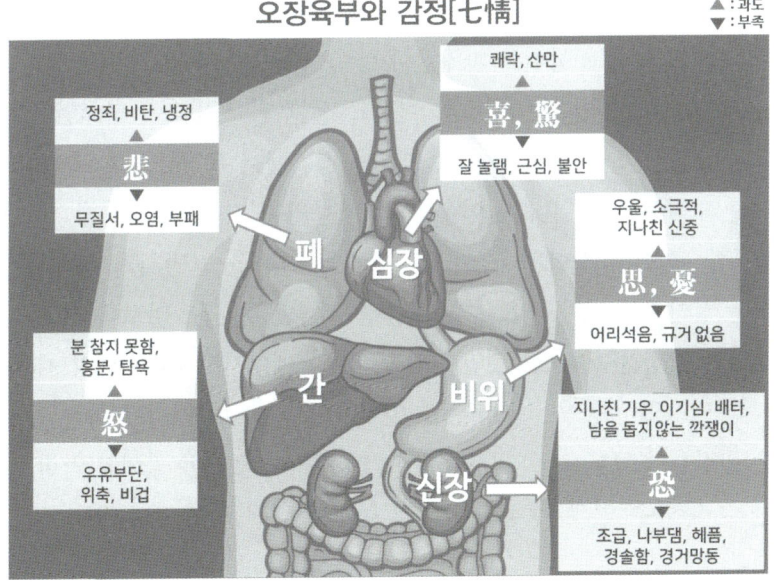

우리 몸에는 비위, 폐, 심장, 간장, 콩팥의 오장이 있습니다. 그동안 오장의 육체적 기능만 알고 있었지, 오장육부 안에 감정이 내재되어

정신기능도 존재한다는 것은 몰랐습니다. 한의학에서는 오장육부는 조직세포로만 구성되어 있지 않고, 그 속에 감정이나 정서가 내재되어 있다고 설명하고 있습니다. 기쁨(喜), 노여움(怒), 근심(憂), 생각(思), 슬픔(悲), 놀람(驚), 두려움(恐)이 그것인데, 이것이 조직세포와 융합되어 있으면서 오장육부의 육체적 활동을 주관한다는 것입니다. 소프트웨어가 하드웨어를 조정하는 양상입니다. 두 장기만 예로 오장의 정신기능에 대해서 살펴보도록 하겠습니다.

간장에는 노(怒)라는 감정이 내재되어 있습니다.

간의 생리기능을 살펴보면 해독, 면역, 대사, 성장과 발육 기능입니다. 우리가 섭취한 모든 독소나 세균을 제거하고(해독과 면역), A 물질을 우리 몸에 맞게 B 물질로 바꾸는데(탄수화물을 포도당으로, 지방을 콜레스테롤로 등), 물질 변환은 굉장히 어렵고 강한 힘이 필요한 작업입니다. 그리고 성장과 발육을 추진하는데, 몸 장기에서 유일하게 자르더라도 다시 자라는 장기입니다. 이렇듯 간 기능의 성격은 굉장히 공격적이고, 적극적이며 강합니다. 이러한 공격적 기능을 감당하기 위해서는 어떤 정신 에너지가 필요할까요? 슬픔? 우울? 두려움? 바로 강하고 적극적인 감정인 노(怒)인 것입니다. 노(怒)의 에너지로 해독, 면역, 대사, 성장, 발생의 기능을 수행하는 것입니다. 그래서 노(怒)라고 하는 감정은 굉장히 중요한 것입니다. 실제 노(怒) 감정이 있어야 불의와 악한 것을 물리칠 수 있고, 추진력이 생겨 성장과 발전을 이룰 수 있는 것입니다.

그런데 노(怒)가 생리적으로 작용하면 대단히 훌륭한 일을 하는데, 문제는 노(怒)가 지나치거나 부족하면 죄성이 되고 간과 쓸개에 병을 만듭니다. 우선 노(怒)가 지나치면 분을 못 참고, 흥분을 잘하고 탐욕이 심해집니다. 만약 화가 지나쳐 탐욕, 흥분하게 되면 간장에 독하고 열이 많은 호르몬이 과잉 분비되어 혈압을 올리고, 뇌와 심장을 공격하며 위장을 해칩니다. 반대로 노(怒)라는 감정이 너무 부족해도 문제가 생깁니다. 노(怒)라는 감정이 부족하면 비겁해지고 정신 위축 현상이 나타나 우유부단하고, 배짱 없고, 내성적이고 소극적이게 됩니다. 노(怒)가 부족하면 누가 악한 일을 해도 모른 척하거나 숨어 버리고, 비겁해집니다. 뭔가 미래지향적이고 의로운 일을 추진할 때 자기는 빠집니다. 실제 담즙분비도 안 되고, 소화도 안 되며, 체력도 떨어지고, 아침에 일어나기 힘들어집니다.

이렇듯 노(怒)의 에너지는 대단히 좋은 것이지만 지나치거나 부족하면 죄의 감정을 드러내면서 육체의 질병도 발생된다는 것입니다. 바로 이것이 육신의 정욕입니다. 육신의 정욕이란 각 장기가 지니고 있는 감정의 생리적인 감정 편차를 말하는 것입니다. 이것을 성령님과 함께 조절하라는 것입니다.

신장에는 공(恐)이라는 두려움의 감정이 내재되어 있습니다.
서양의학에서는 신장을 그냥 오줌을 걸러내는 것으로 설명하지만, 한의학에서는 제일 중요한 콩팥의 기능이 생식을 주관하는 것이라 설명합니다. 즉, 남성은 정액을 만들어내고 여성은 생식에 관련되는 호르몬들을 만들어내는 게 콩팥이라는 것입니다. 이외에 자동차의 엔진오일처럼 윤택한 일체의 진액 물질을 콩팥에서 만들어서 저장해 뒀다가 각 장기에 공급해 줍니다.

신장이 저장하는 진액은 섭취한 음식으로부터 만들어진 각종 영양물과 혈액에서 한 번 더 여과, 추출된 정수(精髓) 물질입니다. 눈을 과도하게 사용해서 안구가 건조해지면 눈에 진액을 공급해 주고, 무릎을 많이 써서 관절액이 말라 퇴행성 관절염이 생기지 않도록 관절액을 공급해 주며, 뇌에도 척수관을 통해 뇌척수액을 보내서 뇌 활동이 왕성해지도록 합니다. 만약 뇌에 진액이 없으면 오래된 호두처럼 위축이 돼서 치매가 발생합니다. 콩팥이 치매의 원인에 많이 관여합니다. 장 보호 점액, 폐 기관지와 인후의 면역 점액, 신경 조직, 피부 등에 가서 조직을 부드럽고 윤택하게 윤활유 같은 물질을 콩팥이 저장해 놓았다가 공급해 주는데, 그래서 신장의 진액이 부족하거나 고갈되면 뇌세포 위축, 퇴행성 관절, 안구건조증, 만성 기침, 위축성 위염, 난치성 갱년기 장애, 노화 촉진, 피부 건조 등 질병이 잘 발생합니다.

이처럼 신장은 우리 몸을 윤택하게 하는 중요한 기능을 수행하는데, 이러한 신비로운 진액을 저장할 때 두려움의 정신을 가지고 한다는 것입니다.

생리적인 두려움은 노기(怒氣)의 공격적이고 적극적인 성격과 달리 항상 조심스럽고 스스로 낮추는 겸손과 경외와 인내의 정서 에너지로 미래를 걱정하면서 내실을 기하는 속성을 드러내는데, 이러한 성격으로 좋은 물질들을 신장에 미리 저장해 놓는 것입니다. 어려울 때를 대비해서 은행에 돈을 저축해 놓았다가 필요할 때 쓰는 것과 같은 정신입니다. 만약 신장의 정신이 간장처럼 노기라면 저장은커녕 진액 물질을 마구 써댈 것입니다. 하나님께서는 우리 몸에 필요한 기본 진액을 충분히 마련해 두기 위해 신장의 정신에 두려움의 정서로 심으신 것입니다.

 그래서 생리적인 두려움은 좋은 것입니다. 두려운 마음을 갖고 있어야 하나님을 경외할 줄 알고, 자기 자신을 겸손하게 만들며, 미래를 위해 준비하고 예비할 줄 아는 것입니다. 만약 두려움이 없으면 그렇게 못합니다. 그런데 문제는 이것이 지나치면 심한 두려움으로 사람 만나는 것도 힘들어하고 위축되어 매사에 기우와 배타에 빠지게 됩니다. 손을 씻을 때 균 옮을까 봐 씻고 또 씻는 사람들이 이에 해당됩니다. 그리고 깍쟁이가 됩니다. 남을 돌보지 않고, 자기만 위해 살고, 남한테는 돈과 물질을 쓰지 않는 이기적인 사람이 됩니다. 자기만 알고 자기만 보호하는 인색한 사람. 하나님은 이것을 나쁘다고 말씀하십니다. 이것도 바로 육신의 정욕인 것입니다. 그런데 반대로 두려움이 너무 없으면 어떻게 될까요? 경거망동하고 나불대고 경솔하고 헤프게 됩니다. 이 또한 육신의 정욕인 것입니다. 두려움이 없어 경솔한 사람은 실제 몸도 콩팥이 말라서 금방 늙는 것입니다.

 위장은 사(思)의 감정을 지니고 있습니다. 그 외 심장은 희(喜)의 감정을, 폐는 비(悲)의 감정을 가지고 있습니다. 이외에 경(驚)과 우(憂)의 감정이 있는데, 경은 심장의 부수적인 감징으로 산(散) 에너지를 지니면서 심장의 활동을 돕습니다. 그리고 우(憂)라는 근심의 감정은 울(鬱) 에너지를 가지고 위장이 경거망동 않도록 신중한 판단을 돕습니다.

 이를 통해 알 수 있는 중요한 사실 4가지를 정리해 드리겠습니다. 첫째는 하나님은 오장육부에 감정이라는 정신요소를 집어넣으셨다는 것. 둘째는 각각의 감정이 지니고 있는 에너지 기운(노는 강하고 공격적인 기운/ 희는 퍼뜨리는 기운 등)이 각 장기의 생리기능을 주도한다는 것. 셋째는 감정이 잘못되면 오장육부의 기능도 손상되면서 질병이 발생한다는 것(분노가 심하면 어지럼, 두통, 고혈압, 중풍, 간경화 등). 이러한 원리로 감정이 바르면, 다시 말해 성령의 감정을 따르면 생명으로 이어진다는 생명의 성령의 법이라는 말씀이 의학적으로 증명된다는 것. 넷째는 분노, 두려움, 우울, 슬픔 등의 정서가 그 자체로서 악한 것이 아니라는 것입니다. 이들이 생리적으로 작용할 때는 우리의 몸과 마음을 건강하게 이끌기 때문에 이 자체를 죄악시하고 극복하려고 하는 시도는 매우 부질없고 잘못된 일입니다. 그리고 감정만 조절해서도 안 됩니다. 육체를 잘못 관리하면 감정까지 손상이 되기 때문입니다. 예로 육류를 많이 먹고 술을 과도하게 섭취하면 간장이 지방간으로 변하게 되고, 이렇게 된 사람들은 쉽게 분노와 탐욕의 정서로 빠지게 됨을 유념해야 합니다.

Q 말씀 중에 육신의 정욕에 대한 이야기가 나오는데 우리가 알고 있는 육신의 정욕의 내용과 사뭇 다른 것을 느낍니다.

A 육체에 대한 기독교의 생각은 대체로 부정적이고 죄악시하는 경향이 있습니다.

"너희가 육신대로 살면 반드시 죽을 것이로되 영으로써 몸의 행실을 죽이면 살리니"(롬 8:13).

말씀을 액면 그대로 적용하다 보니 몸은 더러우며 죄의 근원이어서 몸으로 낙을 누려선 안 되고, 몸을 괴롭게 해야 한다고 생각합니다. 이러한 오해는 신학에서 육신을 조직세포로만 인식하고 육신 속에 감정이 존재하는 것을 몰랐기 때문입니다. '육신(肉身)의 정욕(情慾)'이란 문자를 살펴보면 육신에는 정욕 즉 감정과 욕구가 있다는 것으로, 우리가 오해했던 육신의 대상은 조직세포학적 개념의 육체가 아니라, 바로 육신에 존재하는 감정을 말하는 것입니다.

> 육신(肉身) = 육체(肉體, 조직세포) + 감정(感情, 오장육부 세포에 내장된 특유의 정신)

그러므로 육신의 정욕은 성욕, 음란, 탐욕만이 아니라 살펴본 바와 같이 오장육부 육체에 내재되어 있는 7가지 감정, 즉 喜·怒·憂·思·悲·驚·恐(七情)이 과잉되거나 부족해서 발현되는 일체의 감정입니다.

 요약을 해보면, 몸과 영의 질병 상태의 뿌리는 죄악된 감정이라는 것이고, 그 감정을 더 정확히 말하면 육신의 내재되어 있는 감정의 과하거나 부족한 상태라는 것을 알게 되었습니다. 육신의 정욕을 조절하는 방법은 어떻게 가능할까요?

A 다음 장에서 구체적으로 설명을 하겠습니다.

4
그리스도인의 참 건강, 성화에 이르는 길에 있다

Q 성화되면 고혈압 등이 사라지나요?

A 원칙적으로는 그렇습니다. 그러나 유전적 요인이나 살면서 피할 수 없는 스트레스나 그릇된 식습관, 과로, 운동 상태 등 여러 요인이 관여하면서 고혈압을 만들 수 있습니다. 그러나 그릇된 식습관을 고치고, 성령님과 함께 스트레스를 관리하면서 과로를 조절하고 적절한 운동을 지속한다면 얼마든지 완화시킬 수 있고, 예방도 가능할 것입니다.

Q '성화'라는 말만 들어도 감당하기 어려운 경지로 다가오는데요, 테레사 수녀나 손양원 목사 등과 같이 특수한 성령의 사람이나 가능한 것이지 평범한 신앙인으로서는 이루기 어려운 것 아닌가요?

A 절대 그렇지 않습니다. 만약 당신이 화를 낼 상황인데 하나님께서 화를 내지 말라 해서 화를 내지 않는다면, 부분적이긴 하지만 그게 바로 성화를 이룬 모습입니다. 이러한 노력들이 삶의 전 영역으로

확대되고 지속화되면 성화의 모습을 이룰 것입니다.

Q 그런데 대부분은 성화가 너무 어려운 경지라 이루려는 노력을 경주하지 않는 경우가 많은데요?

A 성화를 이루지 못하면 다음의 문제가 있음을 우리는 유념해야 합니다.

성화에 이르지 않고 그저 교인으로 산다면 겉만 경건할 뿐 세상 사람들과 전혀 다를 게 없습니다. 이들의 내면은 미움, 시기, 질투, 교만, 욕심으로부터 자유함을 누리지 못하기 때문입니다. 그리고 하나님의 DNA를 가진 자녀로서 교회 밖 세상의 어두움을 물리치는 빛의 자녀 역할을 하지 못하고, 주님을 닮은 그리스도인으로 거듭나지 못해 결국 하나님 나라를 상속받지 못할 것입니다.

Q 말씀을 들어보니 하나님의 자녀라면 반드시 성화를 향해 끊임없이 노력해야 하겠군요. 그런데 성화를 어떻게 이룰 수 있나요?

A 불자들은 해탈의 경지를 사모하며 뼈를 깎는 수양을 합니다. 그러나 대부분의 교인들은 교회사역에만 매달릴 뿐 하나님 말씀을 깊이 깨닫기 위한 노력을 기울이는 데 소홀합니다. 성화를 이루는 과정을 베드로후서 1장에서 상세히 가르쳐 주고 있습니다. 그 하나하나의 단계를 잘 성취하는 삶을 스스로 점검하면서 이뤄낸다면 경건과 성화의 과정을 이룰 수 있습니다.

이에 대한 자세한 내용은 P. 218을 참고하시기 바랍니다.

Q 성화를 이루기 위해서는 성령 하나님이 너무 절실한데, 성령 동행의 삶은 어떻게 이루죠?

A 성화의 삶을 이루기 위해 성령 충만의 첫 번째 조건은 충만해 달라고 소리 지르는 것이 아니라 ① 간과했던 자기 내면의 죄를 인지해서 자꾸 찾아내야 함. ② 이를 고치지 않으면 하나님 자녀가 될 수 없다는 절실한 마음으로 반드시 고치겠다는 의지를 가짐. ③ 성령님이 도와주시지 않으면 깨끗해질 수 없다는 절실한 깨달음과 성령님이 함께하시면 자신의 내면의 죄에서 벗어날 수 있다는 믿음으로 의뢰함. ④ 순간순간 솟아오르는 내면의 죄를 은밀한 가운데 성령님과 해결해 나가는 부단한 노력과 실천의 자세를 가짐. 나아가 참 그리스도인의 모습을 회복하는 것뿐만 아니라 그리스도인의 무결점 건강을 위해 성령님을 알고, 느끼고, 보고, 동행하는 것을 일상화해야 함.

이에 대한 구체적인 내용은 5장의 다섯 번째 주제인 '불완전한 거듭남과 성화와 성령에 대한 무지를 꼬집다' 편에서 다뤘습니다.

5
하나님 사랑의 실체를 바로 알고 실천하자

Q 기독교가 사랑의 종교라고 하지만, 제 주변에는 교회가 사랑의 모습을 보이지 않아 사회로부터 지탄받고 예수님을 떠나는 사람들이 참 많습니다. 왜 이렇게 된 것일까요?

A 두 가지 이유가 있습니다. 첫째는 "원수를 사랑하라", "네 이웃을 네 자신과 같이 사랑하라"와 같이 하나님께서 요구하시는 사랑의 기준이 너무나 높아 실천하기 어렵다 보니, 사랑 실천을 포기하거나 안 해도 큰 문제없을 것으로 넘어가기 때문입니다. 둘째는 하나님께서 요구하시는 사랑의 개념이나 실체를 파악하지 못했기 때문입니다.

Q 만일 하나님의 자녀 된 우리들이 하나님께서 요구하시는 그 사랑을 실천하지 않으면 어떻게 되나요?

A "우리는 형제를 사랑함으로 사망에서 옮겨 생명으로 들어간 줄을 알거니와 사랑하지 아니하는 자는 사망에 머물러 있느니라"(요일

3:14).

이 말씀에 우리는 경악하지 않을 수 없습니다. 아무리 신앙생활 열심히 해도 사랑하지 않으면 천국에 갈 수 없다는 것이지요.

> "이러므로 하나님의 자녀들과 마귀의 자녀들이 드러나나니 무릇 의를 행하지 아니하는 자나 또는 그 형제를 사랑하지 아니하는 자는 하나님께 속하지 아니하니라"(요일 3:10).

또한 우리가 하나님의 사랑을 품고 실천하지 않으면 하나님께 속하지 않고 마귀에 속한다는 것입니다. 만약 사랑 없이 아무리 하나님을 믿는다고 말한들 사탄의 백성일 수밖에 없고, 하나님과 상관없이 우리 혼자서, 우리끼리만 신앙생활을 하는 것과 마찬가지이지요.

Q 그렇군요. 이렇게 중요한 사랑인데 왜 이렇게 실천이 어려운 것일까요? 무슨 비결이 없을까요?

A 본 책 P. 201에서 하나님 사랑의 실체에 대해 설명을 한 바 있습니다. 하나님 사랑의 실체를 알았다고 해서 다 된 것은 아닙니다. 이를 삶에 적용하고 실천하는 데는 많은 노력과 지혜가 필요합니다. 다행히 하나님께서는 말씀 여기저기에서 하나님 사랑을 실천하는 길을 알려주셨습니다.

우선 밝혀낸 바에 따르면 아래와 같은 6가지의 길이 있습니다.
① 베드로후서 1:5-7의 사랑에 이르는 과정을 점검하고 적용하라.

② 고린도전서 13장의 사랑의 덕목을 실천하라.
③ 몸에서 사랑의 원리를 배우라(에베소서 4:16).
  - 위장의 관용 면역
  - 다양한 지체가 한 몸 안에서 사랑하며 생명을 이룸
  - 오장육부의 상생상극(相生相剋)의 원리
④ 자연에서 배워라.
⑤ 성령님과 동행하라.
⑥ 생명 사역으로 사랑을 체험하라.

첫 번째로 성화에 이르는 단계로 살펴보았던 베드로후서 1장 5-7절 말씀을 보면 경건에서 형제 우애와 사랑으로 이어집니다. 그러므로 이 단계 하나하나를 실천한다면 성화는 물론 사랑에 이를 수 있습니다.

Q 그런데 말씀을 보면 신앙인의 로망이라 할 수 있는 성화와 경건보다 형제 우애가 더 위에 있는 이유가 궁금한데요?

A 경건에 이르는 것은 자기 신앙을 키우는 것입니다. 그런데 형제 우애, 사랑은 내가 아닌 타자에 대한 것으로서 차원이 다르기 때문입니다. 그렇기에 성화와 경건보다 어려운 것입니다. 참고로 여기서의 형제 우애는 자기 가족만이 아니라, 하나님 입장에서 보면 타자, 전 인류를 말하는 것입니다.

Q 두 번째 길인 '고린도전서 13장의 사랑의 덕목을 실천하라' 사랑장으로 유명한 이 말씀을 생각할 때 개인적으로 가장 실천하기 어려운 덕목은 '온유'입니다. 이 또한 실천할 수 있는 비결이 있겠지요?

"사랑은 오래 참고 사랑은 온유하며 시기하지 아니하며 사랑은 자랑하지 아니하며 교만하지 아니하며 무례히 행하지 아니하며 자기의 유익을 구하지 아니하며 성내지 아니하며 악한 것을 생각하지 아니하며 불의를 기뻐하지 아니하며 진리와 함께 기뻐하고 모든 것을 참으며 모든 것을 믿으며 모든 것을 바라며 모든 것을 견디느니라"(고전 13:4-7).

🅐 온유는 예수님의 품성으로서 온유만 실천할 수 있어도 사랑의 많은 부분을 이루게 됩니다. 온유를 실천하기 위해서는 사랑의 실체를 분석했듯이 먼저 온유의 실체를 다양한 관점에서 파악해야 합니다.

"수고하고 무거운 짐 진 자들아 다 내게로 오라 내가 너희를 쉬게 하리라 나는 마음이 온유하고 겸손하니 나의 멍에를 메고 내게 배우라 그리하면 너희 마음이 쉼을 얻으리니 이는 내 멍에는 쉽고 내 짐은 가벼움이라 하시니라"(마 11:28-30).

온유의 모습은 어떠할까요? 말씀을 보면 예수님의 모습임을 알 수 있습니다. 좀 더 구체적으로 살펴보면 아래와 같습니다.

① 어떠한 상황에서도: 분 내지 않고 짜증, 신경질 내지 않음. 따뜻하고 부드럽고 유연함과 친절함, 그리고 미소. (단, 불의(不義)한 일이나 하나님 뜻을 거역하는 성령 방해의 경우는 분 내야 함.)
② 고통이나 억울함, 심지어 굴욕을 당할 때도: 내면적으로 부드러움과 여유를 견지하고 성령님의 도움을 받으면서 겸손히 참아내는 인격.

③ 자신의 불이익이나 손해를 당할 때도: 상대방에게 화를 내거나 공격하지 않고, 견디면서 융통과 관용의 마음으로 상황을 받아들이면서 성령님과 함께 해결해 나가려는 마음을 품고 노력함.

④ 남의 실수나 잘못에도: 비판하거나 공격하지 않고 하나님의 은혜가 임하고 다시 회복되도록 품어 주는 마음.

⑤ 지도자나 전체 의견에 대해: 순종하는 자세. 자신을 하나님의 종으로 여기며 주께 순종하듯 이웃을 대하는 마음가짐.

⑥ 남의 어려움과 고통에 대해: 마음이 가난하고 애통해하는 속사랑을 드러냄.

그렇다면 온유의 열매는 무엇일까요?

"진실로 악을 행하는 자들은 끊어질 것이나…그러나 온유한 자들은 땅을 차지하며 풍성한 화평으로 즐거워하리로다"(시 37:9-11).

① 온유하면 평화를 이루고 땅의 주인이 된다고 했는데, 이는 세상은 다양한 사람들이 모여 사는 곳이기 때문에 서로 다른 것을 아우를 수 있는 자만이 공동체를 화평케 할 수 있는 리더가 될 수 있음을 의미하는 것임.

② 두려움, 욕심, 근심, 걱정, 시기, 질투, 미움, 절망, 분 냄, 조급 등의 상황에서도 관조할 수 있음.

③ 세상 살면서 떠안게 되는 모든 짐과 멍에와 일들에 얽매이지 않고 자유함을 얻게 됨으로 쉽고 가벼워짐.

'신라의 미소'로 알려져 있는 얼굴무늬 수막새라는 문화재가 있습니

다. 감탄이 자아질 정도로 아름다운 미소를 볼 수 있는데요. 온유를 이루어 위의 열매를 맺는다면 얼굴에 이보다 더 온화하고 아름다운 미소가 드러나지 않을까 생각해 봅니다.

그렇다면 이러한 온유는 어떻게 이룰 수 있을까요? 많은 방법이 있겠지만 5가지 정도를 제시해 보면 아래와 같습니다.

① 자기가 계획하고 추구하던 일들이 반드시 되어야 한다는 욕심을 가지고 일을 대하지 않고, 돼도 하나님의 뜻이요, 안 돼도 하나님의 선하신 뜻이 있다는 생각을 가지고 일에 대한 관조의 마음을 갖는다.
② 자신이 판단하여 벌하거나 정죄, 분내지 않고 하나님께 맡기는 마음을 가져야 한다. 온유는 하나님 뜻이 자기 삶에 드러나도록 자기를 비워 생명과 진리를 담는 그릇으로 자신을 만든다.
③ '이런 사람 좋고, 저런 스타일의 사람 좋고, 까다로운 사람 좋고, 느긋한 사람 좋고, 못생긴 사람 좋고, 못사는 사람 좋고, 잘사는 사람 좋고' 등처럼 모든 것을 포용하고 세상을 관조하는 마음을 가져야 한다.
④ 온유는 겸손, 분 내지 않음, 인내, 진리를 추구함의 자세와 덕목을 갖추면 자연히 이루어진다. 단, 이들과의 차이점은? 온유에는 따뜻한 미소와 유머, 부드러운 표정과 말, 속 깊은 정이 담겨 있다.
⑤ 온유는 인생의 생로병사와 고난을 초월할 수 있는 내공을 갖추도록 노력해야 한다. (불교가 추구하는 경지도 이와 비슷함. 부처의 부드러운 미소와 온유한 자태)

이것이 우리가 닮아야 할 예수님의 모습입니다. 이외에 시기 안 함,

자랑 안 함, 겸손, 자기 유익 구하지 않음 등의 덕목 하나하나를 모두 실천하면 사랑의 존재가 되고, 하나님과 하나가 되는 경지를 이루게 될 것입니다.

※ 나머지 덕목은 (사)새길과새일 및 미디에이터교회의 mLA 과정에서 배울 수 있습니다.

Q 세 번째 길인 '몸에서 사랑의 원리를 배워라'는 한의사로서 얻으신 통찰의 결과인가요? 내용이 궁금하네요. 자세히 알려주세요.

A 실제로 우리 몸은 하나님 사랑을 실천하고 있습니다. 그래서 몸에서 운영되는 사랑의 방식을 배울 필요가 있습니다. 성경 말씀과 제가 평생 연구한 의학 지식을 융합하여 이에 대해 설명을 드리도록 하겠습니다.

먼저 고린도전서 12장에 14-27절에 살펴보겠습니다.

"몸은 한 지체뿐만 아니요 여럿이니, 만일 발이 이르되 나는 손이 아니니 몸에 붙지 아니하였다 할지라도 이로써 몸에 붙지 아니한 것이 아니요, (또 귀가 이르되 나는 눈이 아니니 몸에 붙지 아니하였다 할지라도 이로써 몸에 붙지 아니한 것이 아니니), 만일 온몸이 눈이면 듣는 곳은 어디며 온몸이 듣는 곳이면 냄새 맡는 곳은 어디냐. (그러나 이제 하나님이 그 원하시는 대로 지체를 각각 몸에 두셨으니, 만일 다 한 지체뿐이면 몸은 어디냐.) 이제 지체는 많으나 몸은 하나라. (눈이 손더러 내가 너를 쓸 데가 없다 하거나 또한) 머리가 발더러 내가 너를 쓸 데가 없다 하지 못하리라. 그뿐 아니라 더 약하게 보이는 몸의 지체가 도리어 요긴하고, 우리가 몸의 덜 귀히 여기는 그것들을 더욱 귀한 것들로 입혀 주며 우리의 아름답지 못한 지체는 더욱 아름다운 것을 얻느니라. (그런즉 우리의 아름다운 지체는 그럴 필요가 없느니라. 오직 하나님이 몸을 고르게 하여 부족한 지체에게 귀중함을 더하사) 몸 가운데서 분쟁이 없고 오직 여러 지체가 서로 같이 돌보게 하셨느니라. 만일 한 지체가 고통을 받으면 모든 지체가 함께 고통을 받고 한 지체가 영광을 얻으면 모든 지체가 함께 즐거워하느니라. 너희는 그리스도의 몸이요 지체의 각 부분이라"(고전 12:14-27).

여기에는 다양한 지체가 한 몸 안에서 사랑하며 생명을 이루는 사랑의 원리가 나타나는데요. 각 원리를 자세히 분석해 보면 아래와 같은 모습을 볼 수 있습니다.

① 발이 손더러….
  - 전체 속에 자기가 있고, 전체와 자기는 떼려야 뗄 수 없다는 생각.
  - 유아독존 아님. (떨어지면 죽음)
② 온몸이 눈이면….
  - 각자의 고유한 기능별로 배치됨.
  - 나도 이웃과 다르기 때문에 좋다는 생각을 가져야 다른 것과의 조화가 가능.
③ 지체는 많으나 몸은 하나라.
  - 전체 속의 하나라는 생각.
  - 전체를 먼저 생각하지 않고 자기중심적인 생각은 금물.
④ 쓸 데가 없다….
  - 아무리 보잘것없어 보여도 매우 중요하다는 생각.

- 자기만 잘났다는 생각은 금물.
⑤ 더 약하게 보이는 몸의 지체 (약해서 손상받기 쉬운 기관: 눈, 귀 등)
- 민감하고 섬세해서 손상받기 쉽지만, 더 중요한 일을 하기 때문에 약해 보인다고 무시하거나 강압적으로 누르면 안 됨.
⑥ 덜 귀히 여기는 그것들을 더욱 귀한 것들로 입혀(마구 다루는 기관: 손, 발, 위장, 허리 등)
- 막 대우하거나 거칠게 다뤄도 괜찮을 것 같다는 생각은 금물.
- 한 번 손상되면 큰 문제가 발생하기 때문에 평소에 관리 잘하고 귀하게 대우.
⑦ 아름답지 못한 지체는 더욱 아름다운 것을 얻음 (지저분한 기관: 위, 대장, 항문 등)
- 모양은 아름답지 못하지만 아름다운 것을 만들어냄.
   (위장에서 정수의 영양분을 만들고, 항문은 더러운 배설물을 내보내 몸을 깨끗하게 하고 아름다운 피부를 만듦.)
- 아름답게 보이진 않더라도 아름다움의 산실임을 인식하고 귀하게 여겨야 함.

이를 요약하면, 자기는 전체 속에 하나(일부)이고 전체에서 떠날 수 없단 생각, 자기가 아무리 잘나도 타인을 무시하거나 유아독존적 생각 안 함, 약하게 보이더라도 더 중요한 일을 할 수 있다는 생각으로 가볍게 보지 말고, 천박하게 보이더라도 더 귀한 모습으로 덧입혀 주고, 추하게 보여도 아름다운 것을 이룸을 인정하는 것이라 할 수 있습니다.

이처럼 하나님은 여러 지체가 서로 같이 돌보게 하심으로 몸 가운데서 분쟁 없게 하셨으며, 나와 상관없이 발생하는 고통이라 할지라도 함께 고통을 나누고, 남의 영광이지만 자기의 영광처럼 함께 즐거워하게 하셨습니다. 공동체를 아름답게 운영하는 섭리가 바로 사랑인 것입니다.

두 번째는 위장에서 이루어지는 관용면역을 통해 사랑의 원리를 살펴보겠습니다.

위장은 소화 기능만 담당하는 것이 아니라 우리 몸에 들어오는 외부의 다양한 물질들이 몸에 해로운지 이로운지를 판단하는 1차 관문 역할을 하면서 우리 몸을 보호하기 위해 땀 흘려 면역을 담당하는 곳입니다. 이러한 위장 면역의 총사령관인 면역 시스템을 GALT(갈트, gut associated lymphoid tissue)라 하는데, 여기서 이루어지는 면역 방법은 신비로울 정도로 지혜롭습니다.

일반적으로 우리 몸은 자신과 패턴이 다른 이종 단백질이 들어오면 면역 반응이 일어납니다. 이종 단백질을 적으로 인식하여 몰아내고 죽이는 등의 저항을 하는 것이지요. 사실 음식도 몸 기준에서 보면 이종 단백질입니다. 그런데 위장에선 수만 가지의 음식이 들어와도

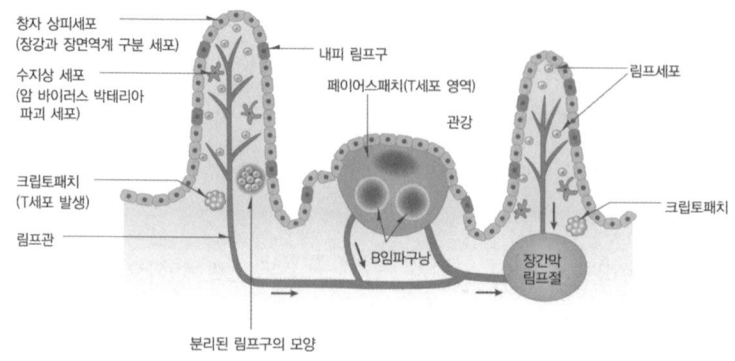

이런 면역 반응이 일어나지 않습니다. GALT는 싸우지 않고 이종 단백질을 우리 몸에 맞게 변화시켜 자기화하기 때문이지요. 신비할 정도로 지혜로운 면역 방식입니다. 그래서 GALT의 면역 형태를 '관용면역'이라고 합니다. 만약 그렇지 않으면 우리 몸은 한시도 쉬지 않고 복통과 설사, 구토, 염증 등에서 벗어나지 못할 것이며, 결국 영양공급을 받지 못해 죽을 것입니다.

GALT는 싸우지 않고 전쟁을 이기는 지혜자인 것이지요. 이러한 관용면역의 성공 열쇠는 무엇일까요? 상대를 이분법적으로 적이라 생각하지 않고, 공격적 자세를 억제하면서 온유함과 인내로, 분명 나와 다를지라도 우리와 전체를 위해 필요한 존재일 수 있다고 생각하며 더 나은 길을 선택하는 것입니다. 이것이 생명을 향한 지혜입니다.

우리의 인생은 온통 자기와 다른 존재와 부딪혀 가며 살아갈 수밖에 없습니다. 그동안 우리는 타인에 대해 이분법적 구분을 함으로써 갈등과 분리라고 하는 삶의 방식을 택해 왔습니다. 이러한 자세는 자신도 죽고 전체도 파괴되어 가는 상황을 만들게 됩니다. 이제 우리는 위장의 면역 방식을 통해 관용이라는 사랑의 지혜를 배워 전체를 향한 더 나은 길을 선택할 수 있어야 합니다. 이렇게 하다 보면 원수를 사랑할 수 있는 마음이 생겨날 수 있습니다.

세 번째로 오장육부에서 이루어지는 상생상극의 원리를 통해 사랑의 원리를 살펴보겠습니다.

우리 몸에는 서로 다른 12개의 장부(6장6부: 간장, 심장, 폐장, 신장, 비장,

삼초의 6장과 대장, 소장, 위, 쓸개, 방광, 심포(心包)의 6부가 한 공간 안에 존재합니다. 기능과 성격과 모양에서 하나도 같은 게 없는 이들이 한 공간 안에서 갈등이나 분열하지 않고 아름다운 전인적 생명현상을 발현하고 있는데, 그 비결이 무엇일까요? 바로 자기가 살아야 전체도 살고, 전체가 살아야 자기도 산다는 것을 알기 때문입니다. 서로 다른 것이 모여 일체를 이루는 합력의 성공 모델인 이들의 공동체 생존 원리는 상생상극(相生相剋)이라고 합니다.

오장육부 중 간장을 중심으로 어떻게 상생상극이 이루어지는지 살펴보겠습니다.

간장은 심장 근육에 좋은 영양분을 공급하여 심장을 강하게 하고, 평생 박동하면서 혈액이 전신에 순환되도록 돕습니다. 반면에 몸의 엔진격인 간장은 신장으로부터 엔진오일을 공급받아 과로해도 진액이

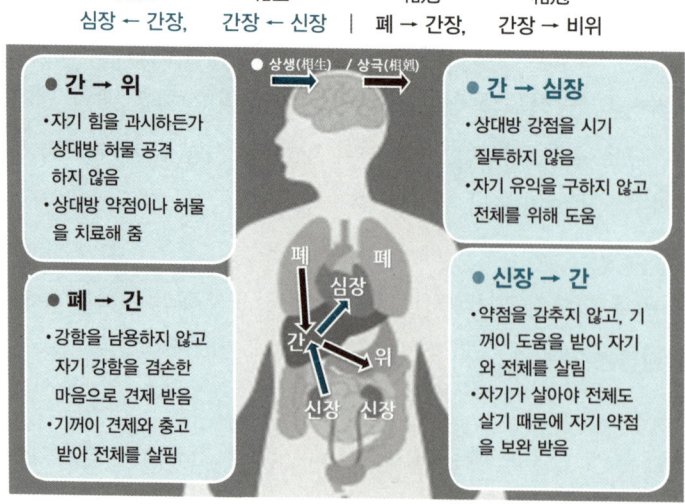

마르지 않게 합니다. 이처럼 간장은 심장을 돕고, 아울러 자신은 신장으로부터 도움을 받는 상생의 관계를 유지하는데, 이 과정을 면밀히 살펴보면 놀라운 정신을 발견하게 됩니다.

  간장이 심장을 돕는 이유는 심장이 약하고 불쌍해서가 아니라 심장을 도와 몸 전체가 혈액과 영양 공급을 잘 받도록 하기 위함입니다. 심장이 약해지지 않도록 돕는 것도 있지만 심장의 장점을 격려해서 그 심장 때문에 몸이 더 강해지도록 돕는, 즉 전체를 위해 돕는다는 것입니다. 동정하는 식의 도움이 아니라 상대방의 장점이 더 잘되도록 도와 결국 몸 전체가 유익하도록 하는 것입니다. 전체를 생각하지 않고 자기 이익만 챙기는 것과 상대방이 잘되면 시기하는 인간 사회와 비교할 때 큰 차이가 있는 것입니다.

  반면에 간장은 열을 잘 받는 장기이기 때문에 진액이 잘 마르는 약점이 있습니다. 간 진액이 마르면 영양부족과 면역, 해독, 대사 등 기능이 손상되는데, 이를 방지하기 위해 신장은 간장에 진액을 공급합니다. 세상은 상대방에게 약점이 있으면 이를 이용하는 것과 차이가 있습니다. 실제로 간경화, 간암이 걸려도 콩팥이 튼튼하면 회복이 잘 됩니다. 간장은 과로, 스트레스, 각종 독성 유입 등으로 힘들어지면 약함으로 전체가 나빠지지 않도록 기꺼운 마음으로 신장으로부터 도움을 받는 것입니다. 약점 잡힐까 두려워 자신의 약점을 철저히 감추고 도움받기를 경계하는 인간 사회와는 큰 차이가 있습니다.

  또한 간장은 위장에 유입되는 많은 음식들로부터 위장이 더러워지지 않도록 간장의 강한 해독 능력으로 위장을 공격합니다. 반면에 장군의 기상을 지니고 있는 간장이 너무 흥분되면(술과 분노, 과도한 지방 음식에 의해 유발) 많은 질병(중풍, 고혈압, 두통, 어지럼증 등)이 발생할 수 있기 때문에 간장은 폐로부터 억제 받습니다. 이와 같이 간장은 위장을 견제하고, 폐로부터는 견제를 받는 상극 관계를 유지합니다.

이러한 상극 과정에도 중요한 사실을 발견할 수 있는데, 간장이 위장을 싫어해서 상극하는 게 아니라는 것입니다. 위장에 조성되는 음식 찌꺼기나 숙변 같은 불결한 물질이 위장을 해치고, 또 전신으로 파급되는 것을 막기 위해서입니다. 상대방을 죽이기 위한 비판과 공격이 아니라 상대방이 잘못되지 않도록 하기 위한 견제인 것입니다. 또한 자신이 폐로부터 견제를 받는 것도 자신이 너무 강해져 이웃 장기를 해칠까 봐 기꺼이 받는 것입니다. 그래서 항상 자기의 교만한 기운을 폐의 숙강 기능(肅降, 열성 기운이나 풍 기운이 머리로 올라오는 것을 아래로 내려보내는 기능)으로 조절 받습니다. 이러한 모습들은 남으로부터 억제 받기 싫어하고, 또 자신이 강해지기 위해 남을 해치는 우리와 비교할 때 큰 차이가 있습니다.

인간 사회	몸 사회(상생상극)
- 피아간의 이분법적 적용을 한다. - 자기 위주의 상생상극, 자기에게 도움이 되면 가까이하고, 도움이 안 되면 불통, 공격, 제거한다. - 자기만 잘되면 됐지, 전체는 상관없다고 생각한다. - 상대방의 장점은 깎아내리면서 상대방이 잘되는 것을 보지 못한다. - 상대방의 허물이나 문제가 있으면 기회다 싶어 험담, 비판 등으로 공격하면서 무너뜨리려 한다. - 자신의 약점은 남이 모르도록 철저히 숨기면서 보신주의로 행동한다. - 편견과 분열, 갈등과 양극화	- 피아간의 통전적 협력을 한다. - 다른 기관들이 항상 소통하면서 서로 돕고, 혹은 견제하면서 균형과 조화를 이룬다. - 전체 속의 자기와 자기를 통한 전체를 생각한다. - 상대방의 장점이 더 잘되도록 격려와 도움으로 상대가 강해져 강한 전체로 이어지게 한다. - 상대방의 허물과 문제가 있으면 그것 때문에 잘못되어 전체가 손상될까 봐 비판보다 보완해 준다. - 자신의 약점 때문에 전체가 문제되지 않도록 감추지 않고 드러내 고치거나 도움을 받는다. - 균형과 조화 이루며 전인적 생명성 구현

이와 같이 상생상극의 진정한 모습은 상대방이 잘되도록, 그리고 상대방이 잘못되지 않도록 하는 사랑의 마음과 자신의 잘못이 이웃에 해를 끼칠까 걱정하는 겸손에 있습니다. 참된 이기심은 먼저 내가 살고, 남이 살며, 그리고 전체가 사는 그런 정신에서 나오는 것입니다.

이제 작은 몸 안에서 12개의 서로 다른 장기들이 이기심을 드러내지 않으면서 공동체를 아름다운 생명체로 구현하는 노하우를 배워야 합니다. 이것이 지혜로운 이기심의 본(本)인 것입니다. 이기와 전체를 조화하는 원리인 상생(相生)과 상극(相剋)의 뿌리는 바로 사랑과 겸손과 인내와 전체를 생각하는 마음에서 나오는 것입니다.

지금까지 하나님 사랑의 실체와 실천방법을 알아보았습니다. 이제는 "원수를 사랑하라"는 하나님 말씀에 순종할 수 있으시겠습니까? 이렇게 사랑을 실천하기 시작하면 어느 순간 원수가 없어지게 될 것입니다. 그리고 전체 속에서 우리의 이웃을 사랑하는 것은 결국 나 자신을 사랑하는 것과 같다는 것을 알게 될 것입니다. 이제는 하나님의 자녀답게 사랑을 삶에서 실천하며 살아가길 바랍니다.

※ '자연에서 배워라', '성령님과 동행하라', '생명 사역으로 사랑을 체험하라'는
  (사)새길과새일 및 미디에이터교회의 mLA 과정에서 배울 수 있습니다.

6

융합의학을 통해 하나님의 생명 섭리인 통전생명관을 깨닫다

Q 기독교의 문제 가운데 이분법이 가장 큰 원인일 수 있다는 주장을 듣게 되는데 이분법이 그렇게 큰 문제인가요?

A 이분법은 한마디로 사탄의 논리라 생각합니다. 하나님의 참 생명과 진리의 나라를 분열시키고 변질시켜 하나님 나라가 이 땅에 바로 세워지지 못하도록 방해하기 때문입니다. 어떤 이들은 하나님 잘 믿고 교회 잘 다니면 되는 것이지 이분법이다 통전이다 뭐다 어려운 이야기 할 필요가 있느냐 짜증낼지 모릅니다. 그러나 한국교회처럼 열심히 신앙생활 하는 데가 또 어디 있습니까? 새벽기도, 철저한 주일 성수와 헌신적인 교회 사역 등… 이럼에도 불구하고 한국교회가 위선과 이기집단으로 매도되는 것은 기독교가 이분법적 함정에 빠졌기 때문이라 할 수 있습니다. 예수님은 이분법자가 아니십니다. 악을 선으로 갚으시고, 고난과 시련을 소망과 기쁨의 장으로 바꾸시며, 참담한 심판의 늪 속에서도 구원으로 이끄십니다. 그리고 강도, 창녀, 세리 같은 악한 자를 선한 사람으로 거듭나게 함으로써 죽음에서 생명으로

이끄십니다. 이처럼 악과 죽음의 존재를 비판하지 않으시고 오히려 선과 생명으로 만드십니다. 예수님은 선과 악이라는 두 개념 사이에서 악을 비판하고 선만 취한 것이 아니라 전환을 이끄시면서 역전과 합력의 선한 열매를 거두시는 것입니다. 이것이 죄악과 어둠에서 온전한 생명과 선으로 바꾸시는 하나님의 생명 원리이며, 모든 가치와 요소는 서로 떨어지지 않고 소통되며 전환 가능하다는 주님의 통전 섭리입니다.

하루 속히 우리의 인식체계를 이분법에서 하나님의 통전생명관으로 전환해서 신앙 생활과 교회 각종 양육과 사역에 적용해야 합니다. 그러나 문제는 통전생명관의 개념을 이해하기가 어렵다는 것입니다. 플라톤이나 아리스토텔레스, 니체 등과 같은 최고의 사상가들도 하나님의 통전생명관을 이해하지 못해 이분법에 머물고 있는 것은 이 때문입니다. 오직 하나님의 백성만이 통전생명관을 이해하고 많은 사람들에게 알릴 수 있습니다.

Q '통전생명관'이 무엇인지 궁금합니다.

A 통전생명관은 하나님의 생명 섭리를 말합니다. 생명체를 창조할 때도 통전성으로 하셨고, 생명체의 운영원리도 통전성으로 하셨습니다. 우리 몸은 주님이 세우신 통전적 생명관을 따를 때 온전한 건강을 이루어 갈 수 있습니다.

통전생명관의 첫 번째 시작 개념은 인간의 생명을 단일 요소가 아닌 영과 혼과 육이라는 3요소로 지으신 것으로부터입니다. 그래서 인간의 생명 현상을 파악할 때 영, 혼, 육 모두를 고려해야 합니다. 만약 의학이 인간의 육만을 고려한다면, 또 신학이 인간의 영만을 고려한다면 인간의 생명을 온전히 이루지 못할 것입니다. 이제 우리는 하나님의 말씀이 3요소를 모두 고려한 온전한 생명 구원에 맞추어져 있음을 깨닫고 실천해야 합니다.

또한 통전생명관은 서로 다른 생명 구성요소들이 다르기 때문에 분리되지 않고, 오히려 상호 소통과 합력으로 시너지를 이루면서 더 아름답고 온전한 생명체를 이루는 원리입니다. 이뿐 아니라 선과 악, 밤과 낮, 빛과 어둠 같은 개념에도 분리되지 않고 상호 연계, 소통이 가능함을 인식하는 것이 통전생명관입니다. 이것이 죄악과 어둠에서 온전한 생명과 선으로 바꾸시는 하나님의 생명 원리이며, 하나님의 통전섭리인 것입니다. 모든 가치와 요소는 서로 떨어지지 않고 소통되어 전환이 가능합니다.

Q 통전생명관을 어떻게 이루어 갈 수 있나요?

A 이를 위해서는 영이 혼과 육에, 혼이 영과 육에, 육이 영과 혼에 영향을 주는 메카니즘을 알아야 하고, 악으로 여겨지던 것이 선이 될 수 있고, 지금은 실패했지만 더 잘될 수 있으며, 죄인도 의인이 될 수 있다는 개연성을 인식할 줄 알아야 합니다. 이러한 것들은 하나님으로부터 배울 수 있습니다. 하나님께서는 악을 선으로 갚아 주십니다. 고난과 시련을 소망과 기쁨의 장으로 바꾸시고, 역전과 합력의 선한 열매를 거두게 하십니다. 악과 죽음의 심판 늪에서 구원으로 이끄시고, 오히려 선과 생명으로 만드십니다. 강도, 창녀, 세리 같은 악한

자를 선한 사람으로 거듭나게 하여 죽음에서 생명으로 이끄십니다. 이러한 것들을 보고 깨달아 실천한다면 우리 안에 통전생명관을 이루어 나갈 수 있습니다.

이러한 실천들 중 중요한 예를 하나 들자면, 복음에 대한 통전적 적용을 들 수 있습니다. 복음의 열매는 통전적 생명 효과가 있습니다. 복음은 인간의 영을 사탄의 영으로부터 구원시키는 것에 그치지 않고, 두려움과 슬픔과 절망의 정신적 고통을 평화와 기쁨으로 바꿔 주며, 육신의 그릇된 관리와 그로 인한 질병에서 건전하게 이끄시는 능력이 있습니다. 한국교회는 이분법적 함정에 빠져 영혼 구원에만 복음을 적용하면 안 됩니다. 그리고 인간 구원에 치중하면서 성과 속을 구분하고, 교회만 구원의 방주로 생각하고, 교회 성장만을 최고 과제로 추구해서도 안 됩니다. 복음의 통전적 적용은 영혼 구원과 교회 성장을 인정하면서도 인간의 전인적 생명 회복과 세상에 들어가 세상을 변화시키고자 하는 하나님의 뜻을 동시에 지향하는 것입니다. 더 나아가 이제는 이러한 적용을 신학의 전 영역까지 확장시키는 통전신학을 추구해야 할 것입니다.

Q 통전생명관을 따르면 구체적으로 어떤 유익을 얻을 수 있을까요?

A 통전생명관을 따르면 다음의 생명 열매를 얻을 수 있습니다. 악은 악이고, 선은 선이다 식의 이분법적 분리가 아니라 악으로 여겨지던 것이 선이 될 수 있고, 선으로 여겨지던 것도 악이 될 수 있다는 개연성을 인식하게 됩니다. 하나님의 말씀은 영, 혼, 육 모두에 통전적 영향을 주는 것임을 알게 됩니다. 서로 다른 가치관, 생각, 주장 등을

배타하거나 분리하지 않게 됩니다. 증상만 치료하지 않고, 배경도 치료하는 통합의학이 구축됩니다. 복음을 영혼 구원에만 치중하거나 제한하지 않습니다. 말씀 교육을 지식 위주로 하지 않고 전인적인 교육을 통해 영, 혼, 육 모두가 변화되는 길로 이끌어 줍니다. 사회 통념, 사람들이 정한 윤리, 도덕 기준을 뛰어넘는 안목을 갖추도록 해줍니다. 남이 실수나 잘못을 저질러도 비판, 정죄를 하지 않고 잘되기를 기도해 줍니다. 좋다, 나쁘다 등과 같은 감정을 초월해서 모든 상황을 관조하게 됩니다. 성급하게 시시비비 판단하지 않고 생명으로 이끄시는 하나님의 인도하심을 인내함으로 지켜볼 수 있게 됩니다.

이제 피조물의 생명이 온전케 되고 하나님의 진리에 거하게 하려면 하나님의 생명섭리인 통전(統全)생명관으로 돌아가야 합니다. 그동안 우리 모두 이분법 사고에 물들어 많은 죄악(분열, 정죄, 위선, 배타, 편견, 영 위주와 육 무시, 신앙과 삶의 이중성, 세상 변화 능력 상실 등)을 저지르고, 열성적 신앙생활에도 생명 열매를 거두지 못했습니다. 그리고 실천이 어려웠던 것이 '사랑'의 명제입니다.

7
미디에이터(중보자)란 무엇인가?

Q '미디에이터'(a mediator)란 무엇입니까?

A 미디에이터란, 서로 다른 요소(하늘과 땅, 세상과 교회, 보수와 진보, 사용자와 노동자 등)의 이분법적 분리와 양극화를 해소하고, 예수님처럼 상호 소통 융합하여 생명공동체를 이루어 나가는 중간 역할자를 말합니다. 더불어 상충된 양 세력을 중재(피스메이커)에 그치지 않고 온전한 하나님의 선한 길로 이끄는 역동적인 사람 즉 중보자이신 예수님의 사역을 실천하는 제자로서의 "중보자"입니다.

Q 미디에이터가 필요한 이유가 무엇입니까?

A 지금 대한민국은 갈등과 분열공화국이라는 오명을 달고 항상 사회가 시끄럽고 성장 동력도 크게 상실된 상태입니다. 삼성경제연구소의 통계 자료에 의하면, 2010년 한국의 사회갈등지수는 0.72로 터키(1.27)를 제외하면 세계에서 두 번째로 높습니다. 문제는 2005년보다

지역 간, 노사 간, 이념 간, 공공정책 목표 간 갈등이 더 악화되고 있다는 사실이고, 사회갈등으로 발생한 경제적 비용은 연간 82~246조 원으로 추산됩니다. 만약 한국의 사회갈등지수가 10%만 낮아져도 1인당 GDP가 1.8~5.4% 높아지고, OECD 평균 수준(0.44)으로만 개선되더라도 7~21% 증가 효과를 가져올 수 있다고 합니다.

문제는 대한민국의 갈등과 분리 현상은 지금도 진행 중이라는 것입니다. 문화체육관광부의 2019년도 한국인의 의식·가치관 조사 결과에 따르면, 2016년도 조사에 비해 대부분 영역의 갈등의 정도가 증가한 것으로 나타났습니다. 특히 진보와 보수의 경우 갈등이 '크다'가 '91.8%'로 2016년에 비해 14.5% 대폭 상승했습니다. 교회의 경우에도 크게 다르지 않습니다. 교회 내에서 정치에 관련된 말을 함으로 분열된 교회가 있는가 하면, 아예 정치 관련 이야기를 하지 않는 것이 룰인 교회도 있습니다. 국가에 선한 영향력을 끼쳐야 하는 소명을 가진 교회의 현주소입니다. 그뿐만 아니라 신앙적인 부분에서도 수많은 교단의 숫자를 보면 갈등으로부터 결코 자유롭지 않음을 알 수 있습니다.

이러한 상황 속에서 서로 다른 이념, 주장, 이익을 조화와 균형을 이루면서 융합의 사회 선(善)을 이루어낼 수 있는 존재가 바로 미디에이터입니다.

Q 미디에이터 개념은 하나님의 뜻에 부합되는 이론인가요?

A 그렇습니다. 하나님은 모든 생명 구도와 가치들을 두 개의 서로 다른 요소로 만드시고 세우셨습니다. 중요한 것은 하나님은 서로 다

르다고 분리하지 않고 서로 다른 요소들이 상호 소통, 연계되도록 하셨는데 그 역할을 하도록 중간 요소를 만드셨습니다. 예를 들면 영과 육의 상호 연계가 혼이라는 중간 요소를 통해 이루어집니다. 또한 생명 현상 속에서도 찾아볼 수 있는데, 면역 반응에 있어 면역 시스템이 균을 직접 판단하는 것이 아니라 사이토카인이라는 매개 물질을 통해 면역 패턴을 결정하게 됩니다. 이것은 자연에서도 찾아볼 수 있습니다. 꿀벌이 화분을 하는 것이 대표적인 예입니다. 이런 중간 요소는 하나님이 만드신 생명에는 다 있으며 우주에도 있고, 모든 세포 사이에도 있습니다.

Q 미디에이터 개념은 생명을 온전하게 하기 위한 하나님의 섭리이시군요?

A 예, 미디에이터가 제 역할을 해야 우선 인간의 생명이 온전케 됩니다. 인간 생명 요소 중 미디에이터라 할 수 있는 혼이 건강해야 영과 육이 건강해질 수 있는 것이죠. 나아가 국가, 사회, 교회 공동체에도 미디에이터들이 있어야 갈등, 분리, 양극화하지 않고 상생의 시스템을 이루며 아름다운 공동체를 이룰 수 있습니다.

Q 미디에이터가 되려면 어떻게 해야 하나요?

A 미디에이터의 조건은 바로 통전생명관을 배워 갖추고, 사랑의 개념을 배워 체득하고 실천하는 사람이어야 합니다.

Q 미디에이터가 너무 중요하고 필요하다는 생각이 듭니다. 배울 수 있는 길을 알려주세요.

A 주님의 도구요, 성령의 그릇이 되어 한국교회와 사회를 변화시키는 사람이 미디에이터란 사실을 깨닫고, 이에 대한 더 깊은 연구와 교육, 훈련을 위해 2014년도에 (사)새길과새일을 설립하였습니다. 또한 이 땅을 향한 하나님의 뜻을 사회에 이루어 드리는 생수 같은 교회가 절실하다는 판단하에 미디에이터교회를 개척하였습니다. 두 곳 모두에서 미디에이터 리더십(mL) 교육을 진행하고 있으니 미디에이터를 배우고 싶고, 미디에이터가 되어 새 길과 새 일을 열기 원하시는 분은 오시기 바랍니다.

마음에 꼭 새겨 두어야 **할 한마디**
: 하나님의 말씀 속에는 최고의 의학이 온통 숨어 있다.

7
CHAPTER

물과 기름 같던
한의학과 서양의학을
융합하다

하나님은 한의학과 서양의학의 융합을 통해
하나님의 통전생명섭리를 융합의학에서 구현해 내도록 이끄셨다.

- 한의·양의 각 의학의 장점과 단점을 파악해서 서로 보완하게 하심.
- 융합의학의 노력 가운데 실패 원인을 알게 하심.
- 고전 한의학(동의보감 등)에 머물러 있는 한의학에 새로운 옷을 입힘.
- 위담한방병원과 의과대학이 실제 융합의학 임상연구를 할 기회를 주심.

1
의학이 최고 수준에 도달한 것 같지만 진단과 치료가 안 되는 병이 더 많다

지난 반세기 동안 의료 분야에 있어 전반적으로 가장 큰 변화가 있었다. 이와 관련하여 긍정적인 효과가 있는가 하면, 부정적인 결과가 늘 뒤따랐다. 이로 미루어 볼 때 우리의 미래가 우려된다. 왜냐하면 미래에는 해결할 수 없는 질병들이 더 많아질 뿐만 아니라 동시에 새로운 유형의 질병이 나타날 것이기 때문이다. 또한 환경 변화로 인한 질병의 패턴 또한 큰 변화를 보이고 있다. 외감성 질환에서 내인성으로, 급성에서 만성·악성·퇴행성으로, 수명 연장으로 인한 노인질환 급등이 그것이다.

환경의 변화로는 급속한 기계문명의 발달을 들 수 있을 것이다. 인류는 기계문명의 발달로 편리함은 취했을지 몰라도 환경오염이라는 또 다른 문제를 낳게 되었다. 매년 사람들은 지구의 대기, 물, 음식, 그리고 토양에 있는 수천 가지의 유해한 화학물질과 오염물질에 노출되게 되었다. 산업혁명 이후 석유화학 혁명의 결과로 독소는 제거되는 것보다 더 빠르고 대량적으로 인체의 시스템에 축적되어 왔다. 산업적

화학품, 살충제, 음식 첨가제, 중금속, 마취제, 술, 담배, 카페인과 마약 등에 사람들은 점점 더 젖어들고 있다. 음식물에 합법적으로 첨가되는 것만 해도 400여 가지의 구충제, 매년 25억 파운드가 넘는 살충제, 2,000종류의 음식 첨가제(미국의 경우)들이 사용되고 있고, 이러한 지속적인 화학약품들의 섭취가 암, 신경독성, 선천성 결함, 면역 기능의 감소 내지는 변이, 호르몬의 역작용, 정신적 장애, 음식 알러지, 그리고 화학 민감성 등을 일으키는 주요한 역할을 하는 것으로 보인다.

또한, 전염병 퇴치와 환경개선, 선진 문화 등에 힘입어 평균 수명이 증가되면서 질병 패턴의 구조적인 변화가 초래되고 있다. 노령화로 야기되는 만성, 악성, 퇴행성질환의 절대적인 증가로 사망 질환의 순위와 병원 운영의 타깃이 바뀌고 있는데, 이에 반해 그동안 생산 세대에만 주력해서 발전해 온 의학 콘텐츠로는 생리기능 퇴화가 특징인 이러한 질병을 도저히 감당할 수 없는 한계 상황에 놓여 있는 실정이다. 감염병은 유기생명체에 의한 질환이기 때문에 생존하고자 하는 미생물의 끊임없는 저항으로 쉽게 해결되지 않는 질병이다. 그러나 그동안 서양의학은 이러한 외감병에 대해 항생제나 항바이러스 제재, 항곰팡이, 항박테리아 제재 등과 같은 공격 일변도의 약물로 대처해 온 턱에 일시적으로 균은 제거되지만 곧 내성 발현과 더 강한 변이 세균이 등장하는 등 감당할 수 없는 병리적 환경이 초래되고 있으며, 질병 양상도 숙주의 면역 상태에 따라 만성화되고 있다.

더불어 현대의학이 아무리 발달했다 해도 현재의 진단 장비로는 인체의 정교하고 미세한 메커니즘 모두를 밝힐 수는 없다. 그런데 현재의 장비로 진단할 수 없으면 큰 이상이 없다며 '원인 불명성', '신경성', '기능성' 등의 병명을 내린다. 문제는 대부분 질환의 70~80% 정도가 현대의학의 과학적 진단기기로 밝혀지지 않은 채 치료도 안 되면서 평생 고통 속에 산다는 것이다.

그리고 현대의학은 질병의 현상과 증상에 초점을 맞춰 발전해 왔다는 점에서 또 다른 한계에 부딪히고 있다. 즉 호소하는 증상의 원인이나 배경을 찾기보다는 증상 같은 현상적 문제만 해결하는 데 초점을 둔다. 두통에는 진통제를, 속 쓰림에는 제산제를, 당뇨병에는 혈당만 강하하거나 인슐린을 투여하는 것이 그러한 예이다. 그렇다 보니 근본 배경적 치료가 이루어지지 않아 치료에 실패하거나 재발되는 경우가 허다하다. 이러한 변화와 문제 속에 세계 의료계는 현대의학의 번번한 실패에 경각하면서 새로운 의학을 원하고 있는 추세이다.

21세기에 이르러 외과 영역을 제외한 대부분의 질환에서 서양의학이 근본적으로 치료할 수 없는 영역이 점점 넓어지고 있다. 각종 알레르기성 질환, 당뇨와 같은 대사성질환, 갑상선질환, 환경 독성 질환, 피부질환, 우울증 및 공황장애 등 의학으로 조절이 안 되는 정신 질환과 같은 난치성, 만성 질환이 급속히 증가하고 있다. 그리고 수명이 연장됨에 따라 노인성 질환이 양적으로 팽창하고 있다. 우리나라는 이미 UN이 정한 고령사회에 진입하였고, 2026년에는 초고령사회(20% 이상)에 진입할 것으로 예상된다. 그러나 아직 노인질환에 대한 효과적인 치료 대책이 마련되어 있지 않아 기껏 요양원 등에서 관리 보호 수준에 머물러 있다. 특히 암 발생 환자들이 급격하게 증가하고 있는데 우리나라 국민이 평균 기대 수명까지 생존할 시 36.2%, 즉 3명 중 1명 이상은 암에 걸릴 것이라고 한다. 우리나라 국민의 암 발생 분포를 살펴보면 위암, 대장암이 각각 13.3%, 12.3%로 폐암, 갑상선암, 간암을 제치고 가장 많이 발생하고 있으며, 세계 1위의 발병률이기도 하다.

임상 현장에서 서양의학의 한계에 대해 미연방보건성 의학연구위원회전문위 위원장인 스테픈 로슨펠드(Dr. Stephen J. Rosenfeld)는 "미국과 다른 많은 나라에서 의료 분야의 연구 개발 투자가 늘어나고 있지만, 막상 서양의학의 관점에서만 진행하였기에 삶의 질이 개선되지 못하는 한계에 부딪히고 있다", "서양의학에서는 암 치료제 개발을 위해 많은 연구개발 투자를 했음에도 불구하고 재발과 전이를 막지 못하고 암 환자들의 생명 연장은 잘 되지 않고 있다", "특히 인체에 존재하는 기생충, 박테리아, 숙주 등의 복잡성을 고려하지 않아 약물 내성이 발생하는 경우도 서양의학만으로는 한계가 있다는 점을 인식해야 한다"라고 밝힌 바 있다. 이처럼 의학이 최고로 발달한 것 같지만 외과적 수술 분야에서만 괄목할 만한 수준이고 내과·정신과·면역·노화 등의 분야에서는 서양의학으로만은 한계가 있으며, 그로 인해 진단과 치료가 안 되는 병이 더 많은 것이 의학계가 마주하고 있는 현실이다.

2
한의와 양의, 원수 같지만 학문적으로는 부부 같다

어느 날, 진료실에 무릎 통증을 호소하는 환자가 찾아왔다. 택시 운전을 하는 그는 관절액이 많이 소모된 상태였다. 환자는 한 달 동안 회사를 쉬면서 정형외과에서 치료를 받았지만 통증이 계속되자 침이나 맞아 보라는 동료의 권유로 내원했다. 이후 열흘 정도 관절을 튼튼히 하는 약물치료와 침 요법을 통해 상태가 많이 좋아진 그는 느닷없이 불만을 쏟아냈다.

"한의사 선생님과 양의사 선생님이 서로 대화해서 어떤 경우는 한의학이 낫고, 어떤 경우는 양의사가 더 나은지 환자에게 얘기해 주면 얼마나 좋습니까. 그랬으면 저도 이렇게 한 달 동안 이 병원 저 병원 돌면서 고생할 필요가 없었잖아요." 환자는 한 달 동안 택시 일도 못 하고 많은 돈을 병원비로 다 썼다며 속상한 마음을 내비쳤다.

'우리의(醫) 포럼'을 시작할 때 참여한 의대 교수와 한의대 교수 간에 "한의학이 더 우수하다고 생각하십니까, 아니면 서양의학이 더 우수하다고 생각하십니까?"를 가지고 논쟁을 한 경우가 있었다. 그리고 "만일 교수님의 자녀가 아프다면 한약을 주겠습니까, 양약을 주겠습니까?"라는 질문을 서로 주고받은 적이 있다. 당시 나는 "나는 둘 다 인정하기 때문에 경우에 따라서는 양약을, 때로는 한약을 먹일 것입니다"라고 대답한 바 있다.

전 세계적으로 '대체'(alternative), '통합'(integrity)이 키워드가 되고 있는 의학적 흐름만 보아도 알 수 있다. 2017년에 열린 글로벌임상연구정상회의에서는 이러한 흐름에 대한 심도 깊은 논의가 이루어졌다. 회의에 참석한 하버드 대 의과교수이자 하버드 대 다나파버암병원 자킴센터의 센터장인 제니퍼 리지벨은 "화학요법으로 환자에게 양약을 매주 제공하고 있지만, 이를 통해 모든 문제를 해결할 수 없다는 사실을 알게 되었다. 양약에서 발생하는 부작용 때문에 서양의학 단독으로 환자를 케어하는 것은 효과적이지 못하다. 서양의학과 한의학의 가장 최상의 것을 통합시킨다면 환자들에게 더 나은 삶을 제공할 수 있을 것이다"라며 두 의학이 상호보완적 관계에 있다는 것을 강조하였다.

이러한 상황들을 종합적으로 바라볼 때 한의와 양의가 공존하는 우리나라의 상황은 행운일까, 불행일까? 긍정적으로 본다면 우리나라는 한의학과 서양의학이 학문적으로 발전한 유일한 나라이다. 때문에 갈등을 넘어서서 두 의학을 잘 접목할 수 있다면 우리는 세계 최고 의학을 보유할 수 있을 것이다. 이제는 각각이 완전치 못하다는 사실에 학문적 겸허함을 가지고 소통과 포용 속에 함께하는 자세가 필요할 때이다.

우리나라 의료계는 한의학과 서양의학이라는 양 갈래로 갈라진 의료체계 속에서 두 의학 간에 갈등과 반목이 존재한다. 서로 폄하하고 불신하는 상태가 환자 앞에서 부끄러울 정도이다. 한방감기약의 예를 살펴보면, "부작용이 없어 임산부도 부담 없이 치료받을 수 있으며, 아이들도 주사기의 두려움 없이 빠른 치료가 가능하다"는 문구를 담은 포스터를 전국 한의원에 게시한 바가 있는데, 이에 맞서 의사들은 한약의 부작용을 알리는 포스터를 전국 의원에 게시하였다. 유치하기 짝이 없다. 이처럼 두 의학의 켜켜이 쌓인 불신과 고정관념은 서로 간의 대화를 남·북 간의 대화보다 어렵게 만들어 놓았다.

대한민국 건국 이후 일제 압제하에 사라졌던 민족의학인 한의학을 정치적 결정으로 제도권 의학으로 복원할 때부터 의사들이 반대하면서 반목은 시작되었다. 이후 두 의학의 의사들은 우열을 가리기 위한 경쟁만 일삼거나 한의학의 소멸로 이어질지도 모를 의료통합(의료일원화)을 강행할 뿐 한의학 기술의 발전을 위한 노력을 하거나 상호 지식 교류를 통한 합의나 과학적 검증 같은 본질적인 해결책을 경주하지 않았다.

그러나 사실 한의학과 서양의학은 학문적으로 볼 때 부부 사이 같다. 즉 아내와 남편처럼 서로를 보완해 주는 관계라는 것이다. 서양의학이 남자라면 한의학은 여자의 성격을 띠고 있다고 볼 수 있다. 인체 질병의 외부적인 영역은 서양의학이 잘하고, 내면의 속 깊은 문제는 한의학이 강하기 때문이다. 그리고 서양의학과 한의학의 관계는 요철 관계이다. 서양의학의 단점은 한의학이 보완할 수 있고, 한의학의 단점은 서양의학이 보완할 수 있는 절묘한 상호공생관계인 것이다. 그런데 이러한 학문적 상호보완관계인 것도 모르고 두 의학자들은 어리석게도 반목과 불신과 폄하를 일삼고 있다.

이제 향후 추구해야 할 가장 이상적인 21세기 의학은 "인간의 생명과 질병을 어떻게 다루어야 하는가?"에 대한 근원적인 물음에 대해 단순 생물학적 또는 조직세포학적 개념을 넘어 몸, 마음, 영혼, 관계라는 생명 요소 모두를 포괄하는 통전적 생명관의 토대 위에서 설명되어야 한다. 이런 관점에서 볼 때 인간 생명을 다루는 주체인 동·서 의학자에게 서양의 과학적 정보와 동양의 우주론적 자연관이 상호보완된다면 보다 온전한 생명성 구현이 가능할 것이다.

양자론의 창시자 닐스 보아(Niels Bohr)가 제창한 "대립적인 것은 상보적인 것"(Contraria sunt Complementa)이라는 명제는 바야흐로 통합모형의 핵심 전략이 될 전망이다. 이런 의미에서 그동안 대립적이던 서양의학과 한의학도 이제 통합의 틀 속에서 상호보완의 접목이 이루어짐으로써 새로운 장이 열릴 것으로 기대된다.

1) 통전적 생명체(영·혼·육)인 인간과 각 의학

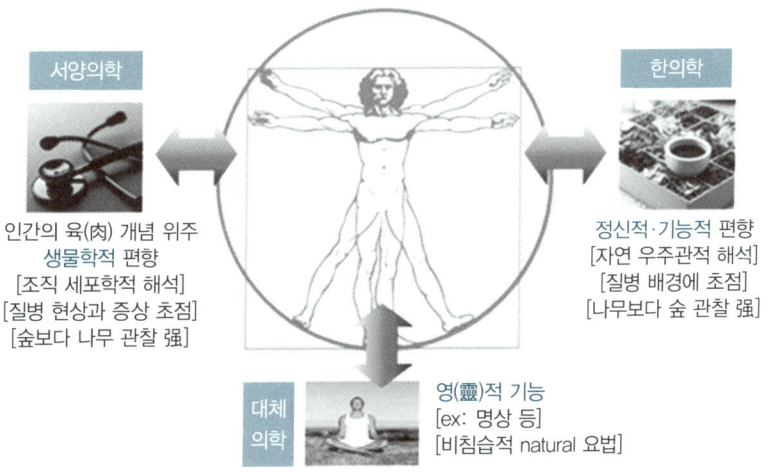

2) 각 의학의 단점과 장점이 보완관계

(1) 서양의학의 강점과 한계, 그리고 한의학

서양의학은 16세기 르네상스 이후 자연과학의 발달과 함께 3세기 동안 계통 해부학의 창시, 현미경의 발견, 세균학의 발달, 피르호(Rudolf Virchow)의 세포병리학, 랭글리(John Newport Langley)의 자율신경학, 각종 화학약품 및 항생제의 발달, 외과적 요법의 발전, 진단학의 발전, 의공학의 발달 등의 눈부신 공적으로 인류의 건강증진과 유지에 크게 기여했다.

이러한 서양의학의 강점이라고 한다면 뭐니 뭐니 해도 전염병 퇴치와 수술 치료법을 들지 않을 수 없다. 옛날에 인간의 평균 수명이 짧았던 것은 모든 사람이 몇 년밖에 못 살고 죽었다는 뜻이 아니고, 영유아들이 태어나자마자 사망하는 일이 많았기 때문에 평균 수명이 낮아진 것이다. 이 아기들의 사망 원인이 주로 전염병이었던 사실은 이미 상식에 속한다.

흑사병, 호열자, 장티푸스, 나병, 폐결핵 등 한 번 걸렸다 하면 살아남기 힘들었다고 생각하던 것이 이제는 약 좀 먹으면 다 낫는 것으로 취급하기에 이르렀다. 사극 드라마에서 임금님이 하찮은 종기 때문에 돌아가시는 장면을 볼 때면, 경복궁 안에 현대판 종합병원 하나만 서 있었더라도 임금님들이 저렇게 돌아가시지는 않았을 텐데 하는 아쉬움이 생긴다. 어쨌든 항생제의 발명으로 전염병을 퇴치할 수 있는 것은 서양의학의 강점 중의 강점이다.

서양의학의 또 하나의 우수성은 마취약의 발명과 함께 발달한 수술적 치료법이다. 우리 몸에서 끊어내고 붙이고 해야 할 일이 너무나 많다. 전쟁터에서 부상당한 사람, 심한 화상을 입은 사람, 숨을 제대로 못 쉬어 목에 구멍을 뚫어야 하는 사람, 골반이 너무 작아서 아기가 나오지 못하는 산모, 이 모든 사람들의 생명은 수술로만 구제가 가능하다. 응급실이나 중환자실에 있는 대부분의 환자들은 마취 기술과 수술치료가 아니면 죽었을 사람들이다.

이렇듯 서양의학은 고도로 발달된 의학적 기술과 정보를 통해 특정질환과 관련된 생물학적 메커니즘을 밝히고, 특수 질병에 영향을 주는 기술 개발과 과학적인 진보로 세밀하고 객관적인 이론 체계를 구축하였다. 특히 의공학의 발달로 첨단 진단기기와 수술기기가 개발됨으로써 비록 생물학적 영역이지만 완벽의 경지를 추구하고 있다.

반면에 서양의학의 발전은 철저히 생물학적 그리고 기계적 사조를 바탕으로 하고 있기 때문에, 자연스럽게 인간을 물질 개념으로 인식하게 됨으로써 영혼과 정신, 그리고 육체라는 3요소의 유기적 구성체인 인간의 제반 현상과 문제의 많은 부분을 보지 못하는 우를 범하게 되었다. 즉 인간 생명에 대한 전체성의 결여, 비가시적 상황에 대한 인식 부족, 심신의학의 한계 등의 문제를 지니게 된 것이다.

그 결과 서양의학은 새로운 유형의 질환, 즉 대사성 질환, 면역 이상 질환, 신경 정신질환, 각종 만성 악성 질환, 퇴행성 질환과 같은 종합적이고도 내인성이고 만성적 경과의 질환에는 벽에 부딪히게 되었다. 이것은 질병의 주요 원인이 얼마 전까지만 해도 외인적 인자의 공격에 의한 것이었지만 이러한 공격인자에 대한 의학적 대처능력이 생기면서부터는 내인적 인자가 질병 진행에 더 많이 관여하는 시대가 되었기 때문이다. 새로운 유형의 질병에는 전염병 시대를 풍미했던 의학적 방식, 즉 공격적이고 질병 국재적(局在的)인 치료법으로는 질환 제거가 안 될 뿐 아니라 오히려 약의 부작용, 의원병(醫原病) 등 새로운 문제까지도 낳는 실정에 이르게 된 것이다.

토마스 매큐언이 그의 저서 《의학의 한계와 새로운 가능성(1994, p.13)》에서 지적한 서양의학의 문제점을 유념할 필요가 있다.

"의학연구와 의료의 방향은 잘못되어 왔으며, 건강에 대한 사회의 투자는 제대로 활용되지 못하고 있다. 왜냐하면 이런 것이 인간의 건강에 대한 잘못된 가정 아래 이루어졌기 때문이다. 다시 말하면, 내적인 조작을 통하여 인체를 질병과 질병의 영향에서 보호할 수 있는 일종의 기계로 간주하였기 때문이다. 이러한 접근 방법은 건강의 중요한 결정요인인 개인적 생활행태와 외부 환경요인에 대한 무관심을 초래할 것이며, 또한 의학적 접근 방법인 기계적 조작을 더 이상 할 수 없는 대다수의 환자들을 상대적으로 무시할 것이기 때문이다."

이제는 영·혼·육의 통전적 생명체인 인간의 생·병리 문제를 다룰 때 보이는 것만 진단하고 치료하는 서양의학의 한계를 인정하고, 전체성 의학(holistic medical)의 관점에서 서양의학의 근본적인 이데올로기의 변혁이 필요함을 받아들여야 할 때이다.

▫︎ 서양의학의 단점과 한의학의 보완

① 전인적 개념과 전인 치료의 한계에 따라 질병의 원인 및 치료관리에 있어 총체적 파악이 약하다. / 그러나 한의학은 국소보다 총체적인 파악이 장점이고, 전인 치료에 능력이 있다.

② 질환의 외인적 인자에 대한 각 숙주에 대한 고려 없이 보편적 입장을 취함으로써 간혹 만성으로 진행되는 경우에의 대처가 어렵다. / 그러나 한의학은 외인적 인자에 대응하는 다양한 체질을 고려하여 대처하는 능력이 있다.

③ 심신의학분야에서 정신과 육체의 유기적 관계에 대한 설명이 불충분하다. / 그러나 한의학은 오장육부 속에 정신세계가 존재함을 알아냄으로써 심신합일의 의학을 세웠고 육체가 정신세계에, 그리고 정신이 육체에 영향을 주는 메커니즘을 밝혀냈다.

④ 질병 진행에 있어 오장 상호 간의 전변(轉變) 규율(規律) 이론이 없다. 즉 위궤양은 위장만의 문제로, 두통은 머리만의 문제로 인식하여 치료한다. / 그러나 한의학에서는 위궤양은 간장의 화가 공격하고, 심장의 기능이 약해서 혈액 공급이 감소되며, 콩팥의 진액이 위장으로 공급되지 않아 위 점막이 손상되는 위궤양 현상에 대한 주위 장기와의 관계를 파악하여 치료한다.

⑤ 질병의 범위와 건강의 범위가 협소하여 양생을 기초로 한 예방에 소홀하다. 즉 검사상(혈액검사나 MRI 등 각종 첨단 검사 장비)에 이상이 나와야 질병에 포함시켜 치료를 하고, 검사상에 이상이 나타나지 않으면 이상이 없는 것으로 간주함으로써 기능적 질병을 파악하기 어렵거나 예방을 할 수 있는 기능이 결여되어 있다. / 그러나 한의학에서는 조직세포학적 문제만이 아니라 기능적 측면에서의 이상을 찾아내는 능력이 있고, 병이 되기 전에 치료하는 예방의학 기능이 강하다.

⑥ 균형과 조화, 과잉과 불급(不及)과 같은 기능 혼란에 대한 병리적 인식이 부족하다. / 그러나 한의학은 음양의 조화, 기혈의 균형, 오장육부 상호 간의 균형 등을 강조하는 학문이다.

⑦ 체내에 생성된 병리 물질에 대한 인식이 주로 가시적 범위 내에서만 이루어진다. / 그러나 한의학에서는 담적이나 어혈 같은 눈에 보이지 않는 병리 물질을 파악하여 서양의학의 각종 검사상에 나오지 않아 원인 불명인 질환을 진단할 수 있다.

⑧ 보편적 이론 적용에 따라 특수하게 나타나거나 예외적으로 반응하는 상황에 대한 설명 근거가 작다. / 그러나 한의학에서는 각 사람의 체질적 속성을 파악하여 체질에 따른 진단과 치료의 다양성을 지니고 있다.

⑨ 대부분의 약리기전이 인체의 정상 생리기전을 인위적으로 조절하거나 억제하는 작용이 있기 때문에 부차적 문제를 야기할 수 있다. 즉, 항암, 항고혈압, 혈당강하, 면역 억제, 소염, 진통 등의 강한 기전을 가진 화학적 약물 위주여서 효과는 빠르지만 많은 부작용을 지니고 있다. / 그러나 한의학은 천연제제를 주로 사용하고 있으며, 인위적이거나 강압적인 치료 또는 현상 치료 방식보다 질병의 배경이나 뿌리를 해결하는 근원 치료에 초점을 두고 있기 때문에 효과는 더디지만 부작용이 적다.

(2) 한의학의 강점 및 한계, 그리고 서양의학

한의학은 동양의 자연철학에 근거하여 발전된 학문으로, 인체를 소우주로 보고 우주의 삼라만상을 음양오행으로 해석하는 관념적 방법에서 정리된 의학이다. 이에 비해 서양의학은 해부학적이고 세포학적인 시각으로 물질 중심의 분석적인 방법에 의하여 발전된 통계의학이다.

한의학은 병을 인체의 생리 현상의 부조화, 즉 몸의 불편함도 병으로 인지하는 반면, 서양의학은 생체의 조직 내 이상이 생겼을 때에야 병으로 인지한다. 한의학에서는 증후군을 토대로 불편을 느끼는 자각 증상까지 포함하여 본인이 느끼는 대로 병을 진단하며, 서양의학에서는 해부학적 또는 검사에 의한 진단에 이상일 경우에 병으로 진단을 하게 된다. 한의학은 똑같은 병일지라도 환자 개개의 증상과 체질에 따라 맞춤형 처방으로 달라지며, 이는 증세의 원인을 찾아 근본적인 치료를 목표로 한다. 이에 비해, 서양의학은 육안으로 보이는 것만 전형화된 프로세스를 통해 누구에게나 같은 처방으로 치료를 한다.

하지만 한의학은 현대 진단기기 사용에 제약이 있으며, 아직까지 의료의 비표준화와 객관성이 떨어지는 단점을 지니고 있다. 더욱이, 한의학적 논리는 과학적 관찰의 귀납적 결과라기보다는 관념의 소산적(所産的) 성격이 짙기 때문에 현대 과학적 지식으로 설명되거나 객관성을 부여하기가 어렵다. 광대한 자연 논리를 인체에 적용하는 과정에서 객관적 메커니즘을 확인하지 않음으로 해서 많은 이론이 가설의 범주에서 맴돌고 있는 것이다. 현미경적 사고가 부족하기 때문에 미세한 부분에 대한 관찰이 정밀치 못하며, 대체로 포괄적이고 모호한 상태에 머무르기 때문에 기(氣)병리, 비가시적 병리 물질, 오장(五臟)과 정신 관련론, 체질 병리, 경락 이론, 진단의 사진법(四診法) 등 한의학의 핵심 이론 자체가 객관성을 규명하기 어려워 적용과 평가에 많은 오차와 모호함을 면치 못한다. 이러한 한계를 가진 한의학은 현 시대에 맞는 새로운 면모를 갖추지 못해 더 이상 대중으로부터 인정받지 못하게 되었다.

☐ 한의학의 단점과 서양의학의 보완

① 논리에 있어 현대 과학적 지식으로 설명되거나 객관성을 부여하기 어려워 모호한 부분이 있다. / 그러나 서양의학은 대부분의 질환에 대한 과학적 근거를 밝혀내어 명확한 이론을 전개해 나간다.

② 질병 개념보다 증상을 대상으로 변증해서 치료법을 세우기 때문에 질병 치료에 한계가 있다. / 그러나 서양의학은 질병 개념이 명확하고, 진단과 치료가 이에 잘 맞춰져 있다(내시경상 궤양의 상태/혈액 검사상 당뇨의 상태/각종 검사상 암의 존재와 크기, 상태 등을 정확히 관찰함).

③ 세밀한 분석에 소극적이고 종합적 사변(思辨)으로 모호하게 얼버무린다. / 그러나 서양의학은 현미경적 세밀한 분석에 능하고, 모호함과 부정확을 거부한다.

④ 병리 현상의 평가나 검증 방법이 주로 주관적이고 정밀하지 못해서 고장 파악과 수리에 확실한 매듭을 짓지 못한다. / 그러나 서양의학은 검사상에 질병으로 확인된 경우에는 객관적 정보가 제시되어 있고, 치료에 있어서도 치료가 되는 경우나 안 되는 경우에 대한 정확한 가이드라인이 세워져 있다.

⑤ 수천 년의 역사를 자랑하는 한의학이지만 아직까지 한의학의 기능적이고 전인적인 개념을 객관적으로 증명하지 못한 부분이 많다. / 그러나 서양의학에서 제시된 대부분의 생·병리 개념이 과학적 근거와 검증을 통한 확실한 정보들이 제시되어 있다.

⑥ 체질과 같은 개체에 대한 고려가 장점으로 작용할 수 있지만 보편적 의학 원리를 끌어내는 데는 어려움이 있다. / 그러나 서양의학은 개체의 속성이나 체질에 관계없이 적용되는 보편적 의학을 이루어 놓았다.

⑦ 대부분의 치료가 질병 근원에 맞춰져 있어 급성적이고 응급한

상황에 한계가 있다. / 그러나 서양의학은 급성적이고 응급질환에 신속한 치료 기능을 가지고 있다.

⑧ 음양, 기혈, 오행 등 용어가 세밀하지 못하고, 지나치게 함축적이고 다의적이다. / 그러나 서양의학은 세밀하고 구체적이다.

⑨ 한약제의 제형에 대한 한계의 극복이 필요하다.

3
그동안 두 의학을 융합하는 모든 시도와 노력이 실패로 끝났다

그동안 두 의학이 융합될 때 최고의 의학이 나올 수 있다는 사실에 주목하여 국내에서도 여러 시도와 노력들이 있었다. 경희대학교 설립자인 조영식 박사 또한 이러한 사실을 알고 50여 년 전 동서의학연구센터를 만들었고, 한의학 서양의학의 대표들을 모아 강한 의지를 가지고 동·서 의학 통합을 진행했었다.

"국내 첫 노벨 의학상은 경희대에서 나올 것입니다."

조영식 박사는 경희대학교 학생 조회 때마다 이렇게 얘기했다고 한다. 그러나 안타깝게도 조영식 박사의 열정적인 지원에도 동양의학과 서양의학을 연구하는 이들의 좁혀지지 않는 의견 차이로 동서의학의 장은 문을 닫게 되었고, 심지어는 두 의학자 간에 반목과 불신은 더 심대되었다. 이후에도 국립의료원, 가톨릭대학교, 원광대학교에서 두 의학을 융합하려는 시도가 있었지만 큰 결실은 없는 상태이다.

 한의학 ⇌ 서양의학

그렇다면 국내에서 두 의학을 접목하려던 노력들이 왜 실패했을까?

결론적으로 서로 다른 두 의학을 융합할 수 있는 의학적 방법론을 찾지 못했기 때문이다. 언어도 전혀 다르고, 한 쪽은 세포단위로 한 쪽은 우주론적 접근이고, 한 쪽은 귀납법적 논리 전개이고 한 쪽은 연역적 논리 등 하나도 같은 점이 없는 두 의학을 어떻게 융합할 수 있을까? 필자는 두 의학을 융합할 수 있는 길을 찾고자 20여 년 동안 많은 창의적 노력을 통해 융합 실패의 원인을 찾고 융합 솔루션을 제시하게 되었다.

대부분의 실패 원인은 한의학에 있음도 알게 되었는데 필자가 찾아낸 여러 원인 중 첫째 원인으로는 현대에 들어서도 400~500년 전의 고전한의학에 머물러 있기 때문이라는 것이다. 현대에 들어 환경오염 등 질병 원인과 만성·대사성·노인성 질환 등 질병 패턴의 많은 변화가 있는데도 불구하고 오래전 한의학으로는 이러한 질병들을 대응할 수 없을 뿐만 아니라 현대 서양의학의 진보된 병리론과 너무 동떨어져 접목하기 어렵기 때문이다.

두 번째로는 한의학이 주관적이고 비과학적 이론에 머물러 있기 때문이다. 맥진, 망진 등 주관적이고 모호한 진단이 이루어지고, 대부분의 이론이 학문적 증거가 결핍되어 있어 진단과 치료 과정의 객관성이 부족해서 과학화된 서양의학과의 융합이 어렵게 된 것이다.

그리고 세 번째로는 대상 질환에 대한 두 의학의 언어 소통을 이루지 못해 상대 의학의 이해가 부족하게 돼서 화학적 결합을 이루지 못했기 때문이다. 융합을 하기 위해서는 서양의사에게 한의학을 이해할 수 있도록 설명해야 하는데 '음'(陰)이나 '양'(陽) 같은 언어나 한의학의 질병 용어인 '간기울결'(肝氣鬱結)이나 '목화형금'(木火刑金) 같은 언어를 사용한다면 소통이 전혀 될 수 없을 것이다. 이러한 의학 용어의 장벽이 융합의학 노력을 실패하게 한 것이다.

마지막으로 접목 방식의 문제를 들 수 있다. 앞서 소개했듯이 두 의학은 부부 관계, 요철 관계와 같다. 즉 서로 보완적인 구도를 갖고 있는 것이다. 그런데 그동안 각 질환의 융합의학 모델을 작성할 때 두 의학은 각자 방식을 고수함으로써 중복 형태의 모습이 되었다. 즉 한 지붕 두 가족 형태의, 겉은 융합이나 속은 제 갈 길만 갔던 것이다.

실패의 또 다른 이유 중 두 의학자 간의 자세나 생각의 문제도 있다.

① 양·한방 각자가 자기 학문의 한계와 결점을 인식하지 않으려고 하며, 자기 것이 최고인 양 고집을 피운다.
② 상대방 학문에 대한 편견과 불신의 시각을 가지고 있다.
③ 통합의학에 대한 의학적 비전이 없고, 통합의학을 통해 성취하

게 될 생명의학의 최고 경지에 대한 소망이 없다.

④ 융합의학의 프로토콜을 작성하는 과정에서 물리적 결합만 이뤘을 뿐, 학문적인 화학적 결합은 이루지 못했다. 이는 새로운 의학 도출을 위한 창의성이 결여됐기 때문이다.

4
물과 기름 같던 두 의학을 융합하는 방법론을 찾아내다

두 의학을 성공적으로 융합하기 위해서는 무엇보다 한의학의 변화가 필요하다. 질병에 대한 서양의학의 과학적 정보를 바탕으로 한의학을 재구성하여 새로운 병리 개념과 용어, 그리고 진단 및 한방 치료법을 창출하는 것이다. 이러한 과정을 통해 객관적이고 과학화된 한의학은 서양의학과의 소통과 연계가 수월해서 융합 작업이 성공 가능해진다. 융합의학 구축의 성공 열쇠는 한의학이 새로운 옷을 입고 서양의학과 만나는 것에 있다. 필자는 1992년부터 20여 년간 다음의 작업을 진행했다.

첫 번째, 한의학을 서양의학의 생물학적 정보 Pool에 담근 후 한의학 병리 개념을 과학적으로 재구성했다. 한의학을 서양의학의 병리론에 맞게 재해석한 작업의 예를 살펴보자.

위산분비 과다로 인한 속 쓰림에 대해서 서양의학은 위산이 분비되는 메커니즘을 생물학적으로 밝혀내고, 그 중간 단계를 조절함으로 위산 과다를 치료한다. 구체적인 설명을 하자면, 위벽의 프로톤펌프가 위(위강)에서 K+을 끌어들이고 H+를 방출하여 위산이 만들어지는데 이 프로톤펌프가 활성화되지 않도록 억제시키는 것이다. 반면 한의학에서는 속 쓰림의 원인 중 하나로 간의 화(肝火)가 위를 자극하여 위산 분비를 촉진시킨다고 설명하며 간의 화를 내리는 치료를 한다. 이러한 한의학의 병리 개념으로는 서양의학과 소통, 연계가 어렵다. 서양의학의 병리론에 맞게 재해석하여 새로운 옷을 입혀 보면 다음과 같다. 스트레스, 술, 자극적인 음식 등으로 간화가 과잉 생성되면 간화가 뇌하수체를 충동하여 프로톤펌프를 활성화시키는 아세틸콜린, 가스트린을 과도하게 분비시킴으로 과잉 방출된 H+로 인해 위산이 과다 분비된다. 그러므로 간의 화를 내리는 치료를 한다. 이렇게 한의학의 병리 개념을 과학적으로 재구성할 때 비로소 서양의학과의 효율적인 융합 작업이 가능해진다.

두 번째, 한의학의 질병에 대한 서양의학의 과학적 정보를 바탕으로 새로운 병리 개념과 진단법 및 한방 솔루션을 창출했다. 이러한 예로 편두통을 살펴보자.

편두통의 경우 서양의학에서 정확한 원인을 밝히지는 못했지만 뇌혈관에 분포하는 신경 말단으로부터 혈관 작용성 펩타이드가 유리되어 혈관 확장, 혈장의 혈관 밖 수축 및 염증 반응을 유도하여 두통이 일어난다는 가설을 제시한다. 이러한 과학적 정보와 기존 한의학, 새로운 옷을 입힌 한의학을 종합하여 편두통에 대한 새로운 한방 솔루션을 고안할 수 있다. 워낙 복합적인 치료법이라 모두 설명하기는 어렵지만 독자들에게 가장 익숙할 개념인 '담'과 관련된 것으로 하나만 살펴보면, 뇌혈관에 담 독소 축적 시 혈관이 굳어지면서 수축, 확장이 잘 안 되면서 두통이 유발되거나 담 독소로 인해 뇌혈관에 미세한 염증이 진행되면서 발생하는 것으로 재해석할 수 있다. 실제로 한의학의 재해석 작업을 통해 창출된 새로운 한방 솔루션들은 수많은 임상에서 기존 한의학과 비교했을 때 그 가치와 효능은 뛰어난 것이었다.

세 번째, 두 의학의 장·단점을 고려해서 중복 투여가 아닌 보완 형태의 치료 모델을 구축했다. 암 질환 치료를 예로 살펴보자.

암 세포를 제거하는 방법은 서양의학의 수술, 화학적 요법이 한의학보다 낫다. 그러나 치료제 독성으로 인해 정상세포가 손상되는 단점이 있다. 때문에 암 전이가 쉽게 되고, 예후가 좋지 않고, 치료되었다 해도 재발의 위험이 있는 것이다. 반면 한의학은 암 세포를 제거하는 것은 약해도 암 발생 환경을 개선하고 면역을 증강시키는 부분에 있어서는 서양의학보다 낫다. 필자는 이러한 두 의학의 장·단점을 고려하여 서양의학을 통해 암 세포를 제거하고 한의학을 통해 항암 독성을 완화하고, 몸의 면역기능과 소화 흡수 기능을 활성화하여 항암 치료와 수술 치료를 잘 극복하고 전이나 재발되지 않게 한다. 두 의학에서 모두 암 세포를 제거하려는 중복 투여 방식이 아니라, 서로 보완하는 형태로 모델을 만든 것이다. 실제로 이러한 모델은 위암 및 간암 환자를 대상으로 한 임상시험(연세대학교와 협력)에서 유의미한 결과를 얻어냈고, 지금도 관련 연구가 진행 중에 있다.

5

세계 최초로 두 의학을 융합한 임상연구를 성공적으로 시도하다

1999년 김대중 대통령은 각 분야의 신지식인을 선정하여 상을 주기로 제안한 바 있다. 이에 동·서 의학 융합의 노력을 높이 평가한 보건복지부는 필자를 '대한민국 의료계 신지식인 1호'로 선정하였다. 이후 보건복지부는 동·서 의학 분야를 발전시키기 위해 우선 잘 치료되지 않는 난치성질환을 대상으로 융합의학의 임상연구 프로젝트를 제시하였다. 많은 대학이 지원하였으나 필자의 병원이 선정되었다. 필자는 연세대학교, 순천향대학교, 동국대한방병원, 서울의료원과 손을 잡고 악성질환으로 암을 선정하였고, 만성질환으로 만성전립선증후군, 자가면역질환으로 베체트신드롬을 선택하여 임상연구 계획을 수립하고 임상시험을 진행하였다.

암 질환 치료에 있어서 서양의학의 공격적 암 치료와 한의학의 면역증강요법을 융합한 새로운 암 치료 요법을 시도하고 싶은 마음이 의사로서 절실했다. 정부의 지원을 받기로 결정된 순간, 나는 암을 먼저 임상연구 과제로 선정했다. 나의 주력 진료과목인 간암과 위암을 대상으로 했는데 문제는 의과대학에서의 협력 여부였다.

한방의 면역증강요법에 대해 관심이 많았던 의과대학 교수를 물색하던 중 모 대학 위암 수술 전문교수와 뜻이 모아졌다. 그는 당장 시행하자면서 수술 내지는 항암을 치료받은 간암과 위암 환자에게 한약을 투여해서 백혈구 수치 감소나 모발 탈락, 구토 등의 문제를 해결해 줄 수만 있다면 당장 한방 치료와 함께하겠다고 결정하고, 대학에다 이러한 연구계획을 보고했다. 그러나 대학 측에서 어떻게 의과대학에 온 환자들을 한방병원에 보내서 치료할 수 있느냐는 이유로 거절하였다.

다방면으로 수소문 끝에 연세대학교 원주 의대와 상의를 하여 진행하기로 결정되었다. 간암 환자 20명, 위암 환자 20명은 항암치료 위주로 하고, 환자의 동의하에 간암 환자 20명, 위암 환자 20명은 한방 치료를 받도록 하는 구도로 설계되었다. 한약은 주로 면역기능을 올리면서 항암치료의 독성을 완해시키고 위장기능은 활성화시키는 기능을 가진 복합 처방을 투여하였다. 연구결과는 대단히 성공적이었다. 우선 백혈구 수치 감소는 향상되었고 모발 탈락은 현저히 감소하였으며, 환자들이 식사를 잘하는 등 컨디션 유지가 잘 이루어졌다.

다음으로 서양의학에서 근본적인 치료에 어려움을 겪고 있는 자가면역질환을 대상으로 협진연구를 하기로 계획했다. 대표적인 난치성 질환인 베체트신드롬을 선정했는데 마찬가지로 협력의과대학을 찾기가 쉽지 않았다. 노력 끝에 베체트신드롬의 전문 클리닉인 세브란스의 피부과 팀과 함께하기로 했는데 처음에는 매우 우려하는 눈치였지만 한의학에서의 베체트 병 치료방식에 대한 설명을 듣고 흔쾌히 동의를 하였다.

필자는 담당 의대 교수에게 자가면역질환의 발생을 숙주에서 항원성 물질이 자생적으로 생겨 면역 반응을 초래하기 때문이라 설명했다. 그리고 서양의학에서는 비정상적인 면역 상태를 해결하기 위해 면역억제요법을 쓰지만 한의학에서는 항원성 물질이 생기지 않도록 몸의 환경을 개선하는 치료법을 사용한다고 하자 그것이 가능하냐며, 어떻게 할 수 있냐며 되물었다.

한의학에서는 스트레스로 인한 간의 열성 환경과 독성 호르몬 생성, 그리고 위와 장으로부터 유입된 각종 음식으로부터 만들어진 담독소 등이 형성되면 이러한 환경에서 잘 자라는 미생물이 증가하게 되고 이것이 항원 작용을 함으로써 자가 면역 현상이 생기기 때문에 구강, 눈, 성기, 장점막, 뇌세포, 피부, 관절 등 여기저기에서 염증성 궤양이 진행된다고 설명했다. 그래서 치료도 간의 열을 내리고 위와 장의 독성 환경을 해독하면 항원물질의 역가가 떨어지면서 자가 면역 현상이 완해되어 근본적인 치료가 가능하다고 했다. 충분히 이해를 했고, 동물 실험을 한 결과 서양의학에서는 콜킨을 투여하고 한의학에서는 상기의 처방을 접목했을 때 완벽한 치료 효과를 보임으로써 국제 특허까지 취득하게 되었다.

한의학에서 가장 오해되는 부분인 한약의 간 독성 문제를 해결하기 위해 B형 간염을 협진 연구 대상으로 선정하였다. 간염에서의 한방치료를 인정하는 의료기관이 거의 없어 애를 먹었지만 결국은 순천향대학 간내과 팀과 하기로 결정이 되었다. 결정되는 과정에서 많은 대화가 있었는데, 간염치료에 대한 한방치료의 방식을 소상히 설명하자 공감을 하면서 대학에 온 간염 환자 20명은 항바이러스 제거제를 쓰고, 환자 동의하에 20명은 한방치료를 병행하기로 하였다.

　간염치료에 대한 한의학적 치료는 다음과 같다. 첫째, 방식은 간염원인 B형 간염 바이러스를 제거하는 것이 아니라 B형 간염 바이러스는 지능이 있기 때문에 B형 간염 바이러스가 싫어하는 환경을 조성하면 바이러스의 역가가 떨어진다는 점을 감안해서 B형 간염 바이러스가 싫어하는 한습이나 습열과 같은 눅눅한 환경을 개선하는 약물을 투여한다. 둘째, 간장은 혈액 장기여서 B형 간염 바이러스가 침투를 하면 간장 혈액 순환 장애가 발생하여 악화되기 때문에 혈액 순환을 소통시키는 간에 유효한 약물을 선정하여서 투여한다. 그리고 간장은 해독 장기로서 체내에 유입된 많은 독소들이 간으로 들어오는데 간염 상태에서는 이러한 기능들이 잘 이루어지지 않아 오히려 독소들에 의해서 간 손상이 촉진된다는 점을 밝혀내고 간의 해독 능력을 촉진시키고 독소를 배설시키는 데 도움이 되는 한약 물을 투여한다. 끝으로 간장의 면역기능을 올려서 간 세포들이 힘을 얻도록 버섯 추출액의 면역 반응체들을 투여하였다.

　이러한 종합적인 방식의 한방 간염 치료법이 의대 교수들에게 설득이 되어 진행하게 된 것이다. 그런데 임상연구 중 해프닝이 발생하였다. 환자들이 시위를 한 것이다. 언제는 한약 먹지 말라 하더니 이제는 한약이 좋다며 먹으라 하니 우리가 무슨 실험용 쥐냐? 하며 교수들에게 항의를 한 것이다. 너무나 고마운 것은 의대 교수들이 하나랑 방병원 간염 약은 전문적인 치료제이니 복용해도 좋다는 설득을 했다는 것이다. 아무튼 두 의학의 신뢰를 통해 진행된 간염 협진 치료는 훌륭한 성과를 거두게 되었다.

2차 정부 연구 프로젝트에서는 알레르기 질환을 하고 싶었다. 그래서 알레르기 비염을 선정하였는데, 하나한방병원 앞에 있었던 서울의료원의 이비인후과 팀과 협력하였다. 서양의학에서는 항히스타민제와 혈관수축제, 약간의 소염항생제를 쓰지만 이 치료가 근본적으로 되지 않기 때문에 한방의 치료 도움에 대한 방식을 설명하였다.

한의학에서는 알레르기 질환 즉 과민 면역 반응이 일어나는 원인이 알레르기를 유발하는 알러젠(Allergen)을 제거하는 방식이 아니라 과민반응 하는 숙주의 문제를 해결하는 방식으로 접근한다고 설명하였다. 예를 들면 몸이 찬 사람은 추울 때 알레르기 반응이 나타나는데, 이것은 폐를 따뜻하게 함으로써 극복할 수 있다. 또 바람이 불면 알레르기 반응이 나타나는 사람은 그 풍을 제거하는 약물을 사용하고, 동물 털이나 진드기 같은 물질에 민감한 사람은 코의 열이나 담을 제거하는 방식 등을 적용한 것이다.

이외에 관절염 등 9개 질환을 의과 대학과 연구 내지는 동물 실험을 진행하였는데, 특히 간경화에 대한 한약치료에 대한 동물 실험을 한 결과 섬유화 진행이 오히려 정상이 되는 놀라운 치료 효과를 봄으로써 많은 뉴스에 내기도 하였다.

이처럼 서양의학과의 융합은 한의학적인 고유 방식으로 설명하지 않고 한의학을 서양의학의 병리 개념과 용어로 재해석함으로써 소통이 가능하다는 것을, 그리고 얼마든지 서양의학과 한의학의 소통과 합력이 가능하다는 것을 확인하게 된 중요한 체험이 되었다.

Dr. 최서형의 한국형 융합의학 연구 실적

위담(愇 하나) 한방병원 중심으로 국내 주요 의과 대학 병원과
난치성 질환에 대한 동서(東西)의학적 임상 연구 및 실험 연구 내용 요약

"국내 유일의 동서(東西)의학적 임상 연구 자료"

| 연세대 내과, 피부과 | 순천향대 내과, 관절과 | 서울의료원 이비인후과, 신경과 | 기간: 1999~2003년 |

양-한방 상호보완 발전 방안 연구 (보건복지부 지정 연구 과제)

연구과제 1
- 위암 및 간암환자의 치료에 있어 양·한방협진의 효과에 대한 임상시험
  : 양방병원은 항암치료, 한방병원은 면역증강요법을 병행한 군(群)이 항암 단독 치료군보다 백혈구 감소, 소화 기능, 탈모 등 부작용이 훨씬 감소 → 편안한 항암 치료

연구과제 2
- 만성 Virus性 간염 및 만성 간 질환 환자의 치료에 있어 양·한방 협진 효과에 대한 임상
  : 대학병원의 제픽스 투여와 한방의 Virus 증식을 억제하는 환경조성 약 병행, 염증 수치 완화와 Virus 감소는 두 군(群) 모두 유사한 효과가 나타났음. 병행 투여군은 단독 투여군보다 증상 개선 탁월

연구과제 3
- 알레르기性 비염 환자의 치료에 있어 양·한방 협진 효과에 관한 임상시험
  : 대학병원의 항(抗)히스타민제와 소염제 치료와 같은 증상개선 요법과 한의학의 알레르기 체질 개선 치료와의 비교 실험에서 한방치료가 보다 근본적인 개선 효과를 보임

연구과제 4
- 치매환자의 치료에 있어 양·한방 협진의 효과에 관한 임상시험
  : 양방의 뇌신경 전달물질(아세티콜린제) 투여와 한방의 뇌신경에 축적된 담(痰) 독소 제거약 병행군이 양방 단독 투여군보다 치매 점수에서 우월한 효과를 보임

연구과제 5
- 류마티性 관절염 및 골(骨) 관절염 환자의 치료에 있어 양·한방 협진 효과에 대한 임상시험
  : 양방의 스테로이드 요법보다 한방의 관절 혈액을 맑게 하는 처방을 병행 투여하여 양방 단독 투여군 보다 우수한 효과를 보임

연구과제 6
- 만성 전립선염 증후군에 있어 양·한방 협진 효과에 대한 임상시험
  : 양방의 전립선 치료약과 한방의 신장기능 강화 약 병행 투여군이 양방 단독군보다 소변강도와 빈뇨 등 증상에서 우수한 효과를 보임

연구과제 7
- 베체트씨병의 양·한방 협진 효과에 대한 동물시험
  : 양방의 면역 억제제와 한방의 위와 장,간장의 환경 개선 통한 항원성 물질 억제약 투여 병행군이 양방 단독 투여군이나 한방 단독 투여군보다 완벽한 치료 효과를 보임 → 국제 특허 得!!!

연구과제 8
- 간경변 치료에 있어 양·한방 협진의 효과에 대한 동물시험
  : 간경변 치료제인 우루사 투여군보다 한방의 종합적인 간 기능 개선제인 헤파큐어 치료가 훨씬 뛰어난 효과를 보였고, 간경변 세포가 정상으로 회복되는 효과까지 보임

연구과제 9
- 악성종양 등의 치료 시 한·양약 복합 약물에 대한 시험관내 약물 반응 연구
  수종의 암 치유 생약재의 항암효과에 대한 실험

연구과제 10
- 동서의학 협진 임상시험 모델 및 프로토콜(Protocol) 개발(중풍, 불면증, 어지럼증, 감기, 비염 등)

\# 기타, 84개 한국인 다(多)빈도 질환에 대한 동서의학 협진 임상시험 모델 개발

6

암, 치매 등 악성 질환 정복을 향해 나아가다

새로운 융합 방법론에 근거한 지속적인 연구 및 임상으로 그동안 치료가 불가하거나 한계가 있었던 암, 치매 등의 악성 질환을 정복할 수 있는 길이 열렸다. 각 질환에 대해 융합의학적 접근 방법을 간단히 서술하면 다음과 같다.

1) 암 : 화학항암제 부작용을 완화

서양의학의 항암치료(화학적 항암 약물 투여, 방사선 요법, 수술 요법 등)는 암을 제거하는 데는 효과적이지만 대부분 부작용(오심, 구토, 식욕부진, 면역기능 저하, 골수 등의 조혈기능 손상 등)을 수반하기 때문에 재발과 전이의 약점을 가지고 있다. 그러나 소화 기능을 활성화시키는 한의치료를 통한다면 오심, 구토 및 식욕부진을 완화할 수 있다. 또한 간, 신장 및 골수를 보호하는 한약 처방을 사용하여 항암제의 인체 독성을 완화하고 면역력 감소 및 체력 저하를 최소화할 수 있다. 따라서 항암치료와 한방치료를 병행하면, 항암제로 인한 부작용을 최소화하여 암 환자의 삶의 질을 개선시키고 항암치료 순응도를 높임으로써 암도 죽이고 몸도 살리는 이상적인 치료 효과를 거둘 수 있다.

2) 치매: 담 독소 치료 및 장부기능 개선

서양의학에서는 알츠하이머형 치매에 대한 근본적인 치료가 없는 상태이다. 뇌세포 안에서 진행되는 자가면역적 뇌세포 염증 현상을 해결할 수 있는 길이 없을 뿐 아니라, 노화된 뇌세포를 활성화시킬 수 있는 길이 없기 때문이다. 단지 아세틸콜린 호르몬 분비를 촉진시켜 뇌신경 세포 시냅스의 기억력을 촉진하는 방법을 사용하지만 근본 치료가 되지 않고, 장기적으로 볼 때 뇌세포 위축의 부작용을 유발하기도 한다. 즉, 치매에 관한 서양의학적 치료에는 많은 한계가 있고 뚜렷한 치료의 길을 열기 어려운 상황에 놓여 있다고 볼 수 있다.

반면에 필자는 치매의 원인을 뇌 자체보다 오장육부에서 시작된다고 인식하면서 치매 발생의 병적인 배경을 개선하는 데 주력함으로써 치매를 극복할 수 있는 길을 개척하고 있다.

치료의 첫 번째 사항은 위장으로부터 생성된 담 독소를 제거하는 것이다. 급식, 과식, 독성 있는 음식 등으로 발생된 담 독소가 뇌에 공급이 되면 뇌세포에 염증을 유발할 수 있다. 따라서 위장의 담 독소를 제거하는 치료를 하여 뇌세포에서 진행되는 염증 현상을 제거할 수 있다.

두 번째는 심장을 강화시켜서 뇌세포에 혈액공급을 원활하게 하는 것이다. 과도한 스트레스로 심장 기능이 저하되어 뇌에 혈액공급 장애가 오면 순간적으로 뇌세포의 핍혈 현상이 나타나는데, 이것이 반복적으로 나타나면 뇌세포의 괴사가 진행되어 뇌세포 기능이 떨어지게 되고 이것이 치매로 이어질 수 있기 때문이다.

세 번째는 콩팥의 기능을 개선하여 뇌에 진액 공급을 원활하게 하는 것이다. 콩팥은 진액을 생산, 저장하고 이를 뇌실을 통해 뇌로 공급하는데, 과로와 노화 등으로 콩팥의 기능이 저하되면 뇌로의 진액 공급이 저하되어 뇌세포의 위축이 진행되기 때문이다.

마지막으로 뇌 정보 전달 기능을 촉진시키는 것이다. 뉴런(뇌신경세포)의 접합부인 시냅스의 정보 전달 물질 중 하나가 아세틸콜린인데 한의학에서는 아세틸콜린의 분비를 간의 상화(相火: 교감신경과 열성 호르몬을 촉진시켜주는 물질을 말함)가 주도한다고 설명한다. 그래서 과로, 우울증, 과음 등으로 간상화가 약화되면 자연히 아세틸콜린 분비도 떨어진다. 반대의 경우도 마찬가지이기 때문에 간상화를 촉진시켜 주므로 뇌 정보 전달 기능을 촉진시킬 수 있는 것이다. 이와 같이 뇌와 관련된 오장육부의 기능을 개선함으로써 뇌신경세포를 정상화하는 종합적인 한방치료를 통해 치매를 예방하고 치료할 수 있다.

3) 난치성위장질환 : 담적증후군 발견 및 치료

대부분의 만성 위장병 환자들은, 내시경상 큰 문제가 나타나지 않는 기능성 위장질환으로 분류되어 진단과 치료에 어려움을 겪고 있다. 필자는 융합의학적 노력을 통해 내시경에 보이는 점막 문제(위염,

위궤양 등)만이 아니라 점막 이면 조직이 손상되고 경화되는 담적증후군을 발견함으로 잘 낫지 않는 난치성위장질환을 치료하고 진단하는 기술을 개발할 수 있었다. 이를 통해 오랫동안 낫지 않는 난치성위장질환 및 역류성 질환을 치료하고 나아가 위암, 대장암, 식도암 등의 소화기 암 예방의 길을 열었다.

4) 당뇨 : 인슐린 저항성 개선

서양의학의 인위적인 혈당 강하나 인슐린 투여 등으로 조절하는 방식으로는 혈당 수치를 정상으로 유지할 뿐, 오히려 자체 혈당 조절 기능을 훼손시키는 약점이 있다. 필자는 조직세포의 인슐린 저항성을 개선하여 몸 스스로 혈당 조절을 할 수 있는 근본적인 치료법을 적용함으로써 한 번 발병하면 평생 고생하는 당뇨병 환자들의 고통을 덜어주게 되었다.

5) 원인 미상의 심장질환 및 돌연사 예방 : 담으로 인한 심장 근육 경화 치료

심장의 혈관이나 기관들의 손상 외에 심장 근육이 담으로 굳어지는 현상을 발견함으로써 정밀 심장검사에서 정상인 환자들이 갑자기 심장마비로 사망하는 경우(작년 2만 명 사망)의 예를 예방하고 치유하는 진단 및 치료법을 적용하게 되었다.

6) 수면 무호흡: 인후두, 비강, 기도, 심장에 축적된 담 독소 제거

위장에서 생성된 담 독소가 인후두, 비강 및 기도 점막에 침착되면 해당 조직이 경화되며 호흡 장애가 오게 된다. 또한 심장에도 담 독소가 침투하여 원활한 심폐순환이 저해되면 호흡 장애를 유발할 수 있다. 따라서 전신의 담 독소를 제거하는 치료로 위장과 호흡 장기의 병리적 현상을 해결하여 수면 무호흡증을 치료할 수 있다.

7) 기타: 융합의학적 접근으로 치료 한계를 극복할 수 있는 질환들

류마티스성 관절염, 섬유근통증후군, 전신근육통, 공황장애, 우울증, 갱년기 장애, 편두통, 어지럼증, 불임, 동맥경화와 중풍예방, 낫지 않는 비염·축농증, 천식, 수면무호흡, 악성변비 등

7
융합의학 메디컬센터 건립 기금을 정부로부터 따내다

필자는 암, 치매, 대사성, 피부, 노인질환 등을 효과적으로 치료하기 위해선 동·서 융합의학치료 시스템과 함께 무엇보다 청정한 공기, 물, 음식 등이 갖춰진 환경형 병원이 필요하다는 생각을 하게 되었다. 대부분의 국내 의료기관은 타운 중심이고, 여관방 같은 구조로 되어 있다. 도시의 좋지 않은 환경과 좁은 공간에서 치료하다 보니 오히려 스트레스가 가중되고, 전인적인 치료 접근이 필요한 만성, 악성 질환엔 역부족인 것이다.

이제 인간의 육체 문제는 물론 정신적, 영적 상태와 함께 생활양식, 식이상태, 환경적 인자, 체질 등 모두를 고려한 통합형 의료와 환경 중심의 병원이 시급한 상황이었다. 실제 전 세계적으로, 특히 독일 등지에서는 암이나 각종 난치 전문 병원들이 숲이나 온천장 같은 좋은 환경에 자리 잡고 있으며, 이러한 병원에 세계적인 환자들이 몰려오고 있다.

이제 좋은 환경과 접목된 통합의학형 병원은 새로운 의료 비즈니스 시대를 열게 될 것이다. 통합의학형 휴·요양 병원은 통합의학 의료 + 메디컬 온천 스파 + 운동 식이 + 휴·요양 프로그램이 복합적으로 서비스되는 병원을 말하는데, 치료의 극대화는 물론 세계적인 난치 질환자들을 돌볼 수 있는 한국형 융합의학 병원이라 볼 수 있다.

필자는 이러한 계획을 국회에서 2014년 12월 18일에 연설하게 되었고, 충주 수안보 온천에 설립할 계획을 발표하였다. 이후 정부 지원을 받기 위해 노력을 경주하였다. 그러나 뜻대로 정부 지원을 받기가 쉽지 않았다.

우선 기획재정부에서 그동안 동·서 의학의 모든 노력이 다 실패했는데 필자가 제안한 병원이 성공할 보장도 없고, 실패하는 병원에 국민 세금을 쓸 수 없다면서 지원을 거부하였다. 국회와 충주시에서 부단한 노력에 힘입어 마지못해 기획재정부는 지원하기 전에 보건산업진흥원에 용역비 1억을 줄 테니 타당성 조사를 먼저 시행하라고 제

안하였다. 타당성 조사에서 만약 좋은 결과가 나오지 않으면 지원을 하지 않겠다는 것이었다.

보건산업진흥원에서는 4명의 연구원이 필자의 병원을 찾아와 6개월 동안 조사를 하였다. 그 결과 이 병원은 다른 동·서 의학 병원과 달리 특별한 동서의학융합의 노하우를 세웠고, 우리나라에 반드시 필요한 병원 모델이라는 견해와 함께 성공 가능성에 대한 좋은 점수를 정부에 보고해 주었다. 그 결과 1998년에 285억의 예산이 책정이 되었고 2021년 6월에 개원하게 되었다.

본 병원은 국내 최초의 수안보의 좋은 환경과 접목한 통합의학형 병원 모델로서 WHO 건강 수칙에 맞는 의료 모델로 세계 의료 중심으로 도약하게 될 것이다. 또한 난치성, 악성질환 치료의 세계 중심이 되면서 의학적 스포트라이트를 받게 되고, 난치 질환의 세계 최고 치료기술을 보유함으로써 메디컬 투어와 세계 환자 유치가 가능해질 것이다. 그리고 통합의학을 통해 새로운 노인의학 창출이 가능한데, 구체적으로는 한의학의 보양기능을 활용하여 헬스 프로모션 노인의학을 창출함으로써 퇴행성 노인질환 치료를 향상시켜 관리 정도의 요양병원 수준을 뛰어넘는 차별화된 노인의학으로 실버 관련 모든 산업을 발전시킬 수 있을 것이다.

■ 충주위담통합병원

마음에 꼭 새겨 두어야 할 **한마디**
: 서로 다르다고 싸우지 않고 합력하면 명품이 나온다.

에필로그 | Epilogue

함께 생명을 온전케 치유하는 꿈을 꾸다

이 책을 쓰면서 신앙인으로서, 의사로서 살아온 인생 여정을 돌아보게 되었다. 그리고 앞으로 해야 할 비전과 목표에 대해서도 분명한 청사진을 갖게 된 것을 감사하지 않을 수 없다. 러시아의 대문호 도스토옙스키는 "한 사람의 존재와 가치를 결정하는 것은 그가 읽은 책과 글이다"라고 했다. 이번 책은 바로 저 자신이라고 할 만한 믿음의 고백과 전문 의사로서 살아오면서 하나님께서 부여하신 생명에 대한 심오하고도 소중한 가치들에 대해서 기록을 하였다. 이제 독자들을 만날 기대를 하면서 보람과 감사를 담아 인사말을 쓴다.

지금까지 인생을 살면서 가장 보람된 일

첫째는 부족하고 허물 많은 필자를 하나님께서 부르셔서 당신께서 지으신 피조물의 생명성을 온전케 하도록 심오한 생명 지혜를 가르쳐 주심에 대한 감사와 이러한 생명 지혜를 펼침으로 새로운 하나님 나라가 회복될 수 있는 전기를 마련하게 된 것이 가장 큰 보람이 아닌가 싶다. 특히 창세기 1장 1절을 깨닫고 기도하면서 삼위 하나님과의 깊은 교제와 사랑 속에서 살아갈 수 있음이 나에게는 축복이 되었다. 책 출간과 함께 미디에이터교회를 통해서 하나님의 생명과 진리와 사랑의 나라를 더 구체적으로 나누어 갈 수 있도록 하겠다.

둘째는 전문 의사로서의 보람된 삶이다. 동서양의학을 융합해 가는 과정에서 힘든 일들도 많이 있었지만, 하나님의 은혜와 수많은 돕는 손길들로 인해서 드디어 충주에 융합 메디컬 센터를 열어 이 땅에 하나님의 생명의학이라 할 수 있는 전인의학의 장을 펼쳐나갈 수 있음에 감사와 보람을 느낀다.

감사한 일들도 많다

첫째로, 사랑하는 아내와 함께 하나님이 주신 사명을 위해서 함께 기도하면서 한 걸음씩 여기까지 올 수 있었음에 감사를 드린다. 그리고 책을 마무리하면서 무엇보다도 아내에게 고맙다는 인사의 말을 전하고 싶다.

둘째로, 위담한방병원과 새길과새일과 하온아카데미와 함께해 온 많은 동역자들, 최종원 대표, 신만재 새길과새일 사무총장, 송혁관 미디에이터 연구소장과 조영춘 목사를 비롯한 박한규, 최성수, 박성민, 배성식 목사님에게 진심으로 고맙고 감사하다는 따뜻한 인사를 전하고 싶다. 그들의 도움이 아니었으면 여기까지 올 수 없었을 것이다.

셋째로, 이 책이 나오기까지 함께 수고해 주신 전형섭 기획비서와 정성을 다하여 좋은 책으로 만들어 주신 쿰란출판사 이형규 대표님과 출판팀 여러분께도 감사의 마음을 전한다.

 이제부터는 하나님께서 기뻐하시는 한국교회와 사회와 생명의학이 회복되는 것을 꿈을 꾸려고 한다. 그리고 이러한 역사를 이루기 위해 기독교계와 의학계에서 미디에이터 인물 양성을 경주하고자 한다.

 지난 30년 동안 융합의학의 방법론과 하나님의 생명 섭리인 통전생명관을 밝혀내고 이를 전하고 나누고자 이론 정립과 콘텐츠 개발하는 과정이 너무 어렵고 외로운 시간이었지만, 그 고난의 세월들 속에서 깨닫고 배운 하나님의 생명 섭리와 가치들을 바탕으로 '함께 생명을 온전하게 하는 비전'을 이루어 나가고자 한다. 지금까지 에벤에셀로 축복해 주신 하나님께서 앞날도 여호와 이레로 축복해 주실 것을 믿는다. 모든 영광을 하나님께 올려 드린다.

2021년 5월
최 서 형

- 한의사가 되기까지
- 하나한방병원 · 하나의원
- 대한담적한의학회
- 중국으로 진출한 '담적병'
- 위담한방병원
- 융합의학을 위한 노력 및 결실
- 하나님의 사랑 전하기
- 미디에이터 양성
- 의학과 신학을 융합하다
- 일상 속의 행복

생명을
온전케 하시는
하나님

화보

한의사가 되기까지

유년 시절 동생과 함께(오른쪽)

학창 시절 친구들과 함께(왼쪽 두 번째)

대전대학교 한의대 내과 주임교수 시절

생명을 온전케 하시는 하나님

하나한방병원 · 하나의원

국내 최초 동·서 의학 병원인 '하나한방병원·하나의원' 개원식(중앙).
우려와 다르게 많은 이들의 축복 속에 마쳤다.

'하나한방병원·하나의원' 식구들과 함께(첫 번째 줄 중앙)

대한담적한의학회

대한담적한의학회를 창립한 후 많은 학술 활동 끝에 2020년 대한한의학회의 회원 학회로 공인 및 우수 회원 학회로 선정되었다. 이로써 한의학계에서 '담적병'은 공인된 학문 분야가 되었다.

대한담적한의학회 창립총회

대한담적한의학회의 학술 활동(정기학술대회, 무료 강좌)

생명을 온전케 하시는 하나님

중국으로 진출한 '담적병'

중의학이 발전된 중국에서도 '담적병'에 대한 인정을 받아 북경의대 부속 중일우호병원에서 의사들에게 강의하였고, 《밥통대반란》의 중국어 버전이 출간되었다.
'담적병'의 중국 진출에 대한 모든 과정은 〈인민일보〉를 통해 중국 전역에 알려졌다.

북경대 주기봉 총장과 함께

《밥통대반란》 중국 출판기념회에 대한 〈인민일보〉 보도 사진

위담한방병원

강남위담한방병원 전경

위담한방병원 전경

강남위담한방병원 개원식.
지속적인 환자 증가로 두 번째 본원이 생겼다.

생명을 온전케 하시는 하나님

환자를 진료하는 모습.
연간 5만 명의 환자가 병원을 찾고 있다.

위담 '신년 하례식'에서 아내와 함께.
매년 직원들을 축복함으로 신년을 맞는다.

'힐링음악회'에서 경동고 합창단 "이구동성"과 함께.
사랑과 위로가 투병에 지친 환자들에게 전해졌기를 바란다.

융합의학을 위한 노력 및 결실

'동·서 융합의학'의 필요성에 대한 국회 토론회.
이후 많은 노력 끝에 충주위담통합병원 설립을 지원받게 되었다.

충주위담통합병원 착공식

생명을 온전케 하시는 하나님

충주위담통합병원 전경

융합의학을 위한 노력 및 결실

'암', '치매' 등의 난치성 질환 정복 및
미래 의학 리드를 위한 연구 모임.
융합의학적 치료 콘텐츠 개발을 위한 연구는
지금도 멈출 수 없는 평생 과제다!

생명을 온전케 하시는 하나님

하나님의 사랑 전하기

자활센터 통전 사역. 예수님을 통해 사랑을 나누고 치료하며 복음을 전하는 통전 사역을 배울 수 있었다.

알코올 중독자 대상 의료 사역

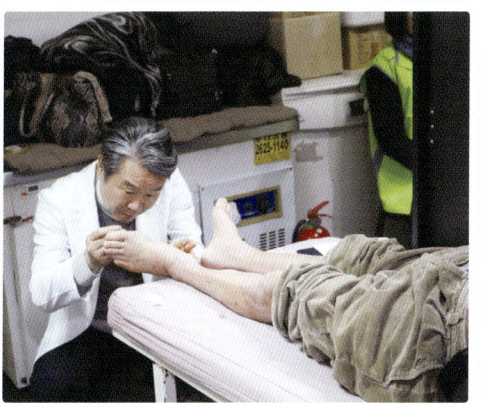

노숙자 대상 의료 사역

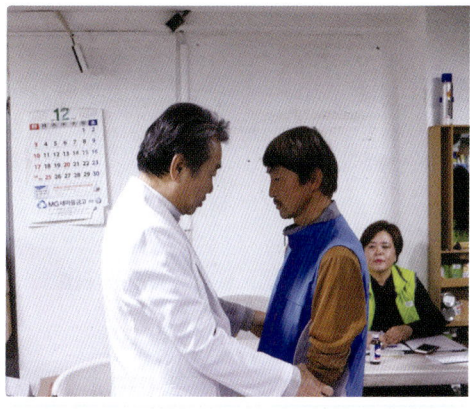

복음 전도 사역. 하나님의 말씀은 생명을 온전케 한다!

미디에이터 양성

(사)새길과새일 창립 감사 예배

하온아카데미 mLA과정 '사랑' 강의

생명을 온전케 하시는 하나님

미디에이터교회 설립 예배

미디에이터교회 주제 설교

의학과 신학을 융합하다

《한국교회에 한방(韓方)을 먹이다》 북 콘서트. 하나님께서 알게 하신 통전생명은 나로 하여금 한국교회의 회복을 꿈꾸게 하였다.

CTS "4인4색" 촬영 현장. CTS, GOODTV 등 여러 기독교 방송에서 통전생명을 알릴 수 있었다.

'목회자 비츠로(VITZRO) 포럼' 강연

미국 FTSCC 명예신학박사 학위 수여식. 의학과 신학을 융합한 공로로 받을 수 있었다.

생명을 온전케 하시는 하나님

일상 속의 행복

하나님께서는 영·혼·육의 온전한 건강을 누릴 수 있도록 삶의 작은 부분까지 준비해주셨다.

사랑하는 가족들과 함께

하나님이 주신 선물 '명승원'의 제막식. 바쁜 삶 속에 휴식과 기도의 처소가 되었다.

일상 속의 행복

오랜 기간 즐겨온 탁구

아내와 함께 부르는 노래